数字社会学

DIGITAL SOCIOLOGY

Deborah Lupton
[澳] 狄波拉·勒普顿 著

王明玉 译

上海人民出版社

也关乎每一个普通人的生存境况。对于这一话题，狄波拉·勒普顿教授无疑是一位优秀的评述者。不论是《量化自我》还是这本《数字社会学》，如今都已经有超过 1000 次的学术引用，便是一个足够具有说服力的证据。更为难得的是，在扎实、全面的科学证据之外，勒普顿教授搭配了大量生动、贴近的案例。对于那些致力于理解数字社会学的学习者，抑或是希望从社会学视角观察数字生活的普通人来说，这都是一本极佳的入门作品。

——董晨宇，中国人民大学新闻学院讲师

"数字性"不仅是日常生活的一个变量，更是整个当代社会秩序、规范和文化的凝缩。本书游走于多个概念范畴，为我们勾勒出数字社会的完整图景，并启示我们重新理解生活的意义。

——常江，深圳大学特聘教授、博士生导师

任何对社会学的未来感兴趣的人都应该细读这本书。在本书中，狄波拉·勒普顿翔实生动地描述了一系列数字变革，探讨了这些变革对社会学发展的深远意义。数字社会学涉及社会学中的实践和目的。简而言之，这本书是一幅社会学路线图，回应了流变不居的社会世界。你读完本书后，极有可能成为一名数字社会学家。

——大卫·比尔，英国约克大学社会学系教授

在一个以"大数据"和各种数字化转型为标志的世界里，这本优秀的书令人信服地印证了社会学研究持续的重要性。本书证明，数字社会学为社会学学科在概念、方法论和本质上带来了大量创新发展，为重构社会学技艺提供了原始材料，而不令其失去对社会研究的管辖权。因此，这本书值得更多的读者阅读。

——罗杰·伯罗斯，英国纽卡斯尔大学教授

目录

推荐序 / 1

中文版序言 / 1

第一章 简介：生活即数字 / 1

关键术语 / 8

数字社会学的界定 / 13

关于本书 / 20

第二章 数字社会的理论化 / 23

全球信息经济与新型权力形式 / 23

作为社会物质客体的数字技术和数据 / 26

产消合一、新自由主义与分享主体 / 31

档案的重要性 / 36

数字监视 / 38

数字具身化的理论化 / 44

第三章 数字时代研究的再概念化 / 49

数字社会研究方法 / 49

走向有活力的社会学 / 53

理论化方法 / 56

数字社会研究的创新方法 / 58

使用原生数字数据客体 / 64

数字数据分析的局限 / 70

批判性的自反立场 / 75

第四章　数字化学术 / 77

数字公共社会学 / 77

数字化学术研究 / 84

学术礼物经济和新型出版形式 / 89

学术计量集合与审计文化 / 92

开放性与知识流通 / 97

第五章　大数据批判社会学 / 108

大数据现象 / 109

数字数据集合和算法权威 / 117

大数据焦虑 / 123

大数据傲慢和腐烂数据 / 128

大数据伦理 / 131

第六章　数字技术应用的多样性 / 136

通观全局 / 136

数字社会不平等 / 142

性别化的技术 / 148

数字技术使用的民族志 / 154

数字网站中的歧视 / 158

第七章　数字政治及公民数字公共参与 / 163

数字监视政治 / 163

隐私政治 / 168

数字行动主义 / 170

开放数据和数据保护倡议 / 174

批判性视角 / 178

公民数字公共参与的负面影响 / 184

第八章　数字化的身体 / 自我 / 189

亲密计算 / 190

身体 / 技术 / 空间 / 194

身体 / 自我的在线呈现 / 197

社交媒体和自我塑造 / 201

自我跟踪和量化自我 / 208

赛博格中的接缝 / 211

第九章　结论 / 216

问题讨论 / 218

附录1　"学术界"社交媒体使用调查简介 / 220

附录2　参考文献 / 222

附录3　网络资源 / 256

索　引 / 259

译后记 / 272

推荐序

当今世界，新科技革命、新全球化与社会转型发展"三重叠加"。人类正在进入一个"人机物"三元融合的物联网时代，数字技术正以新理念、新业态、新模式深度融入人类文明构建各领域和全过程。数字技术在新一轮产业革命和科技革命中成为引领创新的先导力量，西方发达国家都在抓紧推动数字经济发展，谋求在全球经济版图和治理格局重构中抢占发展制高点。在此背景下，从社会学视角了解数字技术与社会之间的互构关系是有必要的。

2009年，学界普遍公认的"数字社会学"概念由美国社会学家乔纳森·韦恩（Jonathan Wynn）提出。随后，社会学界对数字社会学的兴趣似乎逐渐提高。2012年末，英国社会学会批准成立数字社会学分会。2013年，第一本以"数字社会学"命名的书籍《数字社会学：批判性视角》（*Digital Sociology：Critical Perspectives*）由两位英国社会学家编辑出版，汇集了众多来自英国和欧洲其他社会学家的学术成果。各位所读到的《数字社会学》，是在2015年由澳大利亚社会学家狄波拉·勒普顿撰写出版的第一本同名专著。可以说，

《数字社会学》是国际数字社会学领域的"开山之作"。

《数字社会学》是我在清华大学社会学系所授"技术社会学"课程的必读书目之一。在课上，学生选择书中的章节来开展翻转课堂，结合研究兴趣和日常实际在课堂上介绍书中内容；我则带领学生围绕数字技术与社会关系的基本问题作深入探讨和交流。其中，我的学生王明玉很早便向我表达了想潜心研究数字社会学的意愿，我也很支持她。我在与她交流时能够看出，明玉在长期的学术积淀和实践中，已经对数字社会学全局有了基本的方向感和判断力。因此，让明玉来翻译这本书是合适的。

此篇序章作为本书的开头，我有必要向读者简要地介绍文中内容。《数字社会学》一书体现着"麻雀虽小，五脏俱全"的气质，全书共分为九章，对理解数字技术与社会的关系的不同维度有较大启示。人类社会已经进入数字技术无处不在、如影随形的地步，作者在第一章中便引用"生活即数字"来表达人们已经生活在数字社会之中的场景。在此基础上，勒普顿界定了书中的关键术语，比如数字技术、数字数据、数字社会学等。勒普顿从类型学视角出发，将数字社会学分成了职业数字实践、数字技术使用分析、数字数据分析和批判性数字社会学四种维度。在第二章中，作者向我们呈现数字社会的理论图景，包括全球信息经济和新型权力形式，作为社会物质客体的数字技术和数据，产消合一、新自由主义和分享主体，档案的重要性，数字监视和数字具身化理论。这些理论关注点从侧面证实了数字社会学具有学科交叉融合的属性。

第三章关注数字时代研究的再概念化，分析数字社会学的研究对象和研究方法。过去，社会学家和其他研究者采用定性和定量的方法来调查人们如何使用数字技术。如今，传统的研究方法本身正在逐渐被数字化。比如，以前的社会调查使用纸质问卷，现在的在线问卷铺天盖地。曾经的面对面访谈多由纸笔记录,现在的访谈不仅可以通过数字设备录音备份,还可以选择识别不同语言或方言、由声音实时转变成文字记录。除此之外,人们在数字空间的痕迹数据也可以成为数字社会学研究者的研究对象。因此,数字技术既是数字社会学的研究对象,也构成数字社会学的研究方法。在第四章中,作者关注了数字化学术。数字技术不仅成为学术研究的工具,还帮助社会学家进入数字公共社会学,数字技术对学者职业认同和社会责任的深层含义体现在了学术计量和绩效考核上。

几年来,社会各界对大数据保持较高的热度,"大数据记住我""大数据杀熟"等流行词汇耳熟能详,但是从社会学的批判视角来看,大数据还有许多内容值得商榷。在第五章中,作者回顾了大数据的出现以及大数据在商业、政府和个体企业中的应用历史,分析算法权威与权力,揭示人们对大数据现象的焦虑和担忧,批判大数据傲慢、腐烂数据和大数据伦理问题。除此之外,我们在面对数字技术时,还会思考一个问题:数字技术是缓解了社会不平等,还是加剧了社会不平等?很显然,数字鸿沟的问题表明一些社会群体和生活在特定地理区域的人在使用数字技术上存在差异,数字社会不平等问题仍然存在。作者在第六章中便讨论了数字技术在女性、残疾人群体和社会边缘群体方面体现出的不平等问题。第七章继续探讨了数字技术的应用及滥用,比如数字监视中的权力问题,隐私讨论中的公共与私人边界问题,数字公众参与及其可能带来的负面影响。

在第八章中,作者追寻了数字技术与身体、自我之间的关系。在日常生活中,我们已经逐渐离不开数字技术,基本上每个人都在随身携带可移动或可穿戴的数字设备,数字技术的具身化发生在日常生活中的每时每刻。而且,我们也在数字空间和现实空间中不断转换，身份认同和自我塑造都或多或少地通过数字技术发生改变。数字设备存储着关于我们的大量经历、社会关系和社会事件，而数字设备的设计和使用则体现出具身化和情感化维度。最后，第九章是全文的简短结论，作者一方面追问了为什么社会学家应该对数字技术的理论和研究感兴趣，以回扣文章主题，说明数字技术对生产生活变革的重要性，另一方面呈现了数字社会学的理论传承，相信数字社会学将为社会学发展注入新鲜活力。

在人类社会迈向数字文明进程中，应当适应数字技术全面融入社会交往和日常生活新趋势。虽然数字社会学的兴起与发展是进入 21 世纪以来的事情，但是数字社会学却是非常具有生命力的分支学科。尽管我国对数字社会学的学科建设尚未形成，却在数字技术的应用实践上走在了国际前沿，拥有大量的研究材料。希望通过《数字社会学》的引介，能够进一步推进技术社会学研究在中国的纵深化发展，让中国的社会科学研究者乃至自然科学研究者对数字技术与社会的关系有更加深入的了解，以推动中国本土社会学能够站在国际社会学前沿与制高点，为中国"十四五"规划期间加快数字社会建设提供学术基础和学科支撑。

张成岗

清华大学社会学系教授、社会治理与发展研究院院长

中国发展战略学研究会副理事长

中国社会学会技术社会学专业委员会理事长

北京·双清大厦

2022 年 8 月 8 日

中文版序言

　　回望 2015 年，《数字社会学》首次以英文出版时的世界，已与现在迥然不同。在当时，数字设备和软件正在对日常生活的诸多领域产生巨大影响：休闲、工作、家庭生活、教育和医疗保健。智能手机和其他移动设备上的应用程序正在极速发展。数据科学家被形容为通过为政府和企业处理"大数据"而获益的人。物联网和"万物互联"的理念受到广泛关注。"量化自我"的概念正处于鼎盛时期，新闻媒体、行业报告和卫生保健组织都提倡人们监控和测量自己的身体、生产效率和健康状况，以达到自我完善的目的。脸书、YouTube、Snapchat 和 Instagram 主宰着西方世界的社交媒体版图，微信开始在中国占据主导地位，LINE 则逐渐攻占日本市场。

　　六年过去了，虽然这些设备和应用程序仍然很受欢迎，使用频率很高，但新兴数字平台已经异军突起。最典型的例子是于 2016 年首次进入应用市场的短视频应用程序抖音及其海外版 TikTok。最初，抖音和 TikTok 流行于中国和印度，而在过去两年里，它们已经在西方世界，尤其是年轻人群体中蔓延开来。据估计，现在每月有10亿人使用抖音或 TikTok。与此同时，微信和 LINE 都已经成为为用户提供多元功能的"超级 APP"，它们从即时通讯应用程序发展为集掌上娱乐、购物、金融和服务中心为一体的应用程序。

然而，自 2015 年以来最大的社会冲击当属影响全球的新冠肺炎疫情。由于各国政府对疫区实施限制和封锁，许多人失业或被迫居家办公，而儿童则从学校送至家中以避免感染。世界各地的人们经历了漫长的社会孤立和孤独，他们的日常活动被中断或禁止。数字技术已经被用来填补这一空白，通信应用程序和视频会议平台成为在会议、教育甚至健身房锻炼等活动中与他人联系的唯一方式。作为"防控"疫情的公共卫生政策的组成部分，移动应用程序为追踪和监测人们的行动轨迹提供了重要工具。

在新冠肺炎疫情期间，这些技术为民众生活带来了巨大便利。然而，高收入国家的少部分人和低收入国家的大部分人，却始终缺少互联网服务权限——《数字社会学》将其称为"数字社会不平等"，这加剧了社会经济不平等。那些无法居家办公而暴露于外界环境的群体更易感染病毒，否则，他们失去收入而变得一贫如洗的概率就会剧增。学校停课后，居家学习的孩子如果没有足够的电子设备，或者没有稳定的无线网络，就无法继续完成学业。那些需要在线医疗服务的人，如果家庭不具备加入远程医疗所需的技术，就无法享受这项服务。

我们还需要更多地了解数字技术在社会维度的作用。这是因为人类仍在与新冠病毒战斗，同时，气候变化和生态灾难也威胁着人们的健康和生活水平。互联网巨头公司（苹果、亚马逊、脸书、谷歌、腾讯、阿里巴巴）仍持续从人们的在线活动和基于应用程序的活动中获利。如今，数字社会学是一个重要的研究学习领域，此时比以往任何时候都更加需要全球的学生和学者来秉持批判性并持续关注该领域。

狄波拉·勒普顿

新南威尔士大学

2021 年 11 月

第一章　简介：生活即数字

> 生活是数字化的：记得备份哟
> ——一家数字数据保护产品销售公司所使用的在线广告标题

首先，让我回顾一下过去 30 年来，数字技术是如何以多种多样的方式渗透到发达国家的日常生活中的。我们中的许多人只要醒着就迷恋于互联网，随时能够连接互联网的数字设备也日益普及；智能手机和平板电脑体积小到可以在日常生活中随身携带；我们日夜佩戴着可穿戴设备，以监测我们的身体功能和日常活动；我们可以通过数字平台和设备选择新闻、音乐、电视和电影；我们在一定程度上通过使用领英、脸书和推特等社交媒体发展和维持亲密关系、工作关系和社群成员关系；我们的照片和家庭视频被数字化，并可以通过诸如 Instagram、Flickr 和 YouTube 等平台在全球分享；我们也可以通过谷歌、雅虎和必应等搜索引擎，简易地在互联网上搜寻目标信息；在线开放访问的协作平台——维基百科，已经成为世界上使用率最高的参考资料来源；几乎所有的工作都涉及某种形式的

2 数字技术应用（即使只是简单的业务推广网站或是与同事或客户沟通的移动手机）；学校课程和理论学习日渐与数字技术紧密联系，并注重培养学生使用这些技术的能力；数字全球定位系统为我们导航，帮助我们进行空间定位。

简而言之，我们如今生活在数字社会之中。尽管这种变化是逐渐发生的，但新设备和新平台的引入已经为社会发展带来了翻天覆地的变化，尤其是在过去的十年中。个人电脑是在 20 世纪 80 年代中期面世的。万维网发明于 1989 年，但直到 1994 年才向公众开放。从 2001 年开始，许多重要的平台和设备才被允许提供给公众，这对社会生活产生了重大影响。维基百科和 iTunes 于 2001 年开始运营。领英成立于 2003 年，脸书成立于 2004 年，Reddit、Flickr 和 YouTube 成立于 2005 年，推特成立于 2006 年。智能手机是在 2007 年进入市场的，Tumblr 也于同年发布，而 Spotify 则是在 2008 年推出的。Instagram 和平板电脑相继于 2010 年上市，Pinterest 和 Google+ 系列产品在 2011 年相继上市。

有些理论家认为，计算机软件和硬件设备不仅是自我、具身化、社会生活、社会关系和社会制度的基础，还有力地构建了它们。如果尚未认识到这一点，就无法完全理解"文化"或"社会"的概念。人类学家丹尼尔·米勒和希瑟·霍斯特曾断言，数字化技术和其他物质文化人工制品一样，"正在成为我们人类构成的组成部分"（Miller and Horst，2012：4）。他们反对"与数字打交道会让人类失去人性和真实性"这类观点，认为"不仅我们是数字世界中的人类，数字技术还给人类学提供了帮助理解人类构成的诸多新机会"。作为一名社会学家，我想补充一点：正如调查我们与数字技术的互动有助于研究人类经验的本质一样，它也能告诉我们很多关于社会世界的信息。

我们的社会已经发展到了数字技术无处不在、如影随形的地步，以至于它们已经在生活中"隐形"。有些人可能会说，他们的生活并没有受到数字化的任何影响：他们的工作方式、社交方式、空间活动方式、家庭生活方式或亲密关系方式几乎没有改变，因为他们拒绝使用计算机设备。然而，这些人只是进一步强调了现在不引人注目的、被视为理所当然的数字化要素。即使这些人自己不使用智能手机、数码相机或社交媒体平台，最终他们仍会发现自己在与使用这些数字技术的人互动。他们甚至可能会发现自己的数字图像或音频文件会在他们不知情或未经自己同意的情况下，被他人使用数字化技术上传和传播。

我们并未完全意识到自己在公共空间中的活动以及我们与政府机构和商业组织的日常互动，都需要通过数字技术这一媒介才能实现。比如，城市空间的生成、构建、监控和管理方式都是数字技术的产物。在公共空间监控人们活动的闭路电视摄像头（CCTV），交通灯和公共交通系统，新兴建筑物的规划和发展计划以及大多数商品、服务和公用事业的订购、生产和支付系统都已实现数字化的全面覆盖。在一个移动和可穿戴数字设备日益普及的时代，人们在私人和公共空间的互动中，借用现已成为公共空间和日常交换中一部分的安全和商业监控技术，以数字方式制造图像和音频，这意味着我们正逐渐成为数字数据的主体。不管我们喜欢与否，也不管我们是否选择。

数字化数据与我们在日常生活中和网络技术的互动相关，它包括搜索引擎记录、通话记录、购物清单、与政府机构和银行的互动内容。这些数字化数据被自动收集并归档，产生大规模数据集，形成现在所谓的"大数据"（big data）。大数据还包括"用户生成内容"（user-generated content），即用户有意上传到社交媒体平台上的信息。

3

这些信息成为他们对这些网站的参与的一部分，包括他们的推文、状态更新、博文及其评论、照片和视频等。社交媒体平台的记录和监视，日益关注这些交互行为的特征：不仅监视互动内容，还包括发布者和受众的个人信息，以及其他人对这些内容的反应：点赞量、评论量、浏览量、浏览时长、转发量、互动频率、用户的地理位置、搜索内容使用的关键词、内容分享平台等。无论是商业还是非商业企业都越来越关注大数据的价值。这些数据的存在引发了诸多问题，包括它们的利用方式，以及它们对隐私、安全与治安、监视、全球发展和经济的影响。

我们对世界的了解也是通过数字媒介实现的。请思考一下现在当地和世界事件新闻的收集和呈现方式。过去，许多人依靠记者对事件的报道来了解世界上正在发生的事情。现在，他们能够以多种方式获取新闻报道，从传统的媒体形式（纸质报纸、电视和广播新闻节目）到新兴的数字媒体形式：推特信息流、Storify账号、在线报纸、实时更新的新闻博客。在报道突发新闻方面，推特通常是最具即时性的，许多记者在草拟报道时都将推特推文作为信息来源。同时，记者们也在运用计算机科学家的专业知识，将开源数字数据作为新闻来源，并将新闻数据可视化（有时被称为"数据新闻"）。此外，借助数字技术的优势，并非训练有素的记者的人们报道或记录新闻事件的能力显著提升。"公民记者"可以录像或拍摄图片，在推特、博客或脸书上针对发生的新闻发表评论，所有这些内容都可供其他人阅读和评论，包括职业记者。传统的新闻媒体，特别是那些纸质报刊，不得不迎接新兴数字媒体带来的挑战，并构建从新闻业获得收入的新途径。

数字技术还日渐被应用于大规模的公民监视，这通常以公民不知道的方式进行。2013年中期，美国国家安全局（NSA）员工爱德华·斯诺登向《卫报》和《华盛顿邮报》泄露了数千份在工作中秘密获得的机密文件，呈现出监视现象的冰山一角。这些文件揭露了美国和其他英语国家（英国、澳大利亚、加拿大和新西兰）政府对本国和其他国家公民的数字监视程度。这些文件显示，监视活动包括获取电话记录、短信、电子邮件，跟踪美国、英国和欧洲用户的移动电话位置，以及监视公民的互联网数据和众多政治和商业领袖的电话数据。据披露，美国国家安全局和英国政府通信总部（GCHQ）能通过谷歌、苹果、微软和脸书等美国主要互联网公司获取用户的个人详细数据，也能从光纤电话和互联网网络中拦截数据。

《数字社会学》一书探讨了数字社会的诸多方面。鉴于数字技术已经渗透到发达国家和越来越多的发展中国家中人们日常生活的各个角落，仅一本书难以全面涵盖数字社会学的所有问题和观点。我在这本书中更希望介绍数字社会中一些有趣的社会、文化和政治维度，并讨论在这些方面的研究和学术界发生的相关重要争论。我认为，社会学家的思考和研究，不仅应该关注人们使用数字技术的方式，还应该关注思考和研究他们自身演变为"数字化学者"的现状，以及它对社会学学科的实践和定义的影响。

有社会学家推测，由于众多参与者和组织可以从数字来源收集和分析社会数据，以往社会学家自称在研究社会生活和获取社会数据方面拥有卓越知识的说法受到了挑战。谷歌、脸书和亚马逊等互联网巨头以及许多其他公司和机构已经成为管理数据收集、归档和解释的专家，这让在高等教育领域工作的社会学家和其他社会科学家望尘莫及。实证社会学是否存在"即将到来的危机"（Savage and Burrows，2007，2009）？它真的已经出现了么？在这个大数据公司化的时代，社会学家一定要经历"数据眼红"（data envy）（Back，2012：19）或者"谷歌忌妒"（Rogers，2013：206）吗？他们该如何

5

管理现在所产生的庞大数字数据以及生产这些数据的技术复杂性？在大数据时代，其他专业研究人员能够轻松地访问和分析大型数据集，而社会学家作为社会研究人员是否仍有一席之地？我要在本书中阐述：分析数字社会并没有为社会学家带来危机，而是为社会学家提供了新的机会，以展示出他们在社会分析方面的专业知识，并将社会学学科引向新的、有趣的方向。

如果承认"生活是数字化的"（就像本章开头引用的广告所轻描淡写的那样），那我认为，社会学需要将数字技术研究作为其核心要义。现在，社会学家所研究和讲授的所有主题都离不开数字技术，不论他们聚焦于家庭、科学、医疗健康、知识、文化、经济、劳动、教育、就业、性别、风险、老年、种族还是族群。反过来，研究数字社会也需要重现社会学家长期关注的许多核心内容：自我、身份认同、具身化、权力关系、社会不平等、社会网络、社会结构、社会制度以及社会理论等。

6   这本书发展和总结了我二十多年来的研究兴趣心得。20世纪90年代中期，我开始思考和撰写人们是如何概念化和使用那时可用的计算机：笨重的桌面电脑，或者人们随身携带的、沉甸甸的笔记本电脑。我第一次对计算机技术的社会文化维度产生兴趣，是我第一次注意到流行文化中对计算机病毒的讨论方式时。20世纪90年代初，个人电脑已经走入千家万户，人们开始意识到自身对计算机技术的依赖，也意识到黑客开发"计算机病毒"（malware）（或恶意软件）试图破坏计算机系统时可能对自身造成的危害。那时，我研究的主题是健康、医疗、风险和具身化（包括撰写关于艾滋病毒的隐喻和社会反应）。后来，计算机病毒的隐喻让我着迷，它揭示了我们对计算机技术和人类身体的理解（计算机系统日益被描绘为与人体免疫系统和大脑功能相关的事物）以及两者之间的关系。

这些研究心得在我名为《计算恐慌》（Panic Computing）的论文中得以首次展现。在这篇文章中，我审视了计算机中的病毒隐喻以及这种隐喻所揭示的我们对计算机的看法与态度，包括计算机与人类相似这一普遍概念（Lupton，1994）。我接着写了另一篇文章，反映了我所描述的"具身的计算机 / 用户"（embodied computer/user）（Lupton，1995）。正如这一术语所言，这篇文章核心观点是，我们认为个人电脑是人类身体 / 自我的延伸和义肢，它们模糊了人类身体、自我和人们使用的电脑之间的概念边界。我和格雷格·诺布尔（Greg Noble）在此基础上开展了一个实证项目，调研了个人电脑是如何被概念化并应用于学术领域中的，这包括认识人类为计算机赋予个性和注入情感的方式（Lupton and Noble，1997，2002；Noble and Lupton，1998）。另外两个访谈则基于与温迪·西摩（Wendy Seymour）合作的项目，该项目的问题是残疾人如何使用计算机技术，主要聚焦于人们与此类技术互动时的情感和身体关系特征（Lupton and Seymour，2000，2003；Seymour and Lupton，2004）。

一些早期的研究将在本书中被提及并重新审视。在当今社会，计算机已经脱离桌面，尺寸缩小到随时随地都能连接到互联网。相较于过去，如今的我们更加紧密地与计算机技术联系在一起。我们不仅是具身的计算机 / 用户，还是数字化的人类。随着人们以不同的方式使用数字技术，我开始对当代的自我、具身化和社会关系等研究内容感兴趣。

我最近的研究还包括被应用于学术职业实践的多种形式的数字工具。自 2012 年以来，我一直在从事某种参与式观察，研究学术界对数字媒体的使用情况，探索不同的工具和平台的实用性。我创建了自己的博客"社会学生活"（This Sociological Life），并开始写博客。这里展示的不仅是我的研究，还有我对使用社交媒体和其他数

7

字平台的社会观察。出于职业化的学术研究目的，我还加入了推特，并使用了脸书、Pinterest、Slideshare、Storify、Prismatic、Delicious、Scoop.it、Bundlr 等平台。我在推特和博客上与其他学者建立联系和互动，这对于追踪他人关于数字社会的研究并与他人交流数字社会的想法至关重要。从我早期的探索到现在的研究，所有使用过社交媒体和其他数字媒体的研究与实践，都为本书的内容提供了素材与信息。

关键术语

在提到数字技术时，我指的既包括软件（为计算机提供操作指令的计算机编码程序），又包括使用数字编程（也称为二进制代码）工作的硬件（物理计算机设备）、以及支撑它们的基础设施。当代数字技术需要使用的计算平台，即支撑软件运行的基础环境，包括操作系统、浏览器、应用程序（或移动应用程序）以及支撑软件运行和数据移动的硬件设施。

数字形式与那些记录和传输信息的模拟形式（包括连续的信息流）或非电子形式（如印刷纸或画布上的艺术品）形成对比。非数字媒体技术包括固定电话、收音机、老式电视机、黑胶唱片、视听磁带、印刷报纸、书籍杂志、画作、胶片相机等等。所有这些"旧的"或"传统的"媒体和设备仍然存在，并且其中一些仍然被大量的人频繁使用，同时它们也可以被转换成数字格式。例如，现在人们可以用数码相机拍摄博物馆和艺术画廊的文物和艺术品，并将这些图片上传到博物馆或画廊的网站上，以供那些无法亲临现场的人欣赏。

这就引出了数字数据（digital data）的概念。当提到数字数据时，我指的是使用数字媒体技术记录和传输的编码客体。数字信息是由非连续的符号序列（通常是 0 和 1）传递的。数字数据不仅包括数字材料（脸书主页得到多少个赞，用户在推特上有多少粉丝），还包括音频、可视化数据（如电影和照片）和复杂性文本（如博客文章、社交媒体上的状态更新、在线新闻文章和网站评论）。正如我在本书中强调的，数字数据并不只是数字技术自动创造的客体，它也是人类行为的产物。人类的判断抉择存在于数据生产的每一个阶段：决定由什么构成数据，哪些数据需要收集和汇总，运用何种分类和组织方式，数据是"干净的"还是"肮脏的"（分析时需要额外的工作），等等。

数字格式具有可转移性（transferability），它们能够转移到各种能解释和呈现它们的技术当中。这是新兴数字技术融合的关键：它们可以即时简便地彼此共享信息。这些技术还可以执行多种功能：智能手机不仅能打电话，还能连接网络，拍摄数码照片和视频，运行应用程序，记录语音数据，播放音乐、电视节目和电影。如今，诸如任天堂 Wii 等游戏机可以浏览互联网并连接到社交媒体平台。人们每天使用的各种设备——智能手机、相机、MP3 播放器、台式电脑、笔记本电脑、平板电脑和可穿戴设备——可以在彼此间共享信息，这通过公共接口和云计算（涉及众多连接到寄存于互联网的远程服务器的计算机网络应用，以存储、管理和处理数字数据）来实现。

有人认为，将如今的"互联网"描述为独立的存在是不准确的，它实际上是由众多不同的数字平台相互关联组成的（Hands，2013）。然而，互联网并不总是如此复杂。在其发展早期，互联网是一种被设计为建立数据通信网络，以在最初由军事、大学、信息技术专家和爱好者所使用的独立计算机之间共享资源的技术［于是有了"互联网"（internet）这个术语］。蒂莫西·伯纳斯-李爵士（Sir

Tim Berners-Lee）于 1989 年发明的万维网［通常简称为"网络"(the web)］为使用超链接访问互联网提供了基础设施。然而，直到 1994 年，万维网才通过第一个商业供应商向公众开放。因此，万维网并不是互联网的同义词，而是一种便捷的上网方式。Google Chrome 和 Internet Explorer 等网页浏览器，提供了网络搜索和交互的方式，浏览器能够访问统一资源定位符（Uniform Resource Locators，URLs）或用于识别和定位网络资源（如网页、图像或视频）的超链接。

20 世纪的数字技术（现在通常被称为"Web 1.0"）是基于网站和诸如台式电脑或笔记本电脑等设备的。人们可以在线查看信息并使用如电子邮件、网上银行和购物等设施，但在创建在线内容方面发挥的作用很小（尽管有些用户确实在互联网聊天室、电子邮件群发系统、讨论组和多人在线游戏中与他人互动）。最初，计算机是通过电话线连接到互联网上的。因此，用户上网的范围受到了物理上的限制。软件应用程序也只能下载到个人台式机或笔记本电脑上。

自 21 世纪初以来，平台和网站的出现，使得人们可以在线访问应用程序，而不用单独下载到个人电脑桌面上，无线网络（WiFi）、宽带互联网接入以及相关设备的发展推动了技术扩散。无处不在的无线计算技术，允许用户在一天中的任何时间、任何地点使用他们的移动设备上网，这些设备都很便携。一些数字设备可以佩戴在身上，比如用来收集生物特征数据的自我跟踪腕带、头带、智能手表和谷歌眼镜（一种像眼镜一样戴在脸上的设备）。以脸书、推特、Google+、Instagram 和 YouTube 为代表的社交媒体网站，促进了个人信息和可能包含许多他人的图像的在线共享，这在互联网用户中变得非常流行。此类进展被许多同行称为"Web 2.0"（或"社交网络"）。如今，"物联网"(Internet of Things) 开始发展（通常也被称为"Web 3.0"），其中数字化的日常客体（或"智能物体"）能够在没有人工干预的情况下连接到互联网并相互交流信息，这使形成跨大范围客体、数据库和数字平台的互联网络成为可能。

在 Web 2.0 这个术语开始普遍使用的时候，如维基百科和一些早期版本的社交媒体网站，已经存在了好几年了。因此，就互联网的历史而言，Web 2.0 的功能究竟是在什么时候出现这一问题就存在着一些争议。所以，人们很难为 Web 2.0 指明一个明确或精确的开始时间范围。不同表现形式的互联网技术名称（"1.0""2.0""3.0"等）模仿了软件开发人员的术语，它们并没有体现出互联网发展的复杂性和混乱性（Allen，2013）。

毫无疑问，无论选用何种术语，过去十年来，我们与他人沟通，使用新闻、音乐和其他媒体，玩电脑游戏和开展工作生活的方式在许多方面都发生了巨大变革。虽然出于特定目的，主要以单向形式传播信息的网站仍然可以使用，但它们已经被许多在线平台取代，这些平台允许创作，甚至开展创作激励，并鼓励用户与其他用户实时分享创作内容。这些活动被一些互联网研究人员称为"产消合一"（prosumption，即生产和消费的结合），以传达用户与数字技术互动的双重性质（Beer and Burrows，2010；Ritzer，2014；Ritzer et al.，2012）。数字媒体的产消合一行为包括撰写博客文章，向粉丝论坛提供信息，上传图像、状态更新和推文，以及评论、点赞、转发、策展或分享其他用户的内容。与互联网早期相比，这些活动体现出用户与数字技术互动和使用方式的重大转型。产消合一的精神符合公民参与和共享的民主理想，这是当代数字媒体尤其是社交媒体平台使用的核心特征（Beer and Burrows，2010；John，2013）。在数字技术或互联网出现之前（例如在粉丝文化中，或作为工艺品的一部分），"产消合一"形式便已经出现。然而，数字媒体为产消合一提供了快速扩张的渠道与新形式（Ritzer，2014）。

用户参与的分类实践或添加标签（有时也称为"分众分类法"）是产消合一的另一种表现形式。用户可以选择他们想要标记数字内容的任何关键词或话题，这些行动有时可能是讽刺性或批评性的，以作为娱乐的一部分或表达一个人对内容的情绪反应。一个常见的例子是推特上的主题标签符号"#"（hashtag symbol），它不仅用于对内容进行分类（例如，我在推特上发布与数字社会学主题相关的话题时，经常使用"#数字社会学"），还经常被用来表达意见或评价（"#兴奋""#厌恶"）。这些标签实践产生了"元数据"（metadata），或指示内容可能归属的类别信息，这对于允许其他人查找内容至关重要。这种分类形式对组织、访问和传播 Web 2.0 平台和设备内容的方式至关重要（Beer and Burrows，2013）。

例如，当我写一篇博客文章或期刊文章时，我通过决定使用哪些标签（或学术期刊中的术语"关键词"）最能描述特定文章的内容，从而参与元数据的生成。一旦我标记了标签，那么标签生产的元数据将帮助其他人在进行网络搜索时找到它。如果我没有使用最相关或最明确的术语，那么这可能意味着我的内容可能不容易被找到。因此，标签实践对内容的"可发现"程度非常重要。元数据还包括手机通话的一些特征元素，如通话号码、通话时长、通话地点，还有人们输入搜索引擎的术语、访问的网站、浏览网站的时长，以及他们向谁发送电子邮件等等。虽然这些通信的详细内容无法通过元数据披露，但这些信息可以揭示人们对数字技术的使用情况，尤其是将各种信息来源汇总之后。

我在书中经常使用"算法"（algorithms）这个词。算法是一串计算机代码命令，它告诉计算机如何通过一系列指令到达指定的端点。简而言之，算法被用来解决软件中的问题。计算机算法在促进数字技术收集用户数据、分类和理解用户数据、预测用户未来行为或对用户应该如何采取行动提出建议方面变得日益重要。例如，亚马逊向用户发送可能感兴趣的书籍建议的电子邮件，是根据用户之前在其平台上的搜索或购买记录的算法，来确定每个人的购买兴趣（和购买选择）。Google Go 应用程序（需得到用户授权）可以利用用户的 Gmail 内容和谷歌搜索记录，运用算法计算出用户接下来可能需要什么信息。最近社会学界对算法的研究不仅关注这些计算机代码在数字社会中发挥的重要功能，还关注它们在文化和政治维度中的作用。

数字社会学的界定

12

社会学对计算机技术的研究拥有许多不同的分支，分散在多个兴趣领域，包括"赛博社会学""互联网社会学""电子社会学""在线社区社会学""社交媒体社会学"和"网络文化社会学"。在计算机技术广泛使用的初期，研究人员经常使用"信息和通信技术"（ICTs）或"网络技术"来定义计算机技术。在学术文献和流行文化中，术语"数字""Web 2.0"和"互联网"已经在很大程度上取代了"赛博"。现在，"数字"一词经常用于大众媒体和学术文献之中，用来描述已经呈现为数字格式的材料以及使用这些格式的技术、设备和媒体。作为讨论热点之一，"数字社会学"开始取代旧的术语。该术语的变化与其他关注数字技术的分支学科是一致的，包括数字人文学、数字文化学、数字人类学和数字地理学。

自计算机技术普及以来，确实有许多社会学家对此感兴趣。但总体来看，与传播学、媒体和文化研究领域的同事相比，社会学家对这一主题的关注程度和持续性都比较低。在美国，法雷尔和彼得森（Farrell and Petersen，2010）在评论对互联网研究"不情愿的社会学家"时，表达了他们对这种兴趣缺乏的惊讶，特别是考虑到社会学家在传统社会学研究中都是采用和检验最新研究方法和数据来源的先锋者。尽管在期刊上偶尔会出现这样的争论，即美国社会学家应该研究在线媒体技术（DiMaggio et al.，2001），但在 20 世纪中叶的美国，社会学家倾向于放弃传播和媒体研究，令此类研究逐渐转移至新闻学院，并关注说服的社会心理学。因此，尽管文化社会学在美国蓬勃发展，但在相当长的一段时间内，美国社会学家回避对大众媒体的研究（Farrell and Petersen，2010；Nichols，2009；Pooley and Katz，2008）。

20 世纪 70 年代，英国出现了跨学科的文化研究领域（通常与媒体研究相结合），它主导了与大众媒体和之后与计算机技术相关的研究和理论。文化研究学者对"赛博文化"（cyberculture）特别感兴趣，而不是拘泥于社会学较为笼统的"信息社会"和"信息技术社会学"等术语（Webster，2005）。事实上，这一术语的选择是很有说服力的。文化研究的"赛博"的术语重点在于计算机技术的未来性和科学性维度，而"信息技术"这一术语则直接关注这些设备用于获取信息的基础性、事实性和实用性（Webster，2005）。

很长一段时间以来，当文化研究学者们在研究赛博文化等媒体和流行文化方面的内容时，英国社会学家们仍然关注工作、犯罪和社会阶层等话题。文化研究学者对人们对流行文化的使用更感兴趣，而文化社会学家则倾向于研究社会结构（如社会阶层、性别和种族）对人们自由的限制（Webster，2005）。这些文献之间几乎没有联系。例如，英国著名地理学家大卫·贝尔及电影、媒体和文化研究学者芭芭拉·肯尼迪编辑了一本影响广泛的《赛博文化读本》（*The Cybercultures Reader*）（Bell and Kennedy，2000），虽然这本书收录了一些社会学家（包括我自己）的作品，但大多数贡献来自传播学、媒体和文化研究、文学研究、批评理论或技术科学相关领域的学者。

我自己的国家——澳大利亚，同美国一样，经历了新闻学院和大众媒体研究学院的引进。因此，社会学家在一定程度上退出了对大众媒体和数字媒体的研究。不过，英国文化研究传统在澳大利亚也很盛行。在澳大利亚，文化研究作为一门专业学科，往往独立于媒体传播学以及社会学。媒体传播学、社会学和文化研究等学科都有各自的学会和年度会议，但不同学科之间的相关研究人员往往很少交流。澳大利亚的媒体研究和传播学研究以美国传统为导向，而社会学和文化研究则更多地受到英国学术传统的影响。澳大利亚关于数字技术的大部分研究都是由媒体传播学或文化研究机构的研究人员在专门研究这些学科的期刊上发表，而不是由社会学家发表。

然而，这种情况正在迅速变化。近年来，社会学界对数字社会的兴趣似乎越来越浓厚，"数字社会学"一词最近也使用得越来越频繁。第一篇使用"数字社会学"术语的期刊文章是美国社会学家在一份美国期刊上发表的（Wynn，2009）。在这篇文章中，韦恩概述了数字技术可以用于研究（例如使用数字设备进行民族志研究）和教学目的的各种方式。数字社会学作为一个术语和一种事业，在英国最为常见。2012 年底，英国社会学会（British Sociological Association）批准建立了一个新的数字社会学研究分会，该研究分会于 2013 年 7 月举行了第一次活动。伦敦大学金匠学院（Goldsmiths，University of London）设立了第一个数字社会学硕士学位。第一本名为《数字社会学》的书籍出版于 2013 年（Orton-Johnson and Prior，2013），这本书由两位英国社会学家编辑，主要汇集了来自英国和欧洲大陆的社会学家的学术成果。虽然数字社会学仍然不是美国社会学家明确使用的术语，但在美国社会学会（American Sociological

14

Association）有一个蓬勃发展的分会，名为"通信和信息技术分会"，其中包括对所有数字事物的研究。在澳大利亚，"数字社会学"一词直到最近才得到广泛应用。2013 年 11 月，澳大利亚社会学会（Australian Sociological Association）年会首次以数字社会学为主题，举行了两次会议，取得了突破性进展。

社会学研究和理论的一个特点是倾向于自反性，包括社会学家的自反性实践。社会学家以一种极其敏锐的眼光看待世界（Gane and Back，2012；Holmwood，2010），这是社会学想象力的一部分。"社会学的想象力"这一术语来源于社会学学科中最具影响力的学者之一——美国社会学家 C. 赖特·米尔斯（C. Wright Mills），经常被用来描述社会学研究世界的一种独特方法。社会学的敏锐性表现为对其他学科甚至是对社会学本身的批判。基于另一位经典社会学家皮埃尔·布迪厄（Pierre Bourdieu）的作品，霍姆伍德（Holmwood，2010：650）使用了"社会学惯习"（sociological habitus）一词，认为社会学是一套习惯化的实践和倾向，通常会导致自我颠覆和内部跨学科倾向。萨维奇（Savage，2010）认为，这种对社会学的强烈反思和自反性的批判以及可能引起的未来痛苦，可以被认为是一种社会学的特性，这在其他学科的准则中很少见。

值得注意的是，数字社会学作为一门分支学科最近出现在英国。它不仅关注 21 世纪以来发展起来的新兴技术，还发展出一套独特的、包含自反性批判的理论和方法论路径。数字社会学不仅仅是社会学家或其他研究者关注人类如何使用数字技术，或者关注他们通过使用数字技术产生的数字数据。数字社会学的内涵比单纯研究数字技术要广泛得多，它引发了社会学实践和社会研究本身的问题，还包括社会学家自身如何使用社交媒体和其他数字媒体，以作为其研究工作的构成部分。同样类型的关注点和理论方法会被社会学家

15

在社交媒体上写作分享，也会被其他人用来评论相关议题，如社会学作为一门学科的未来，社会学应当采用何种类型的研究方法以及应如何对其进行概念化，社会学在当今社会衡量和评估问题的方法、以及知识经济、权力显性的新型政治形态和关系的出现。虽然并非所有这些学者都将自己归类为专业的数字社会学家，但他们的工作对这一新兴分支学科的独特方向作出了重大贡献。

这里需要强调的是，数字研究必然是一个多学科领域。社会学本身和其他学科一样，是一个渗透性强、充满活力的实体。因此，我当然不会把我在这本书中的讨论局限于那些自称社会学家的学者的出版物。本书还直接收录了其他几个学科的学者对数字媒体技术的社会和文化维度的一些有趣看法，尤其是在大众传播、媒体研究、文化地理学和数字人类学等领域，甚至计算科学研究的某些方面，如关注人机关系的研究，以及跨学科领域，如科学与技术研究（science and technology studies，STS）、互联网研究和数字文化。研究数字世界特定特征的社会、文化和政治维度的离散领域也开始发展，包括软件研究、游戏研究、移动媒体研究和平台研究。理想情况下，这些领域应该相互参与并从中受益。

尽管其他人可能对数字社会学所包含的内容有自己的看法，我还是阐述了一种四重类型学，总结了我对这一分支学科的定义。具体内容如下：

- **职业数字实践**（professional digital practice）：使用数字工具作为社会学实践的一部分——建立网络，构建在线档案，宣传和分享研究成果，指导学生；
- **数字技术使用分析**（analyses of digital technology use）：研究人们使用数字技术构建他们的自我意识、具身化和社会关

16

17

系的方式，以及数字媒体在社会制度和社会结构的创造或再生产中的功能。

- **数字数据分析**（digital data analysis）：利用自然产生的数字数据进行社会研究，无论是定量的还是定性的；
- **批判性数字社会学**（critical digital sociology）：在社会文化理论的指导下，对数字技术进行自反性分析。

职业数字实践

正如我在上面所观察到的，社会学家的工作生活和身份认同已经受到数字化的深刻影响。新兴数字技术改变了学术研究和教学的许多方面。职业的数字实践与社会学家（和其他学者）如何使用这些工具有关。一般来说，社会学家个人在使用社交媒体和其他数字技术进行职业实践方面进展缓慢（Daniels and Feagin，2011；Farrell and Petersen，2010；Mitchell，2000）。然而，这种情况正在逐渐转变，越来越多的社会学家和其他学者意识到，数字工具在与学术界内外的群体建立网络、广泛传播研究、增加其研究的影响和了解他人研究方面具有巨大的潜力。一些社会学家认为，在社交媒体和开放获取平台进行出版已经成为公共社会学家参与的一个重要方面，能够促进公众参与研究、对研究结果产生兴趣并获取研究成果。然而，职业的数字应用带来了潜在的风险和可能性。社会学家们已经开始从社会学的角度认识和描述这些不同的维度。

数字技术使用分析

然而，正如我所言，社会学家通常很少关注计算机技术，而热衷于其他的研究课题。自个人计算机和互联网出现以来，探讨技术使用方式的一系列社会学文献已经发展起来。随着数字技术日益

普及，它们进入日常生活的所有领域，并在建立和维护社会网络中
发挥作用，这已经引起了社会学的兴趣，即人们如何通过数字技术
呈现自我并将其融入日常生活准则与行为，人们如何通过这些数字
技术了解世界，人们在获取和使用这些技术方面的差异，数字技术
在监视方面的用途以及对隐私概念的影响。大数据现象也引发了学
术界对大型数字数据集的伦理和政治方面的探讨。社交媒体网站的
流行引发了社会学的研究，探讨如何更好地访问和分析人们对这些
媒体的参与。为了研究这些问题，社会学家们综合采用了定性方法
（如访谈、焦点小组和民族志研究）和定量方法（如定量调查）。这
种数字社会学研究与数字人类学、数字文化学、网络研究、数字地
理学等领域的研究有明显的重叠。然而，社会学对数字世界分析的
核心问题是权力关系以及它如何影响和生产社会关系、自我或群体
的身份认同以及社会经济的劣势和特权。

数字数据分析

　　数字社会学的另一个维度是使用大型数字数据集进行社会研究。
诸如"数字社会研究""网络计量学""网络社会科学"和"计算社会
科学"（computational social science）等领域，往往用来指进行这种类
型的"电子化研究"。这一研究的重点是数据的收集和使用以及分析
这些数据的工具，其追随者采用的方法主要来自计算机科学，并对
存储和分析数字数据的最有效工具感兴趣。他们的方法使用各种网
络平台（例如脸书文章、推特推文、Instagram 图像、搜索引擎、短
信和 GPS 数据）已经收集的"自然"或偶然生成的数据。一些采用
这种方法进行数字数据分析的研究人员，也对运用记录和分析数据
（包括图像、视频和音频数据）的定性分析方法感兴趣。虽然这些方
法似乎在信息科学技术和传播学研究等领域得到了相当广泛的应用，

但到目前为止，社会学家似乎很少使用这些方法，也许是因为很少有社会学家接受过访问和分析大数据集的训练。

批判性数字社会学

18

近年来，社会学文献中出现了许多重大主题，这些主题围绕新兴数字媒体、数据生产，以及参与收集、解释和分析的行动者。它们使社会学作为一门学科面临挑战。这些问题和争论的核心是社会学作为一门学科应该如何概念化和操作化。一些社会学家已经开始质疑，使用新兴数字技术可能会影响其就业条件和职业自我的呈现方式。他们不仅对整个数字社会提出了批评，而且对自身日益数字化的主体处境提出了批评，还对社会学应如何应对来自数字技术生产新知识形式的挑战提出了批评。一个数字社会研究的共识已经形成，它承认用于社会研究的方法和工具本身就是社会生活和社会的组成部分。其他社会学家已经开始研究如何将数字技术和数字数据作为创造和创新的一部分，并在科研和教学中应用创新性方法。

关于本书

本书的各章节论述了数字社会学的上述所有维度。第二章通过回顾本书中发展的主要理论观点，为后续章节奠定了理论基础，其中包括对全球信息经济和新型权力形式的分析，对人类与数字技术之间关系的社会物质视角（sociomaterial perspective），产消合一，新自由主义和分享主体，档案的重要性，与数字社会相关的监视（观看）理论以及关于数字化的具身化的理论。在第三章中，我将探讨数字时代的概念化研究新方法。这一章总结了目前数字社会研究人员采用的多元方法，提供了许多创新和创造性项目的例子，有助于重新思考社会学的创新方式。这部分的讨论还提出了理论化方法的问题，借鉴了大量的文献，这些文献将方法论装置本身定位为研究过程中的社会文化产物和能动者。

第四章通过概述社会学家和其他学者在职业实践中使用数字技术的方式，探讨了数字化学术的主题。在这一主题上，本章采用社会学视角，不仅挖掘以社交媒体为学术工具的可能性和局限性，还考察了其对职业认同和数字公众参与（digital public engagement）的政治学的深层影响。第五章介绍了大数据的批判社会学。在回顾了大数据的出现及其在商业、政府和个体企业中的迅速扩散之后，我以数字数据作为社会物质客体的观点，分析了这一现象的社会、文化、伦理和政治维度。

最后三个主要章节讨论了人们与数字技术的互构方式。第六章探讨了不同社会群体和地理空间使用数字技术的多样性。我从"通观全局"开始，借鉴了一些大型报告，确定了数字技术在某些国家和跨国使用的趋势。本章接着讨论了基于情境的定性调查，这些调查为数字社会不平等的复杂性以及构成数字参与实践的文化期望和规范提供了见解。本章亦详细讨论了数字技术使用的性别性质，并探讨了数字技术的使用加剧社会边缘化和对少数群体歧视的可能性。

第七章跟进了第六章中的一些问题。我研究了数字监视政治、行动主义（activism）、隐私争论、数字数据的开放呼吁和公民的数字公共参与。有人认为，虽然数字行动主义和对公民开放数字数据的举措在一定程度上可以成功地实现其目标，但也有人声称，它们会对制度化权力产生新型的、重大形式的政治阻力或挑战。事实上，数字技术可以提供一种让激进分子受到监视并被政府拉入黑名单的手段。本章还概述了公民数字参与的其他消极影响，包括互联网可能煽动歧视和私刑行动，以及促进虚假信息传播等方式。

在第八章中，我讨论了通过数字技术实现的具身化（embodiment）和自我。我认为，现在的数字软件和硬件与我们的生活密切相关，它们比以往任何时候都更能成为我们身份认同的组成部分，因为它们存储了大量关于我们的经历、社会关系、社会事件以及身体机能的数据。它们的材料设计和使用，也经历了一个具身化和情感化的层面——这是在社会学分析中常常被忽视的数字社会的元素。

第九章为简短结论，总结了本书的主题和论点，并对数字社会学所能提供的内容提出了乐观和前瞻性的观点。

第二章 数字社会的理论化

在本章中，我将介绍一些主流理论观点，这些观点将在其他章节中得到运用和进一步发展。这些理论绝不是关于数字社会的有趣工作的全部，但是，我认为它们体现出了发展数字社会学的一些最有趣的方法。

全球信息经济与新型权力形式

当代社会理论日益呈现的是发达国家的社会，其特点是信息在网络中流通和传播。以社交媒体平台等在线技术为代表的社交网络发展新方式，引发了许多社会学家和其他社会理论家对技术形塑和重塑社会生活的关注。

曼纽尔·卡斯特（Manuel Castells）是数字网络社会学领域的著名学者。他在著作中（如 Castells，2000a，2000b，2012）提出了"网络社会"概念，认为网络是当代社会结构和权力关系的基础。在

21 卡斯特所称的"信息时代",其工业化进程已被新兴信息技术推动的电子通信所取代。如今,权力是多维度的,存在于全球金融、政治、军事安全、信息生产、犯罪和多媒体网络等网络中,所有这些网络都涉及定义社会规则和规范。卡斯特认为数字媒介信息已经成为经济生产力的关键。以知识为基础的信息技术,生产了更多的知识和信息,推动建立了一个以信息为基础的新兴经济,这种经济形式通过应用数字技术和其他网络技术及实践,分散在全球并高度互联。卡斯特认为,以社交媒体为代表的数字技术,在创造新型社会结构、全球经济和新兴虚拟文化方面发挥了重要作用。他的作品率先承认了数字技术在当代社会形态中的重要性。

其他社会学家也开始关注认识世界的新方式、新的信息形式和数字数据的新型商业用途。他们认为,数字技术改变了经济价值的生产、分配和商品概念化的方式(Beer,2013a;Featherstone,2009;Lash,2007;Mackenzie,2005;Savage and Burrows,2007)。根据这些作者的说法,知识本身已经通过这些过程实现转化。许多人引用了奈杰尔·思里夫特(Nigel Thrift)关于信息经济的著作以及他提出的"知识资本主义"(knowing capitalism)(Thrift,2005,2006)来支撑自己的论点。思里夫特认为,资本主义经济体系正急速转向信息经济,它通过重置时空来提高创新和发明的速度,以支撑信息作为一种收入来源。互联网的可供性促成了这一转变。数字化的作用是将知识转化为能够通过数字技术来轻松获取的信息。互联网正在形成一种新兴学术机构,产生不同的研究、学术和交流模式(Featherstone,2009)。

互联网帝国公司(或称"巨型平台")主宰了数字世界,改变了知识生产和再生产的方式,这包括谷歌、脸书、苹果和亚马逊等互联网企业。"谷歌化"(Googilization)(Vaidhyanathan,2011)一词被用来描述谷歌公司的影响力渗透到社会、经济和政治生活等众多领域的路径。人们认为，谷歌不仅在搜索引擎的运作方式、平台和应用程序的美学方面发挥着强大功能，还在教育、学术界、信息服务、社会研究、广告、地理服务、电子邮件、出版和网络商务方面发挥着巨大作用。在更广泛的层面上，通过数字媒体进行的通信行为，都已转化为可聚合为大规模数据集的数字数据，进而成为一个有价值的实体。无论是脸书上的点赞，推特上的评论，还是搜索引擎上的查询，这些交流行为都已变得商品化。如今，许多商业和政府机构及组织都将收集和使用数字数据作为其业务构成部分。数字数据经济已经发展起来了，它建立于从各种为商业目的而存储的档案中获取数字数据的技术之上。曾经，工人的体力劳动产生了剩余价值；现在，大众的智力劳动具有了货币价值，构建了新型信息经济，推动思想变得更加自由化、大众化和商品化（Smith，2013；Thrift，2005，2006）。

22

　　有人认为，随着人、物、空间的数字化代码愈发普遍，权力关系正在发生变革。现在，权力主要通过通信方式运行（Lash，2007；Mackenzie，2005；Mackenzie and Vurdubakis，2011；Smith，2013）。这种方式将权力视为扁平的、扎根的、流动的和动态的，而不是倾向于将社会描述为一个基本固定的等级制度的权力结构模型。大众媒体不再理论性地被视为和理论化为"自上而下"的大众说服者，不再能够操纵它们所散播信息的大众，不再能代表权力高于公共代表的垄断中心。相反，众所周知，Web 2.0 平台和设备中体现的新兴移动交互式媒体是分散的、多模式的，是结合了产消合一与对用户的持续监视和信息收集的节点网络（Beer，2013a；Beer and Burrows，2010；Lash，2007；Smith，2013）。传统媒体对其信息传播的内容施加权力，但对其受众知之甚少。相比之下，新媒体不仅激发了用户创作，还对受众的细节了如指掌（Beer，2013a；Best，

2010；Featherstone，2009）。

这是一种采用福柯式权力理论的视角，强调的不仅仅是权力关系的压制层面（传统的主权权力模式，其中一个权威个人或团体对被规训的公民强制行使权力），还有日常生活的、分散的、经常带有自愿性质的权力形式。权力在界定能力和选择的同时，能够生产能力和选择（Foucault，1995）。拉什（Lash，2007：70）认为，通过新兴数字信息经济及"新商品"数据，一种"后霸权"（post-hegemonic power）形式正以微妙的方式运作。这种权力从传统霸权制度中"泄露"，渗透到日常的、理所当然的实践中，这意味着我们正处于普适计算和媒体无处不在的时代，同时也是政治无处不在的时代。权力成为生命形式的内在要素，但由于其无形和理所当然的性质而没有得到承认（Lash，2007：75）。

拉什（Lash，2005，2006）认为，全球信息社会的特点是系统开放性、非线性运动，以及信息的流通（flux）和流动（flow）。拉什（Lash，2006）指出，流通概念带有权力的张力和斗争特征，而纯流动则以不受限制的运动为前提。他强调"将流通重新带回流动"的重要性，以将信息流动的流畅性问题化，"发展一种流通与流动相对抗的全球政治"（Lash，2005：17）。数字网络和数据中的流通和流动之间的区别是很重要的。它突破了数字数据具有的自由流通这一主要表征（如卡斯特等学者的乌托邦观点），并强调全球信息社会中内在的流动存在困难和障碍。

作为社会物质客体的数字技术和数据

关注永无休止的数字数据，虽然准确地阐述了当代社会的网络化本质以及信息在网络中传播的速度和便捷性，但也掩盖了数字化的某些维度。正如社会学家和其他社会理论家争论的那样，数字数据既不是非物质的，也不仅仅是更大物质实体的微小组成。这一观点引用了科学与技术研究（STS）中的社会物质（sociomaterial）视角。STS 是一个跨学科的领域，为笼统的媒体技术，尤其是计算机技术提供了一个批判性的立场。近年来，行动者网络理论（actor network theory，ANT）借鉴了科学社会学家布鲁诺·拉图尔（Bruno Latour）的研究成果（如 Latour，1987，2005），成为 STS 中的主流。行动者网络理论关注人类经验和主体性的物质性和异质性本质，强调非人类行动者在形塑人类行动者中的角色和能动作用。行动者网络理论的倡导者认为，人类总是存在于由人类和非人类行动者组成的相互交织的网络中，不能与这些网络孤立开来。这一观点已被证明是数字社会学术研究的一种有见地的方法，特别是在理解网络、社交媒体平台和数据等数字现象内容方面。

集合（assemblage）的概念是理解人类和非人类行动者之间互动的杂合现象的有用方法。集合概念借鉴了行动者网络理论和德勒兹哲学，是指人类与非人类之间以各种动态方式杂合交融的形式（Haggerty and Ericson，2000；Latour，2005；Latour et al.，2012；Marcus，2006；Palmås，2011）。集合提供了一种理解个人与数字技术的关系及对数字技术的使用的方法，强调无论是人类还是非人类，每位行动者都在互构关系中形塑着另一位行动者。它还为理解非人类行动者之间如何相互作用提供了一个理论基础，如物联网中的情形。

集合在其复杂性和易变性方面被视为"杂合体"(Fenwick and Edwards，2011)。例如，芬威克和爱德华（Fenwick and Edwards，2011）讨论了数据和用于创建数据的设备如何驱动当代教育，以及

24

如何形塑教学内容和教学资源使用的决策。在这个过程中，教育系统对收集用于监测和计算学生的学习成果的数据负有责任。然而，这种用于治理目的的、庞大而复杂的数据集成集合是不稳定的。由于众多不同能动者的加入，它存在戏化系统或参与抵制行为的可能性，比如考试分数作弊、教师拒绝管理标准化测试，或数据受到复议和挑战，这种庞大的规模和复杂性使得其产生偶然和混乱。对抗网络（counter-networks）的出现挑战了现有的网络，这使得各种行动者网络的力量永远无法得到保证。

在本书中，数字数据客体（digital data objects）是经济、技术、社会和文化逻辑的复杂互动集合，它包括点赞或分享按键、个人浏览器的历史记录、社交媒体帖子上的个性化推荐和评论，以及构成用户可用选择的硬件和软件（Caplan，2013；Langois and Elmer，2013；Mackenzie，2005；Mackenzie and Vurdubakis，2011）。我们将数字现象描述为客体（objects），以承认它们的存在、影响和力量（Caplan，2013；Hands，2013；Langois and Elmer，2013；Marres，2012）。

关于计算机软件的文化和政治分析，有时被称为软件研究（software studies）。软件研究中的写作者并不像传统通信模式那样强调信息的传输或接收，而是对计算行为生产和形塑知识的方式产生了社会物质兴趣。计算机代码被定位为构型和集合中的能动者（Fuller，2008），生产出如基钦和道奇（Kitchin and Dodge，2011）所称的"代码集合"（coded assemblages）。的确，软件在日常生活中已具有普遍性，正如曼诺维奇（Manovich，2013b）所说，软件已经成为"一种通用语言，是我们的想象与世界的接口"。因此，他主张社会研究者应该将人们与数字技术的互动概念化为"软件性能"（software performances），它在软件不断地对用户行为作出反应时实时建构和重构。

软件不再是静态的。它不断地响应用户和其他网络系统的输入：更新数据，识别用户在空间移动时的位置，观察用户在其设备上从事的活动（Helmond，2013；Manovich，2013a；Rogers，2013）。曼诺维奇（Manovich，2013a：36）举了一个用户参与谷歌地球平台的例子。由于谷歌地球具有实时更新的特性，用户每次访问这个平台时，他都会看到一个提供着最新数据的"新地球"。同样，许多维基百科的条目是动态的，会被定期更新或编辑。用户还可以组合一系列数字平台的信息，以全新的、个性化的方式呈现，来创建"混搭"（mashups）。由于这些技术是交互式平台，它们会不断更新和变化，包括用户自己作出的改变。这是一种理解和体验"信息"本质的全新方式。正如曼诺维奇（Manovich，2013b）指出的那样，人与软件之间的交互方式很难从彼此的纠缠中分离出来：

> 什么是交互式媒体"数据"？执行时的软件代码、用户交互的记录（例如点击和光标移动）、用户屏幕的视频记录、用脑电图或功能磁共振成像捕捉记录到的用户大脑活动？它是以上这些，还是别的什么？

在本书中，数字数据也被描述为社会物质客体。大众媒体、政府和商界的众多评论员，将数字数据视为真理和正确知识的最终形式。而社会学家和其他社会理论家则强调，这些信息形式和其他任何类型一样，都是由社会创造的，具有自己的社会生活和生命力。数字数据客体构建了我们关于身份认同、具身化、关系、选择和偏好、服务访问以及空间的概念。数字数据有许多物质性的方面。对于创造、管理和存储这些数据的物质的生产劳动者而言，数字数据

26

是复杂决策、创造性思维、解决管理技术问题以及营销战略的产物，同时也是创造数据的产消者的劳动产物。这就是数字数据的"无形"的物质性方面（Aslinger and Huntemann，2013）。

算法在构建数字数据客体方面起着重要作用。算法在不了解数字技术用户的情况下，通过对他们进行测量和排序，来决定可以为用户提供什么选择。不同来源的数字数据客体集合在一起，构成"计量集合"（metric assemblages）（Burrows，2012）或"监视集合"（surveilant assemblages）（Haggerty and Ericson，2000），制造虚拟的用户分身（*doppelgänger*）。因此，算法和软件的其他元素是生成性的，是一种生产性的权力形式（Beer，2009；2013a；boyd and Crawford，2012；Cheney-Lippold，2011；Mackenzie，2005；Mackenzie and Vurdubakis，2011；Ruppert et al.，2013）。

采用社会物质视角的学者，也强调了数字技术在制造和应用方面的有形物质性。尽管他们在讨论互联网和普适计算时，经常使用"无缝""熟练运转"等修辞，但是为保持系统的正常运转，对其的维护是杂合和偶然的，经常涉及具体的妥协、协商和及时的干预。地理的、经济的、社会的、政治的和文化的因素——包括稳定的电力供应和计算机网络接口等基本要求——共同促进或限制数字技术的发展（Bell，2006a；Bell and Dourish，2007，2011；Dourish and Bell，2007）。当必须处理闲置设备，造成往往包含有毒物质的数字废物（digital waste，或"电子废物"）问题时，数字硬件的物质性便凸显出来（Gabrys，2011；Miller and Horst，2012）。

在发达国家，由于数字设备的高周转率、快速过时的趋势、时隔几年的技术更新迭代，大量的数字废物不断产生。绝大多数被丢弃的数字设备最终被填埋，只有一小部分的废物会从发达国家转移至欠发达国家，用于零部件的回收与再利用。当它们过时并被丢弃时，那些曾经非常受欢迎、闪闪发光、在购买时充满期待的数字设备，就变成了另一种形式的垃圾——肮脏、暗沉且可能污染环境的污染物（Gabrys，2011）。电力本身在为数字技术和数字数据存储单元供应时，会对人类和其他生物产生环境影响，例如燃煤发电厂释放的烟雾和颗粒。"数字是一种能量体系：人类能量和技术机器所需的能量。"（Parikka，2013）

数字客体的物质性，还体现在关于数字数据的存储方式及存储地点的争论中，因为它们需要更大的物理结构（服务器）来进行归档。尽管有计算"云"（cloud）这一隐喻，但数字数据不会在以太中盘旋，而必须存储在硬件中。此外，数字数据难以擦除或移除，因此它们可以是非常顽固的材料；与此同时，如果数字数据存储过久且未被使用，它们可能很快就会过时，如果当代技术不能再获取和利用它们的话，它们就会变得毫无用处。因此，如果数字数据保留太久，而未转换至新兴技术格式，那么它们可能会被丢失和遗忘。这被称为"腐烂"（decay）。数字存储器具有易失性，这是因为用于存储和访问数据的技术变化得如此迅速。如果材料的数字形式不再被使用，那么出于归档目的而被转换成数字形式的模拟材料可能会被销毁进而丢失（Gabrys，2011）。

产消合一、新自由主义与分享主体

如上所述，全球信息经济产生了一种数字生命力，即信息和数据本身就具有了价值。产消合一实践是这一经济的主要贡献者，提供了关于数字技术用户的偏好、习惯和观点的信息流，这些信息可以用于目标市场营销、广告和其他商业促销目的（Beer，2009；Beer and Burrows，2013；Ritzer et al.，2012)。许多社交媒体用户喜欢创作内容，比如写评论或博客、制作粉丝网站、制作混搭或可视化数字图形。此类活动是一种创造性的工作。其他人对内容的认可和欣赏行为，都有可能成为促进形成产消合一的强大动力（Beer and Burrows，2013)。

一些数字社会著作的作者，讨论了数字技术的使用和影响所带来的更广泛的政治影响。一些人认为，这些技术是服务于新自由主义的政治治理模式。新自由主义是一种根深蒂固于发达国家的政治取向。它的主要信条是：原子化人类行动者对个人生活机会和结果全权负责，市场经济和竞争在实现最优结果中具有绝对权力，以及国家不再向社会经济弱势群体提供援助服务。根据新自由主义原则，理想的主体是自我调节的，并对自己的命运负责。人们期望并鼓励个体进行自我反思，或将自己的生活视为需要时间和精力投入的创业投资项目（Ventura，2012)。新自由主义支撑了社会学理论在回应数字技术方面的多重维度，包括社会学家分析由数字技术提供的监视和监控功能是如何在国家监管和干预外被应用于促进自我管理和竞争行为的。

产消合一也许可以通过审视福柯探讨建构人类行动者的自我实践——那些旨在自我关注或自我完善的活动的著作来理论化(Foucault，1988)。通过这些技术，人们了解他们的环境，了解与他们分享生活的其他人。事实上，有人认为Instagram和脸书等社交媒体平台，比以往任何时候都更加鼓励生产传播关于参与者、在不同参与者之间的深度知识。这些技术通过更新状态和视觉图像，让那些异地、很少面对面交流的朋友和家庭成员，能够跨越时空而定期相互交流。他们按照时间顺序记录个人生活的各个方面，并希望与好友或粉丝分享：用脸书中的术语来说，就是运用一条"时间线"，将文字与照片或视频结合在一起，以呈现用户的角色形象。然而，这些技术的正常运转和维持，也需要一种工作——社会劳动——来满足这些媒体和用户互动对象的需求（Fuchs，2012；Lambert，2013；Marwick，2012；M. Sauter，2013）。

福柯在其著作《性经验史》（Foucalt，1979）中关于忏悔（confession）的内容，为人们在社交媒体网站上构建和表现自己的方式提供了理论化视角：它是伦理自我塑造（self-formation）的一部分。有人认为，多种形式的社交媒体是道德经济的一部分，这些媒体的用户被煽动向其他观察者自白或透露他们私人生活的某些方面，而其他观察者可以选择评论或以其他方式，比如通过"点赞"或分享内容等功能，来表示赞同或不赞同。通过揭露他们的私生活和回应他人的反应，用户可以开展自我反思和自我完善，并对他人的行为和做法进行评价。因此，这种社交媒体的使用可以被认为是一种道德和社会实践，不仅有助于自我塑造，而且有助于重构人们应该遵守的社会规范和期望（Boellstorff，2013；Marwick，2012；T. Sauter，2013）。

那些将社交媒体置于全球知识经济背景下的理论家认为，数字企业家和公司能够利用消费者群体的热情、自动化、大规模传播"口碑"以及运用过去的数据预测未来的算法决策，向消费者销售更多产品。商品不仅是被销售的物品实体，还是关于商品和消费者的信息，以及通过消费形成的共同体，这些共同体自身通过生产信息、创新观念、为相关消费者提供有价值的消费体验，继而生产价值（Beer，2013a；Beer and Burrows，2013；Thrift，2005，2006）。

文化研究学者亨利·詹金斯（Henry Jenkins）及其合作者（Ford et al.，2013）对他们所称的"延展型媒体"（spreadable media）[1] 或数

---

[1]　"延展型媒体"译法参考了刘滢《国际传播：全媒体生产链重构》中的内容，亦有学者将此概念译为"传播性媒介"。——译者注

字化生产的媒体感兴趣，这些数字媒体以杂乱无章、难以管理的方式在多个网站、平台和文化中流通或"传播"。他们认为，用户与他人共享数字内容的选择正在重塑媒体格局，这意味着从分发传播（distribution）向循环传播（circulation）的转变。内容制作者试图以某种方式创作他们的内容，以激励用户通过社交媒体与他们的好友或粉丝分享。为了实现这一点，内容必须在某种程度上对再分发者有意义，因此需要他们的积极参与和决策（Ford et al.，2013）。术语"延展型"（spreadable）用于表示媒体内容的属性，这些属性使其或多或少地易于分享和转发。它包括技术资源、经济结构、内容本身的属性以及促进传播的社交网络设备和软件。尽管与"黏性"内容或"特别关注"（destination viewing）相关，但它不同于旨在试图吸引观众的特定媒体站点中的内容。当"黏性"内容从媒体网站上的静态位置转移到文化景观中的其他目的地时，它就变成"可延展"的（Ford et al.，2013）。

分享主体的概念是延展型媒体的核心。分享主体在内容流通中寻求自身的身份认同以及在社交网络和社区中的参与感，并深信这种分享有助于形成网络和对话（John，2013；Payne，2012）。在"传播资本主义"（communicative capitalism）（Payne，2012）中，媒体公司和企业积极寻求内容分享和传播货币化的方式，以实现"病毒式传播"（viralty），并引导内容分享和传播为其自身（而不是内容的创造者）带来经济效益。举例来说，媒体行业很快就抓住了具有创造性营销特征的产消合一粉丝群体，并尝试向这些粉丝销售更多的产品。粉丝们被操纵成为媒体产品的营销者，他们通过自己的产消合一实践和生成的元数据来帮助宣传（Bird，2011）。

因此，参与式民主（participatory democracy）（Beer，2009，2013a）的话语与资本化和界定自由（远非公开）的话语，同时运作于众多社交媒体平台。批判者认为，这些技术是庞大系统网络的一个维度，这个网络由对人口及其中的子群体的诸多监控、测量和监管系统组成，这些系统将注意力集中在个体行为而不是社会进程上。例如，社交媒体通常被描述为通过提供产消合一的机会来提升个人创造力和自由，但这种创造力和言论自由的运作方式仍有明确的限制。一些作家从政治经济学的角度，强调了许多人仍然面临的缺乏访问权的问题，以及许多数字关系和技术制造中固有的歧视和剥削。数字技术批判理论采用了马克思主义思想，克里斯蒂安·福克斯（Christian Fuchs）及其合作者的工作就是一个很好的例证，他们撰文讨论脸书等网站上的消费者剥削，以及计算机硬件和互联网帝国公司雇佣的有薪工人所面临的恶劣工作条件（Fuchs，2011，2012，2014b；Fuchs and Dyer-Witheford，2013）。

这些学者强调，许多鼓励产消合一实践的平台，也试图通过传统的资本主义方式将这些活动货币化。分享主体是创造性的，并且可以抵制主流话语。然而，与分享主体的理想化概念相反，产业界已经开始将这种理想用于自己的目的。因此，不同的权力关系和剥削在互联网上重现，如同其他社交网站，挑战了人们对互联网"民主"本质的理所当然的假设。那些建立在 Web 2.0 工具和平台上，以激励创作和分享获取利益的公司实体，往往不同于那些创建内容、寻求民主参与、支持分享精神是一种才能的公司实体（John，2013）。内容创作和分享的"道德经济"与追求经济利益的资本主义经济产生冲突。内容创作者和分享者从事的是无偿劳动，对他们来说，这些劳动具有情感和道德价值，其剩余价值却为其他人提供了经济利益（Bird，2011；Ford et al.，2013；Fuchs，2012；Fuchs and Dyer-Witheford，2013；Lupton，2014a；Payne，2012）。产消者使用的平台服务条款更加表明，他们贡献给这些平台的内容不属于他们

31

自己，而属于平台开发者（Lupton，2014a）。因此，人们的创造性努力已经被媒体和数据产业所利用。如果创作者不仔细阅读他们使用的平台服务条款和条件，或者如果这些平台模糊了用户上传数据的使用情况，其中许多人可能并未完全意识到这一点。

档案的重要性

数字数据的生产方式和存档方式的具体特征，对于理解新型社会数据至关重要。互联网是一个活生生的档案馆：它生成、存储、分发和传输数据（Smith，2013）。在线档案已经变得复杂和自我参照，例如："互联网上有档案，有关于档案的档案，也有关于互联网的档案。因此，互联网本身既是一个档案馆，还是一个要归档的物品。"（Smith，2013：383）数字档案使数字数据具有可搜索性和可分发性，这两个基本特征有助于实现它们的重要价值。由于当前的全球信息经济依赖于这些过程，数字档案可能引发一系列问题，包括知识储备归档的政治问题、数据所有权和控制权的政治问题、人类政治问题、隐私权问题和数据归档挑战个体身份认同的问题（Smith，2013）。

比尔和伯罗斯（Beer and Burrows，2013）分析了流行文化的数字数据档案中的四个组成部分，这些组件包括：第一，个人档案（profiles），或用户在创建在线活动时输入的个人信息；第二，链接和数据交叉性（data intersectionality），或在数字设备、站点或平台之间建立的连接，每个连接都包含从不同方法中获取的数据；第三，元数据或标签实践；第四，娱乐性，这是使用数字媒体的一个游戏维度，将使用数字媒体作为生成数据的流行文化的一部分。接

32

下来，比尔和伯罗斯基于数据存储内容，搭建了关于流行文化的四种相互关联和重叠的数字档案的框架。第一类是交易数据，即计算机用户通过在线参与大量日常活动所产生的数据，无论他们是使用个人设备还是作为大机构数字系统的一部分。这些数据是通过在线活动产生的，比如网上银行、购物、搜索、顾客忠诚度项目、机票预订和与政府机构进行互动等活动。这类归档的例子包括亚马逊、Spotify 和 iTunes。这些档案既包含用户所消费的文化形式，也包含用户在消费过程中生成的数据（例如他们的喜好）。第二类是比尔和伯罗斯提出的"日常档案"，即人们开展的日常活动、社交关系、点赞、好友和粉丝等数字数据，这类数据往往通过推特、脸书、Tumblr、YouTube、Flickr 和 Instagram 等平台存储。第三类数字档案形式是由观点或意见评论构成的，通常在数字论坛上出现，如在线新闻网站、博客/微博和那些专门征求用户对货物、产品、服务或名人的意见或评级的网站，如 Patient Opinion、亚马逊、猫途鹰以及为明星或运动队的粉丝而建立的各种网站。最后一种是众包档案（crowdsourcing archive），由专门贡献数据的用户创建，尤其是通过数据集合创造新的知识形式，或为企业众筹，例如维基百科、Kickstarter、Quora 和 PatientsLikeMe。

　　还有许多其他与流行文化没有直接关系的数字数据档案，例如由政府机构、教育机构、医疗服务机构、安全组织和公司生成的档案。许多组织机构正在意识到数字化和归档数据的价值，例如，人口普查数据由政府机构收集数据并归档；教育机构通过创建"学习档案"来收集大量的数字数据集，以监测和跟踪学生的学习进度；各种医疗机构和服务机构正试图整合其病人的数据，包括电子医疗记录在内的相关医疗数字数据；博物馆和图书馆日益重视运用数字手段来保存材料；以纽约爱乐乐团为代表的组织已经创建了数字资料库，专门存储节目、乐谱、图像、商业文件和音频等材料；高等院校使用电子数据库来收集它们研究人员的成果，学术期刊在可搜索的档案中在线发布研究者的成果。

33　　绝大部分资料仍然可以在网上查阅到，也许能够永久查阅，这意味着人类将很容易对一段历史时期进行回溯性监视。作为数字隐私权这一新法律专门领域的一部分，"被遗忘权"（the right to be forgotten）随后受到媒体和法律研究人员的高度关注（Rosen，2012）。事实上，有人认为我们现在生活在一个以"遗忘的终结"为特征的时代，在这个时代中，数字数据以记录和档案信息的形式永久存在（Bossewitch and Sinnreich，2013）。由于它们是机器，而不是传统记忆所依赖的有血有肉的大脑物质，数字技术被视为能够提供更精准的事件记录。数字技术扮演"认知义肢"（cognitive prostheses）的角色，它们的数字记录扩展、增强甚至取代了记忆（Bossewitch and Sinnreich，2013：226）。

数字监视

　　另一个与数字社会学相关的重要理论观点是由关注当代社会中的监视（观看）的学者提供的。由于数字监视技术和其他监视技术的发展，社会领域的媒介化程度越来越高，新兴技术扩展了公共空间的视野，提供了监视和记录个体行为的机会（Biressi and Nunn，2003；Bossewitch and Sinnreich，2013）。以数字技术为手段的日常生活中的监视，已然成为一种生活实践的常态，构成身份认同与具身化的诸多构型的一部分（Ball，2014；Rosenzweig，2012）。

　　许多评论者观察到，由安全技术、设备和应用程序生成并存储在平台档案中的大量数字数据可能被用于各种形式的监视。人们使用互联网或者作为产消合一实践上传和分享的内容，都会被收集成数据而受到各种其他行动者的监视和监督，这包括数字开发商、公司以及社交媒体上的好友和粉丝。事实上，这种对在线技术用户的监视和数据收集，已经成为数字信息经济的一个核心维度。数字监视不仅是政府安全机构的一种手段，还是商业经济以及医疗、警务和教育系统机构的组成部分。得益于互联网，全球监视经济（global surveillance economy）和多重监视集合（surveillant assemblage）已经发展起来，各国在提供数字监视系统、使用监视系统彼此交流和监视等方面进行合作（Ball and Murakami Wood，2013）。最近，斯诺登文件披露了（国家）利用数字数据进行间谍活动的全部情况，这表明许多国家都在对本国公民进行大规模的、微粒的数字监视。

学者们已经从社会、文化和政治维度研究了监视，总结出了一系列模式。简单来说，"监视"一词意为"看管"（watching over）或"从上方看"（watching from above），通常与掌权者观看他人有关（Mann and Ferenbok，2013）。数字监视是使用闭路电视摄像头、射频识别芯片、由众多机构开展的生物特征监测等技术而开展安全部署的行动，还有商业企业为从用户生产的数字数据中获取经济价值而实施的监视实践。有时人们意识到自己使用这些技术时正在被监视，有时这种监视是秘密的。数字监视可能是强制性的，以用于惩罚或公开约束个体或社会团体；也可能是温和的，是一种追求安全或治理的形式，旨在提高效率、促进经济增长或身体健康。

数字监视技术与以往监控方式的不同之处在于其普及性、收集和储存数据的范围、潜在的持久性及其对隐私的影响。此类监视行为会数字化记录人们的活动，将这些数据归档并使用算法技术生成和处理数据，以用于预测人类行为。这些监视数据比以前的监视形式具有更长的寿命和跨时空的传播能力（Bossewitch and Sinnreich，2013；Mann and Ferenbok，2013；Werbin，2011）。

里昂和鲍曼（Lyon and Bauman，2013）在《流动的监视》（*Liquid Surveillance*）一书中，大篇幅提到了数字数据作为监视系统的一部分传播的诸种方式。这本书以鲍曼的《流动的现代性》（*Liquid Modernity*）等著作和里昂关于监视社会的著作为基础，强调晚期现代性产生的新兴技术与新经验已使监视变得不受控制且无处不在。流动的监视是监控和测量人类与非人类的典范。新兴监视技术（其中许多是数字的）的移动性和普遍性，使得人类越来越难以知道他们何时被监控。因此，监视"渗透并扩散到许多曾经只有边缘统治的生活领域"（Lyon and Bauman，2013：3）。

数字技术加强或生产了新型监视形式。我在本章前面提到了术语"监视集合"，它可以用来描述使用数字数据来创建"数据分身"（data doubles）的方式（Haggerty and Ericson，2000）。监视集合是通过生产和聚合各种形式的数字数据来构建的，从而能产生一种新型集合。随着更多数据的生产，这种集合会不断变化。身体和身份认同被碎片化为独立组成的数字数据，并在重新构建的进程中被重新集合。随后，这一集合成为各种干预形式的目标：加强安全措施、增加或减少社会保障支付、医学治疗、教育干预等等。曾经不受常规监视的群体，如今成了数字监控中流动监视技术的目标（Haggerty and Ericson，2000）。

福柯的著作对监视理论影响深远，包括那些涉及数字设备的著作。他的生物政治（biopolitics）和生物权力（biopower）思想，专门描述了对包括个体与居群在内的监视和排斥形式。福柯关于治理术（governmentality）或通过特定政治理性来管理人口的著作，也被学者用于分析管理中的种种监视形式。全景监视（panoptic

35

surveillance）（Brignall，2002；Elmer，2003）这一重要概念借鉴了福柯在《规训与惩罚》（1995）中使用的源于英国哲学家边沁的"全景敞视监狱"（panopticon）隐喻。全景监视是非强制性的规训权力的一项特征，它涉及少数人监视多数人。全景敞视监狱是一个典型的囚室，在囚室中，由少量守卫从中心瞭望塔监视大量的被囚禁者。这种监视观念在于被囚禁者在任何时候都无法知道自己是否被窥视，这使他们学会了自我规训，将守卫的监督性凝视内化。闭路电视摄像头作为一种安全措施的概念，在某种程度上依赖于这样一种假设：我们永远不能确定操作员是否正在监视摄像头产生的图像，或者它们是否已实际打开。因此，我们可能会相应地纠正行为。

全景监视有助于实现一种排斥和包容的政治，这种政治能够通过数字监视技术构建公众的可见领域。相比于特权社会群体，部分特定社会群体由于他们的种族、民族、国籍、年龄或社会阶层而被归类为有害的"异类"，被认定为是"危险的"或"有风险的"，将受到更为严格的监视，并因这些因素而被排斥（Biressi and Nunn，2003；Werbin，2011）。禁光监视（ban-optic surveillance，全景监视的一种变体）一词被用来更具体地描述使用数据来禁止或排斥特定地区、国家或公共空间的某些个体和社会团体，或禁止他们获得就业、社会服务、保险等的现象（Ajana，2013；Pavone and Esposti，2012；Sutrop and Laas-Mikko，2012）。

全光谱监视（panspectric veillance）[有时也称为数据监视（data veillance）]指出了数字技术和数据使用的更广阔范围。全光谱（panspectron）是由德兰达（DeLanda，1991）提出的概念，是对全景敞视监狱（panopticon）的回应。德兰达对比了全光谱和全景敞视监狱，指出后者依赖于人类的感官（主要是视觉），而前者主要使用数字传感器和信号来创建大数据集，以服务于监视目的。在德兰达

36

写下这篇文章的时候，个人电脑技术处于初级阶段，互联网还没有普及，社交媒体还没有发明出来。全光谱监视的最新应用表明，它和当代的商业实践相关，涉及生产和使用消费者行为的大型数字数据集。这一代数据还经常涉及运用嵌入消费品中的射频识别芯片，追踪分销和消费者购买模式（Palmås，2011）。

正是在这里，大数据、算法和预测分析发挥着重要作用。鉴于数字数据应用的发展，我认为使用数字技术的另一种监视形式已经发展起来了，它被更频繁地用作数据监视和禁光监视的一部分。这种形式就是算法监视（algorithmic veillance）。这些算法常用于决策和预测分析，它们根据一些消费者的数字消费活动，甚至根据他们可能对其他人构成的威胁（例如识别潜在的恐怖分子、罪犯或非法移民），来将一些人排除在外，以保护自身的特权地位并容纳其他人（Crawford and Schultz，2014；Lyon and Bauman，2013）。

数字技术的出现也催生出了另一种形式的监视实践——逆向监视 [sousveillance，字面意思是"从下面看"(watching from below)]，这些技术为普通人提供了观看他人的手段。这种逆向监视不仅涉及公民之间的相互观看，还包括对当权者进行监视。现在，许多人可以使用诸如智能手机、可穿戴计算设备（如谷歌眼镜）和传感器嵌入式技术等，来捕获供自己使用的图像或信息。这种情况经常用于公民参与、公民新闻和提升政治透明度。因此，有人认为监视的民主化能够为公民的观看和揭发赋权，继而达到限制权贵滥用权力的效果（Ganascia，2010；Kingsley，2008；Mann and Ferenbok，2013）。

一些学者使用了"景观监视"（synoptic veillance）一词（Doyle，2011）。这个术语是全景监视的反义词，用来描述社会形式和其他形

37

式的观察，包括多数人监视少数人。这种现象与粉丝文化有关，例如，名人在社交媒体上发布内容，就会被许多人观看和关注。当素人将内容上传到 YouTube 等社交媒体网站而"走红"或吸引许多观众和粉丝时，也会出现这种情况。更具体地说，这是一种新型监视概念，即社会监视（social surveillance）（Marwick，2012），它被用来描述在社交媒体网站上发生的互相监视现象。社会监视可以看作是一种参与式监视（participatory veillance），包括自愿参与观看或被他人观看。参与式监视是注册使用社交媒体平台的一个特征，表示人们同意将收集他们的数据作为他们使用这些网站或其他技术的条件，如顾客忠诚度计划（包含在数字网站上的"条款和条件"和"隐私政策"等功能或接受"cookies"的协议中）（Best，2010；Lupton，2014a）。当人们对自己的身体和习惯进行自我监视实践（Lupton，2012）或与他人分享自己的地理位置细节（Hjorth and Pink，2014）时，这种参与式监视也会发生。

　　另一种形式的监视被称为超级监视（uberveillance）。它通常也是参与性的，但可以用于强制的、秘密的，或是挑战人们隐私权的具有胁迫性的监视措施。这个术语概念用来表示能够嵌入或佩戴于身体的跟踪技术，包括用于监测生物特征数据和识别空间位置的可穿戴计算设备以及射频识别芯片。射频识别芯片正越来越多地应用于电子护照、信用卡、借记卡、机动车驾驶监控系统等技术，以及协助心脏起搏器和人工膝关节等医疗技术的术后分析和监测失智症患者。这些设备可用于跟踪个体的实时移动和活动。这类技术的许多用户不知道它们具有发出数字信号来识别地理位置的能力，以及这些数据可能用于监视目的的方式（Michael and Clarke，2013；Michael and Michael，2013）。

38

43

数字具身化的理论化

从社会物质视角看，理解非人类行动者与人类互动的方式，是了解社会生活、主体性和具身化的核心议题。这种方法摆脱了长期占主导地位的社会和文化理论，转向处理社会关系和人类经验的物质层面。因此，20世纪末的身体社会学理论家，推动了人们对人类具身化和交互具身化产生更深刻的认识：认识人类主体与其他身体或客体的互动的肉身维度。

人类学和文化研究中的物质文化和消费理论也有助于理解新兴数字媒体被"挪用"或"驯化"到日常实践和惯例中的方式（Hartmann，2013）。对物质文化感兴趣的学者们将注意力集中在：当作为日常生活一部分的物质产物被制造和使用时，它们如何被赋予社会、文化和个体的意义。他们认为，研究这些物质产物对于理解文化的形成和再生产方式以及客体在特定文化语境中的意义至关重要。许多数字人类学家都与这一社会物质路径相关（Miller and Horst，2012）。几十年来，从事文化和媒体研究的作者们，一直将注意力集中于人们如何参与和使用作为他们家庭、工作中日常惯例一部分的媒体，包括数字设备（Lupton and Noble，2002；Richardson，2009；Salovaara et al.，2011）。挪用（appropriation）的概念是指将客体纳入惯常实践，而驯化（domestication）的概念是指通过这些日常实践，以某种方式来改变客体。

重要的是，这类研究强调个体积极参与媒体。它超越了产消合一的观点，认为**所有的**消费都涉及用户将一个客体融入日常生活时所产生的某些行为。它着重于观察客体使用中的赋能和约束维度，

39

以及客体如何和用户重塑客体一样塑造或规训用户。从这个角度看，消费被广泛地看作是在特定语境和空间中人体与客体的相互作用。人们通过对客体进行整合和驯化来消费它们，将它们带入日常生活，将它们融入身体／自我，并为这些客体赋予个体传记式的独特意义。它们成了"自我领地"（territories of the self），以个性化使用为标志，并理所当然地关联着个人历史（Nipert-Eng，1996）。自我领地概念承认身体和自我不包含在个体内部的肉身空间中，而是延伸到外部空间，并与其他身体和客体连接或互连。这些过程不可避免地相关，因为它们涉及在意识和无意识层面上的具身化互动和情感反应。

20世纪80年代初到21世纪初，是社会、文化和政治理论研究"赛博"（cyber）的时代。在这个赛博时代，人们经常提到的不仅仅是赛博格（cyborg），还有赛博空间（cyberspace）、赛博女权主义（cyberfeminism）、赛博文化、赛博犯罪、赛博种族主义、后殖民时代的赛博格、赛博朋克、赛博酷儿、赛博霸凌等。赛博空间被描绘成一个虚拟的、非物理的网络，其中的用户通过使用计算机技术进行互动。一开始，这个词倾向于隐喻一种离身的经验，指的是一个人的数字化身（digital avatar）穿越到另一个与物质世界完全分离和迥异的世界。"虚拟现实"（virtual reality）一词也意味着一种不同于物质现实的体验，它并不是完全真实的世界。

尽管在20世纪末，一切"赛博"的事物在文化中广为流传，但很明显，这些术语及相伴的理论穿透力已经失去了活力，现在"几乎有一种古色古香的感觉"（Bell，2007：2）。如今，提及赛博空间似乎是不合时宜的、过时的而笨拙的，此概念与科幻联系过于紧密，未能认识到计算机技术的普遍性和理所当然。"后人类"（posthuman）和"超人类"（transhuman）这两个词也在早期的技术文化著作中流传，并持续在有关人类与技术之相遇的文献中使用。然而，这些术语未能认识到新兴数字技术与日常生活的例行结合。正如我在第一章中所说的，做一名人类，就意味着要经常使用数字技术。更当代的术语侧重于技术的技术性特征或能力，而不是试图将这些技术定位为以某种方式提供了一个脱离"真实"经验的替代世界（Paasonen，2009）。然而，我们没有必要完全抛弃赛博理论。事实上，我要断言，鉴于新兴技术已经如此无缝地融入和驯化到日常生活中，重新审视赛博格理论潜藏着巨大的价值和可能性。

技术科学女权主义学者唐娜·哈拉维（Donna Haraway）在赛博格领域中的开创性作品、对人类–数字结合的本体论和政治学方面的概念化内容仍然很重要。她的文章《赛博格宣言》（Haraway，1985）是赛博文化研究中最具影响力的作品之一。在这篇文章中，哈拉维认为在本体论层面上有两种类型的赛博格。一种类型是物质赛博格（material cyborg），它是为军事–工业–娱乐综合体所构建的。在 20 世纪 80 年代哈拉维写作时，有很多关于赛博格的科幻电影——战士般的人类机器或机械医疗化的身体通过技术得到标准化，为制药和医疗设备公司赚取利润。这种字面意义上的赛博格仍然存在，并且在可移动和可穿戴的数字设备的背景下，变得越来越数字化。

哈拉维构建的第二类赛博格，是隐喻的或本体论意义上的赛博格，这是她对技术文化理论文献的实质性贡献。她认为赛博格是一个挑战假设和二元的形象，在政治上具有颠覆性和进步性，并在其杂合性和阈限性上具有对立性。哈拉维正是通过这种赛博格的隐喻，试图支撑她的人类与非人类间相互关系的理论。当人类行动者与其他行动者互动时，包括生命（如动物）和非生命，哈拉维对人类行动者采取了一种相对社会物质性的视角。在她的赛博格概念中，她试图表达一个更宽泛的观点，即任何人的身体／自我都不是稳定的或自然的。相反，我们拥有多个身体和多重自我，这取决于我们追寻自我和与其他身体及非人类环境互动的情境。

物质赛博格是这类集合中唯一一种能被构建的。对于哈拉维来说，赛博格呈现出的是行动者网络集合，无论是在字面上还是在隐喻上（事实上，她承认拉图尔对自己思想的影响，见 Penley et al.，1991）。哈拉维在 2012 年发表的一篇文章中指出，她不再将赛博格视为机器-有机体杂合体，或者说它们"根本不是杂合体"，而是"内爆了的实体，密集的物质符号'集合'，即本体异构、历史确定、物质丰富、各种特定关系激增的清晰字符串（string figures）"。（Haraway，2012：301）哈拉维的"字符串"概念与翻绳戏（cat's cradle）紧密相关 [1]，这一游戏使用手上操纵的绳子来产生复杂的图案，并可以通过分享创造的方式，将绳线从一双手交换到另一双手中。她在后来的作品中使用了这个隐喻，以此来强调技术科学和身体集合构建的相互交织、复杂图式、打结、织理和协作。

纠缠隐喻（entanglement metaphor）常被应用于社会物质著作中。就像哈拉维的翻绳戏隐喻一样，纠缠隐喻强调了人类主体与物质客体之间密不可分的相互关系。然而，纠缠隐喻比翻绳戏更加预示着混乱、混沌和无序。不同于高度有序和模式化的翻绳戏，纠缠可能是完全自发和未预料到的。因此，它们的形式和后果是不可预测的。与倾向于将数字技术描绘为无缝、稳定和纯粹的"云计算"等隐喻不同，纠缠隐喻承认技术能动者与人类行动者在互动中的异质性和不稳定性（Shepard，2013）。

本章涵盖了广泛的理论基础。我所讨论的所有方法和观点，都

---

[1] "string figures"原意即翻绳戏，此处哈拉维取"字符串"这一字面含义，一语双关。——译者注

将为数字技术政治、数字社会中的新型知识构成和权力关系、数字监视运作的不同模式，以及计算机软硬件如何构建主体性、具身化和社会关系提供社会文化分析。在下一章中，我将讨论研究方法，但也融入了社会理论。社会学中将研究方法理论化的主体文献已经发展起来了，打破了理论和方法的传统区别。正如下一章所示，对本书有所贡献的学者，为概念化和进行数字社会学研究提供了一条前进的道路。

第三章　数字时代研究的再概念化

本章着重于数字时代的社会学和其他社会研究。我讨论的目标不是细致罗列数字研究的方法（有几本介绍性的手册可以服务于这些目的）。相反，我不仅描述了一些实用方法的可能性和局限性，还概述了社会学家对数字社会研究采取的更具理论性和批判性的视角。我还关注了实施数字社会研究的创新方法，这些方法是重建社会学研究实践的尝试的一部分，展示了社会学面对数字社会能够拓展的新兴的、令人激动的方向。

数字社会研究方法

在详细说明数字社会研究可能应用的方法之前，说明社会学未来发展方向的相关研究的背景是十分重要的。一些社会学家所写的数字社会学文章的主要论点之一，是社会学家应该开发新的"研究社会学"（doing sociology）的方法来应对数字时代，尤其是在这一

43　学科的实践者要维持自己在社会研究领域的权威的情况下。这并不是说必须抛弃传统的社会研究方法，而去热衷于新兴的数字化方法。社会学家应该调研各种可以用来进行数字社会研究的方法，并持续质询这些方法本身塑造和解释它们所产出的数据的方式。这些辩论面对的是学科本身的本质性问题，包括数字时代的社会学研究和理论化的未来。

正如我在第一章中简要概述的那样，研究数字社会的方法有许多种。过去，社会学家和其他研究者采用定性和定量的方法来调查人们如何使用数字技术。定量方法包括调查人们使用的技术和使用原因，以及分析不同社会群体之间的差异。定性方法采用一对一访谈或焦点小组访谈的方式，来推动更深入的讨论，而民族志技术涉及研究者观察人们与数字技术互动的方式，这通常是在受地理位置限制的特定情境。

这些历史悠久的社会学研究方法，仍然是探究数字社会的本质及其对自我认同、具身化、日常生活、群体归属、社会制度和社会不平等的影响的宝贵途径，这些都是社会学家和其他社会研究者感兴趣的传统问题。数字设备和平台能够通过多种不同方式被应用于社会研究，包括生成和记录数据。传统的研究方法本身也已经数字化了。现在，社会调查通常在计算机上完成，数据也自动输入数据库；而纸质的社会调查，也在将数据输入计算机系统进行分析时实现了数字化。在学术和商业领域中，越来越多的社会研究人员使用在线调查的方法。这是极具吸引力的选择，因为它能够以少量的费用吸引大量的受访者，并且能够接触到那些可能难以接触的受访者。

定性研究方法也可以使用在线工具和数字设备。一对一的访谈通常使用数字录音机，并将所得的数据用计算机方法进行分析。现在，专业软件不仅可以用于对文字记录进行分析和编码，还可以对基于图像的材料（如视频）进行分析。诸如视频会议、Skype、聊天室、互联网讨论群和社交媒体平台等技术，可以被用于采访或小组讨论。田野笔记可以使用移动数字设备进行记录，比如平板电脑、笔记软件或智能手机上的语音备忘录功能。照相机、录像机和地理定位设备等数字工具，可以作为民族志田野调查的一部分，以及研究参与者自身收集数据的工具。

不同于那些需要研究人员介入、以从回应中收集他们想要分析的数据的社会研究，大量的数字数据是作为其他日常活动的一部分平常地（unobstrusively）生成的。所有这些日常活动，包括公共空间轨迹、打电话、发送电子邮件、浏览网页、使用搜索引擎、参与政府服务、在线购买商品或使用顾客忠诚度计划，都生产了关于用户活动，以及更具意图性的内容生成实践的数字数据，如发表博客和在社交媒体平台中更新状态、上传图像、点赞、发表推文、转发、评论等。这些作为互联网使用的输出结果，能产生大量集聚和可量化的数字数据，它们被不同地称为交易数据、跟踪数据、附属数据或大数据。

正如第二章所言，数字社会研究者开始使用的另一个更具分析性的术语是"数字数据客体"。罗杰斯（Rogers，2013）引用案例区分了"数字化数据客体"（digitised data objects）和"原生数字数据客体"（natively digital data objects）。数字化数据客体涉及的物质预先存在其模拟形式，然后被数字化（如罗杰斯指出的"迁移至互联网"）。它们包括图像、电影、录音、文件、书籍或文物，这些都经过扫描、重新记录或拍摄，以制作成新型的数字版本并上传至网站，如在线博物馆展览或历史档案馆。数字人文学的工作者，已经投入了大量的时间来将这些资料数字化。原生数字数据客体是在为特定目的而定制运行的网络属性中产生的（"诞生于网络"），它们对数字社会研

44

51

究者具有吸引力，因为它们似乎具备"研究者生成数据"所不具备的信度和效度。它们提供了一个了解社会实践和身份认同的窗口，因为此时的人们并没有意识到他们正在接受调查、采访或正以其他方式被征求意见。

对于希望使用数据档案的研究人员来说，访问数据档案的方式和分析其中所存储数据的技能是关键的方法论问题。对于社会学家来说，这些数字数据客体提出了一系列问题和挑战。这种数字数据的数量和持续不断的生产状态，对社会学家和其他社会研究者来说，是迄今为止都未遇到的独特特征。这些数据的规模提供了巨大的机会，但也令人望而生畏，引发了研究领域的界定问题。

我在第一章中提到过一些学者的论点，即实证社会学正在面临一种合法性危机，并正广泛地被一系列获取大规模数字数据集和这些数据的分析工具的行动者（从政府组织和国家安全局等安全机构到商业企业，再到数字技术用户本身）所排斥。因此，许多社会学家认为，社会学家作为杰出的经验研究者（社会数据的熟练收集者、分析者和解释者）的地位受到了重大挑战（Savage，2013；Savage and Burrows，2007，2009）。任何背景下的社会研究都是"共享的成果"（shared accomplishment），而不是研究者单独努力的结果，这些研究者不仅包括人类行动者，还包括所涉及的技术（Marres，2012：140）。这一点在运用数字方法的社会研究中变得更加突出。高校以外的其他研究人员和机构一直参与着社会研究。然而，随着大数据的出现，社会研究已经被再分配于更广泛的研究实体，以及各种各样的方法和设备（Marres，2012；Marres and Weltevrede，2013；Ruppert，2013；Ruppert et al.，2013）。

社会学家不仅面临着其他行动者或机构可以利用数字数据客体与他们争夺社会研究专家地位的事实，也许还面临着掌握大型数字数据集所需之计算技能的困难。一小批社会科学家在定量数字数据分析方面非常熟练，他们能够使用计算机代码和软件来更好地访问和分析数字数据。计算社会科学家从事各种基于计算机形式和可量化数据的研究已经有几年了，他们的方法受到网络科学技术的影响，这些技术来自计算科学、社会网络研究者、网络计量学（使用统计技术去分析网站和平台的特征）以及媒体和传播研究中的定量方法（关于他们所采用方法的概述，参见 Ackland，2013）。

与术语名称不同的是，计算社会科学（computational social science）并不是一种在社会科学学术中常见的方法，而常用于企业环境和政府机构。有一些社会学家精通这些方法，但为数不多。事实上，一些评论者认为，社会学家和其他社会研究者可能会经历一个数字分析鸿沟（digital analysis divide），其中只有少数人可以拥有工具和经验来轻松驾驭数字媒体分析，而绝大多数人不会（Mahrt and Scharkow，2013；Manovich，2012；Savage and Burrows，2007）。针对那些使用更复杂、工具不完备且不可获取的数字数据，社会学家可能需要获得计算方面的专长，或者与计算机科学家或数字工具的开发人员进行合作研究（Aslinger and Huntemann，2013；Bruns，2013；Halford et al.，2013；Marres，2012；Marres and Weltevrede，2013）。

走向有活力的社会学

然而，在反思社会学应该如何在数字社会背景下前进时，强调计算技能需求只是其中的一个小方面。一些社会学家呼吁，要用一种新的方式来概念化这门学科的定义以及实践者的努力目标。这些论点往往提到需要以创新性和创造性的方式将数字技术纳入社会学实践，以作为研究对象和探索渠道。一些社会学家认为，如果社会、经济和政治生活经验日益依赖数字技术，如果我们想要"了解这些生活"，我们必须重新思考社会学实践（Ruppert et al.，2013：24）。

这种新兴的研究社会学的方式，不一定涉及高技术性的数据科学或代码知识，但它们确实结合了各种类型的数字技术来生成、分析和可视化社会数据。在原生数字数据客体和可用于构建、分析和可视化的设备所提供的机会的背景下，传统社会研究方法需要被进行重新评估。拉图尔和他的同事认为，用户与数字技术的交互所产生的数据，为重新思考社会理论提供了机会。他们断言，在数字时代，人们的信息可以在搜索引擎上找到，这些行动者已经被他们的数字网络定义："你越想精确定位一个**行动者**，你就越需要运用它的**行动者网络**。"（Latour et al.，2012：592；强调为原文所加）

社会研究者重新思考应该努力达到的目标以及他们运用的方法和对象，是社会学研究发展趋势的一个部分，这种趋势开始批判性地审视当代社会学的地位。巴克和帕瓦尔（Back，2012；Back and Puwar，2012）呼吁建立一门"有活力的社会学"（live sociology）来处理"充满生命力的数据"——这是一种富有创造力和想象力的、有趣的社会学运转新方式，这种社会学亦是公共的、批判性的。巴克和帕瓦尔主张开展富有挑战意义的行动，诸如发明新的研究方法和社会学手段等，而不愿被社会学家以外的许多行动者所接受的替代性社会研究形式所束缚。巴克将"沉寂的社会学"（dead sociology）定义为将所分析的数据（定量或定性）呈现为无生命的、不承认其内在生命力的社会学，这种社会学还倾向于使用来自"传统社会学"的"僵尸概念"，这些概念并不适合于当前动态的、流变的社会世界。对于本书来说，较为重要的是巴克认为"沉寂的社会学"无法适应社会生活的数字化本质，这表现为社会学家因需要学习或使用新兴数字媒体技术以及研究失败而表现出的一种技术恐惧症。最后他认为，"沉寂的社会学"具有其固有的狭隘性，它未能认识到社会关系和制度的全球化、离散化本质（这一现象也与数字社会的兴起有关）。

在这里，我们看到的是一种不同类型的社会学敏锐性，它保留了社会学的想象力和以往研究方法的自反性，但融合了新型实践模式，或者说是巴克和帕瓦尔（Back and Puwar，2012）所说的"社会学技艺"（sociological craft）。他们将社会学的实况方法定义为包含多个维度或方法，不仅把"实时"和"现场"调查作为社会研究的新型工具（尤其是那些能够收集和分析数字交易数据的工具），还保留了包括数据的历史和未来在内的长时段历史背景。在这里，数字技术可以成为有活力的社会学实践或技艺的组成部分。

大卫·比尔（Beer，2014）则发明了"朋克社会学"（punk sociology）这一术语，以类似的方式概括了他的观点，即社会学需要避免变得死气沉沉，社会学家应该积极接受挑战，考虑新的方法。在比尔的构想中，朋克社会学是向外看的，它具有颠覆性，愿意尝试新的方法，并准备好与社会学之外的其他知识形式开展合作。这意味着那些超越文本的研究形式和社会生活表征，如视听材料，正如比尔（Beer，2014：38）所指出的那样，激励"我们自己去探寻社会学的资源，哪怕这可能是我们未曾想到的"。社会学研究要与这些资源合作并参与其中，而不是仅仅使用它。社会学研究还可以运用不同的写作方法来呈现作品，比如博客、播客、YouTube 视频和推文。比尔认为，社会学家面对不断发生的社会转型和不断涌现的社会研究新形式（特别是那些与数字媒体和数字数据相关的研究），需要像最初的朋克音乐家那样反应敏捷。他鼓励社会学家鼓起勇气去传达那些可能还未成熟、需要他人回应的想法，这是社交媒体所鼓励的做法。

48

理论化方法

社会学和其他社会理论的另一个重要进展是发展关于方法的文献，这些文献考察了社会研究方法本身如何成为被社会构建的客体。这种路径跳出了传统"理论"和"方法"的二元分割，形成了理论化方法（theorising methods）。它不仅包括质询所采用的研究实践或方法，还包括将社会学技艺的一部分视为行动者，它们能塑造社会学家开展研究的方式。从这个角度来看，社会研究方法既在生产社会世界，又被社会世界构建：它们既是物质的，也是社会的（Law and Ruppert，2013；Lury and Wakeford，2012b）。

本书中的术语"方法论装置"（methodological devices），指的是结合在一起以构成社会研究方式的物质对象和非物质观念。这里的"装置"（devices）概念不应与一般意义上的"数字设备"（digital devices）概念相混淆，后者即台式电脑、平板电脑、智能手机、MP3 播放器、可穿戴电脑等电脑硬件。在本书中，"装置"更多地指向方法和对象之间的关系：它们之间是相互联系并是互构的（Law and Ruppert，2013；Lury and Wakeford，2012a；Ruppert et al.，2013）。方法论装置和其他装置一样，可以"研究事物"（Law and Ruppert，2013：229）。这些社会学家强调，社会研究方法本身不仅是社会文化的产物，还在不断"建构"和深刻影响着它们着手研究的现象："它们拥有双重的社会生活：它们**受到**社会的形塑，反过来，它们也作为社会的运作者去**运作**社会。"（Law and Ruppert，2013：233，强调为原文所加）

从这个角度来看，方法论装置可以被视为一个不断变化的集合，它包括物质产物、人类使用者、实践、观念和空间。这种装置不仅是能够开展研究的方法，还是要被分析的对象本身。因此，我们很难理清研究的客体、主体和技术之间的区别。方法论装置的审视重点并不仅仅是它们对于各种目的的适当性、准确性或道德性，而是它们的潜力、能力和局限性，它们如何构建试图研究和衡量的对象，以及它们该如何服务于政治目的。社会研究方法本身就是集合，同时又在构建其他类型的集合：从这个意义上说，它们拥有自己的"社会生活"（Savage，2013），甚至是历史和传记。

同样地，当社会学家和其他社会研究者进行研究时，他们正在进入人类、方法论研究装置和数据的集合，它们会随着研究条件的变化而转换。这些研究集合反过来产生研究对象集合。这些不同的集合是相互构建和相互关联的：社会研究集合、社会研究者集合和研究对象集合。

关于使用数字技术和数字数据的研究，社会（和其他）研究者如何运用各种技术来识别、格式化和分析数字数据客体的问题变得非常有趣。当应用于数字社会学研究时，这场争论的焦点不仅仅局限在"如何做研究"上，还非常注重在网络上的知识和信息生成的本质（Rogers，2013）。当可用的数字数据分析工具已经形成分析格式和类别时，这些格式和类别本身可能成为研究主体（Marres and Weltevrede，2013；Postill and Pink，2012；Rogers，2013）。正如软件研究学者所主张的那样，构建数字客体运行方式的软件本身有其政治性（Fuller，2008；Kitchin and Dodge，2011；Manovich，2013a）。这些客体（包括数字硬件和软件）并不总是可预测、可管理或有序的。它们对哪些数据可收集、哪些数据很重要以及哪些数据可存储与分析，具有建构和形塑作用。

因此，搜索引擎拥有罗杰斯（Rogers，2013：19）所说的"算法权威"（algorithmic authority），并充当"社会认识论机器"：它们对那些被认为是重要和相关的资源施加权力。从这个角度来看，来自搜索引擎查询的结果不仅被视为"信息"，还被视为表明权力关系的社会数据。这些调查可以揭示主题、事件、组织和个人档案如何在众多公共辩论和议题框架中取得突出地位，以及社会关系和权力关系是如何构建和维持的。

数字数据客体作为研究对象集合也能够成为社会分析的焦点。朗格洛瓦和埃尔默（Langlois and Elmer，2013）认为，数字数据客体由三种不同特征组成。作为媒体客体，它由语义层组成（来自被发布在平台上的图像或文本等内容）；作为网络客体，它连接到其他媒体客体及其网络；最后，作为社交客体，它通过展示用户的偏好、品位和观点（例如他们对脸书"点赞"按键的使用、构建的 Pinterest 图板内容或在推特上分享的链接选择），在用户之间建立特定类型的存在和关系。数字客体的这三个要素共同构建其意义，也都可以被对其社会影响感兴趣的研究者所分析。

数字社会研究的创新方法

数字的研究方法可以将不同来源的、多种形式的数据，聚集、叠加或并置在一起，以努力创造知识和理解（Mackenzie and McNally，2013）。例如，基于传感器的设备和可视化工具可以与其他形式的定性数据（如访谈和民族志观察）相结合，产生出丰富的社会生活画像。

民族志研究，特别是由人类学家进行的研究，对不同文化和地理位置的人们的数字技术使用提供了重要见解。然而，新兴数字设备的普遍性和离散性，已经挑战了人类学研究的传统概念。由于互联网分散在许多不同类型的设备、平台和工具中，以及"在线"世界和"离线"世界之间存在着复杂关系，在一个特定的、定义明确的"田野点"中作为参与式观察者进行田野工作的想法逐渐成为问题。数字世界的民族志田野是一个杂乱且不断变化的研究地点，涉及不同技术和其中的人类行动者之间的交叉与合作。互联网并不只有一面；它有许多维度。在特定的文化和地理背景下，不同的人出于不同的目的并以不同的组合来使用它（Miller，2011；Miller and Horst，2012；Postill and Pink，2012）。

数字人类学家已经开始努力应对这些复杂性，并能够为其他社会研究者提供有用的见解。例如，莎拉·平克（Pink，2009）发展了"民族志场地"（ethnographic place）概念，意指它不一定仅仅是一个物质空间、一个有限的区域，还是一个出于研究者的目的而被集中在一起的相互关联的客体、人群以及空间的集合。这一路径将一个群体的数字技术使用，包括他们的在线和离线活动（两者之间的区别很容易变得模糊）以及在这些世界之间的互动，概念化为（可）调研的（数字）民族志场地。这一概念包含了这样的见解，即研究地点不是静态的，而是动态的、不断变化的。人们也认识到，民族志研究者正通过关注社交媒体帖子和参与者的更新状态，有时还通过向它们投稿并把它们记录或归档，来参与这种民族志场地的构建（Postill and Pink，2012）。

开发数字视觉图像分析技术和使用数字可视化工具，对社会学研究来说也非常重要。视觉社会学（visual sociology）这一分支学科，包括社会问题的创造性呈现和记录，以及作为社会学分析的组成部分的图像阐释。传统上的视觉社会学从摄影、视频以及艺术品中提取图像，而现在的视觉社会学让自己走入了数字化成像技术

51

(Graham et al.，2011；Lapenta，2011)。视觉社会学寻求识别这些技术的含义，并利用它们来有效地分析当代社会世界。

新兴数字视觉技术以各种方式发挥作用，对社会生活、社会制度和社会关系产生了不可或缺的深远影响。它们参与到个人社会空间的管理和创造，组成和实现人类、空间和客体之间的联系(Graham et al.，2011)。数字媒体技术在线上形成了新型视觉产品和产品的受众，涵盖了从高度隐私到高度公开的范围。智能手机和平板电脑等移动和可穿戴设备，以及诸如 Flickr、YouTube、脸书和推特等平台，推动了个体对生活进行持续视觉记录，并向全球观众分享这些材料。以谷歌地球为例的基于位置和空间的制图技术（如 GeoMedia 技术）和数字游戏，都依赖于复杂的图像，而数字编辑软件支持各种图像的创建和操作(Lapenta，2011)。这些"构成关于空间、场所和信息的新认识论"的工具(Lapenta，2011：2)，为社会学家使用充足的视觉图像进行民族志和参与式观察研究提供了丰富机会。正如莱斯·贝克(Les Back)所说，它们的运用与其说是"属于"(of)社会学，不如说是"伴随"(with)社会学(Back，2012：33)。

追踪和绘图设备已被用作艺术作品的一部分，以创造新的城市形象。2002 年，在阿姆斯特丹实时项目（Amsterdam Real-Time project）中，60 名志愿者在一周的时间中携带一个全球定位系统设备在城市中四处走动。他们的数据被用来绘制他们和其他志愿者的个体移动轨迹，以产出一个他们与阿姆斯特丹空间的日常接触的视觉地图。这些人的移动轨迹生产了一个新型城市地图，展示了空间的日常使用。因此，GPS 设备使艺术和想象的表达成为可能，能够在视觉上展示日常实践和空间利用，并将其作为日常生活和人际关系的一部分，生产出城市等空间的"个人画像"(Pinder，2013)。

民族志挖掘（ethno-mining）实践将定量数字数据与为数据提

52

供社会文化语境的丰富的情境性民族志研究相结合（Aipperspach et al.，2006；Anderson et al.，2009；Boase，2013）。这种方法是从基于传感器的技术发展而来的，它可以自动追踪人们的移动轨迹，成为人机交互领域研究的项目之一。自此以后，人类学家开始采用这种方法进行民族志研究，从传感器和其他技术中获得数字数据和信息。在人类学家为英特尔（Intel）公司开展的关于计算机使用和时间性问题的一系列项目中，参与者在数字设备上花费的时间以及从他们的移动手机中获得的地理位置数据，都运用了数字绘图工具来进行跟踪和可视化。研究人员向合作的参与者展示了这些可视化图形，以对数据所显示出的数字设备使用习惯作出解释（Anderson et al.，2009）。

在另一项民族志挖掘研究中，四个家庭的参与者和他们的笔记本电脑都被贴上了位置跟踪标签，每台电脑也都被安装了记录键盘和鼠标活动、应用程序使用和电源状态的软件。定性数据是通过采访和观察参与者在家中的行为来收集的，两者都聚焦于人们在这个空间中使用笔记本电脑的时间；定量数据是通过算法来收集的，该算法是根据研究者对参与者的民族志观察和访谈开发的；同时，传感器和自动记录技术生成的数据也为民族志数据提供了有力的见解。研究人员绘制了形象的地图，显示了参与者在家中使用笔记本电脑的习惯性移动轨迹，并再次使用可视化工具，来推动和参与者的进一步讨论（Aipperspach et al.，2006）。

在巴克关于有活力的社会学的文章中，他强调了研究者在空间中移动的重要性。这样，研究者就不仅记录了人们对自身经历和思想的看法，还记录了他们生活环境的物质维度：这些环境和经历所产生的感觉和情绪（Back，2012；Back and Puwar，2012）。他的有活力的社会学项目训练研究者使用数字技术，包括使用这些技术来收集、分析、归档、策划、展示民族志的社会研究。研究参与者作为合作者参与了这些过程，以促进社会学观点的多样性。研究受训者被要求带着数码相机和录音机四处走动，对当地现象进行听力实验（Back，2012）。目前，巴克的项目之一是"每一天的每一分钟"（Every Minute of Every Day，2013），这是一项实时的民族志实验，它使用数字技术记录声音、图像以及书面文本，以记录当地社区及位于该社区的收容所的关系。作为研究合作者的当地居民，使用这些技术创建他们自己的数据，以作为对项目的贡献。

艺术家、设计师和社会学家可以一起从事创造性的社会研究，处理数字技术的使用问题或使用数字设备，来研究社会生活的其他方面。在一个有趣且具有启发性的社会研究案例中，一个由设计师组成的研究团队，使用他们称之为"家庭探测器"（Domestic Probes）的工具，来探索技术在家庭住宅中产生新作用的可能性（Boehner et al.，2012）。研究的参与者收到了装有以下实验器材的包裹：

- 一台"梦记录器"，即一台改变外观的数字记事本，允许参与者在 10 秒内记录一个梦中的细节；
- 一个"倾听杯"，即一个表面附有说明的水杯，要求参与者用它来放大他们在家里注意到的有趣声音，然后在其上面写下他们听到的内容；
- 一本"浴室记事本"，即一本纸质记事本，大约 20 页，每一页都有一则简短的新闻条目，邀请参与者在页面上以书面形式回复；
- 一台一次性相机，供参与者在家中拍摄照片，并附有一份说明清单；
- 一张带有网格图案的纸，供参与者绘制他们家的楼层平面图；

- 一张"亲友地图"，要求参与者在这张纸上画出他们最亲
密的社会关系地图；

54

- 一些纸张，要求参与者写下他们家庭中的规则；
- 一大张带有说明的相纸，用于将家用物品置放于其上，
并要求参与者把它们的形状拼成一幅画；
- 一个针孔摄像头，用于拍摄家中"有趣视野"的图像；
- 一本印有各种问题的电话笔记本，供参与者用文字或图
画回答；
- 一本为拜访者提供空间的访客留言簿，以供他们记录关
于此次访问的评论。

参与者被要求在家中将这些物品保存一段时间，并在他们想要
的时候给这些物品一些回应。大概一个月后，研究者回到参与者的
家中，收集实验器材。他们利用参与者的反应，来开发新型家用物
品的原型，并以不同的方式思考技术在家庭住宅中的使用。设计师
们认为，这些活动的目的，不是要验证现有的实践结论或结果，也
不是要开展标准的社会研究，而是要激发参与者和设计师以意想不
到的和具有创造性的方式思考。

这个项目是关于技术的（从设计新技术而言），并使用了各种形
式的设备和技术，但它并不是专门针对**数字**技术的。尽管如此，这
种创新的方式依然可以被社会学家用来研究与数字媒体技术相关的
有活力的社会学。这个项目的研究人员建议使用这些探测器来开展
对话，并激发传统的社会研究方法（诸如问卷或访谈等）的生命力。

这种方法的另一个富有潜力的例子是一项由上述项目设计师
之一威廉·盖弗与社会学家迈克·迈克尔所主导的研究（Michael,

2012；Michael and Gaver，2009）。这个项目同样是在家庭住宅的背景下，将数字技术作为"门槛设备"(threshold devices)，这些设备被设计用来"观察"家庭环境，探索家庭住宅及其与外部间界限等概念的工具。其中的一种设备是"视频窗"，它能够显示家庭外部视角下的景象，而这种景象通常不能通过使用数码摄像机的窗口和它所描绘的壁挂式图像获取。这些技术被用于广泛调查家庭住宅与其自然文化环境的复杂关系，更具体地说是技术如何调节家庭以外的世界并采取相应的行动来构建家庭。

使用原生数字数据客体

上述方法本质上是使用新兴数字技术生成社会研究数据的变体。然而，据我观察，数字技术本身在运作的过程中，会生成并归档数据。作为"观察和关注行动"以及"追踪行动主体"的设备(Ruppert et al.，2013：34，35)，它们构建了原生数字数据客体。原生数字数据客体通常已经被收集它们的公司或政府机构清洗、排序和配置好了，以便达到自己的研究目的。但是，在某种程度上，学术研究者、市场研究者、政策智库和其他商业企业，都可以通过各种方式将数据重新配置。如今，这类研究者经常通过"获取"(harvesting)、"挖掘"(mining)或"抓取"(scraping)网络内容来获取这些数据。

无论免费与否，来自各种职业或具有不同政治动机的个体，都可以使用数字数据分析工具访问大数据，并按照自己的目的使用这些数据。商业公司经常使用"文本挖掘"或"情感分析"工具，尤其是在社交媒体内容相关领域或对用户评论事件时使用的语句片段，使用自然语言处理软件等方法进行分析。他们会分析社交媒体文本中的语言结构和内容之间的联系，更简单地说，他们通过软件分析计算词汇出现的频率（Andrejevic，2013；Breur，2011）。

任何互联网用户都可以免费使用各种开源工具，利用数字数据进行各种形式的社会研究。这些都涉及网页抓取的某种形式。一旦收集到数据，这些工具就提供了分析或可视化所收集数据的机会。许多这些数字研究工具，以及由理查德·罗杰斯（Richard Rogers）领导的数字倡议小组成员开发的一些工具，都被列入它的数字方法倡议网站（Digital Methods Initiative website）。这个网站是一个无价之宝，它提供了五种数字抓取工具的详细信息和超链接：媒体分析、数据处理、原生数字、设备中心和球面分析。这些工具能够执行多种分析，包括监控在线媒体输出，抓取并分析社交媒体内容（如推文），识别网站的时间戳（或上次修改时间），检查网址是否受到审查，以及从 iTunes、维基百科、推特、脸书和亚马逊中获取元数据和内容。

许多工具都能够可视化地展示数字数据，包括图表、社会网和词云可视化。以 Topsy 为代表的工具，为任何人提供了一个在社交媒体平台上搜索关键词或主题的机会。Topsy 列出了这些关键词、主题以及它们的链接，并提供了它们的词频、情感得分的数据和图表。它还可以比较关键词或主题，并以图表的方式展示每一个关键词与其他关键词相比的词频。

谷歌提供了几种免费的网页抓取工具，其中包括谷歌趋势（Google Trends）和谷歌图书词频统计器（Google Books Ngram Viewer），前者分析了在谷歌搜索引擎上的搜索关键词的受欢迎程度，后者收录了自 16 世纪至 2008 年间出版的数百万本图书的语料库，这些书籍都已被谷歌数字化。因此，我可以非常简便地使用谷

56

歌趋势生成一个图表，显示与"数字人类学"和"数字文化学"相比，"数字社会学"一词作为搜索关键词被输入谷歌的频率，以了解这些主题间的相关性。作为一个数字社会学的倡导者，由此产生的图表告诉了我，谷歌搜索引擎的用户何时开始使用"数字社会学"这个术语（根据记录是 2009 年 5 月），以及数字社会学与其他主题相比的热度值。使用 Topsy 社交媒体分析工具，我可以看到这些关键词在限定的时间段内出现的频率，并跟踪每个关键词在互联网上的提及情况，从而可以对这些在社交媒体上讨论的主题进行更详细的分析。

谷歌图书词频统计器已经被用来进行语言学研究，跟踪几个世纪以来关键词或术语的使用和意义的变迁。例如，一个计算语言学研究团体，包括几个参与开发词频统计器项目的成员（Michel et al.，2011），分析了语法的演变，并比较了自 1800 年至 2000 年英语不规则动词（如 burned/burnt，strived/strove，dwell/dwelt）的使用是如何变化的，以及与美国相比，这些单词在英国的使用情况。有人认为，用这一方法分析在线新闻可以识别材料中的基调变化，预测政治动荡和经济事件。一项研究使用了一个数字化的全球新闻档案，检验了三十年中的"全球新闻基调"变化。研究者超越了标准分析，试图确定被使用关键词的地理位置和潜在基调，并量化新闻文本的这些维度。通过这一分析，研究者能够预测埃及、突尼斯和利比亚的革命等事件（Leetaru，2011）。

为了亲自尝试谷歌图书词频统计器，我搜索了"赛博空间"和"赛博格"这两个术语，以检验我的论点，即自 21 世纪初以来，这些术语已经失去了一些流行性。当我选择在 1980 年至 2008 年间搜索这些术语时，我发现情况的确如此，至少谷歌数字化语料库中的关键词出现频率证实了这一点。这两个关键词直到 1988 年才出现在

谷歌图书数据库中，随后它们的出现频率不断增加，"赛博空间"在
2000 年达到顶峰，"赛博格"在 2002 年达到峰值，此后它们的使用
频率便逐年下降。"赛博空间"比"赛博格"更常用，尽管两个术
语的使用轨迹图很相似。不幸的是，由于谷歌图书词频统计器在我
搜索时只包括 2009 年之前出版的书籍，我无法跟踪近几年的使用频
率，不过，我可以预测在这一时期两个术语的使用频率会更低。

　　一些数字社会研究者对追踪互联网网站的历史很感兴趣，包
括这些网站因时间推移而产生的文化变迁。识别搜索引擎上的搜索
历史，能提供与知识政治相关的"故事"：在搜索引擎中，内容是
如何被操纵的，一些观点是如何被优先考虑的，而另一些观点又是
如何被排斥的。在这里，搜索引擎被理解为是建构特定故事或观点
的"创作工具"（authoring device）（Rogers，2013）。比如说，罗杰斯
（Rogers，2013）和他的同事收集了多年来的伊拉克网站，以确定伊
拉克社会中可获取的、不同于政府官方描述的信息类型。他们还比
较了维基百科上用荷兰语、塞尔维亚语和波斯尼亚语撰写的关于斯
雷布雷尼察陷落、斯雷布雷尼察大屠杀和种族灭绝的文章，考察了
六年来的编辑历史和资料来源，以追溯该网站上知识生产和操纵的
政治性质。这些网站的系谱是追踪和识别议题的出现方式、发声者、
失声者或审查等问题的重要途径。这种类型的研究能够洞察知识的
在线生成和协商方式，以及这一过程中存在的差异与鸿沟。

　　大数字数据集提供的数据量，使它们能够进行图形可视化，从
而轻松地识别数据中的模式（Bruns，2012）。图形可视化工具可以用
来分析社交网络，并研究社交媒体的使用是如何与社会和文化背景相
关联的。有几种免费工具可以用来进行社交媒体网络分析，Gephi 就
是其中之一，它是一个用于网络和复杂系统的、免费开源的交互式可
视化和探索平台。布伦斯（Bruns，2012）就使用了 Gephi，以图形方

58

式可视化了围绕特定主题标签和个体用户互动的推特活动数据，以分析用户之间建立的网络。这一分析使他能够确定主题标签网络的变化，包括贡献者参与的变化和整个主题标签社区对新事物的反应，例如新参与者加入和新信息生成时的状态。这项研究聚焦于推特是如何成为特定话题的对话空间（话题由关键词前的主题标签指定）。

对于那些对自身使用社交媒体生产的元数据类型感兴趣的人来说，有很多工具能够允许他们从自己的电子邮件、脸书或领英账户中抓取自己的数据，并产生统计数据、图表和其他数据可视化，以此来展示他们与谁相关联、这些人如何在各种网络中相关联以及某一个体与他人的交互频率的数据。为此，我使用了领英地图（LinkedIn Maps）工具，来查看它生成了什么数据。该工具使用了我在领英上的通讯录，生成了一个多彩的网络集群图像，显示了我的联系人之间是如何关联的。这是一次有趣的实践，它展示了我的联系人中谁认识谁，以及集群是如何区分和重叠的。不足为奇，这些集群主要是围绕地理特征和研究领域建构的。例如，英国社会学家紧密聚集在一起，我的澳大利亚学术同行和我的大学同事也是如此。在集群分布图中，我还发现了几个我不知道有什么联系的人。

在一个更复杂的涉及视觉图像使用的项目中，霍克曼和曼诺维奇（Hochman and Manovich, 2013）分析了上传到照片共享社交媒体平台 Instagram 中的图像。在他们的"视觉大数据"研究中，他们利用来自全球 13 个城市的 230 万张 Instagram 图像，识别出这些城市的"视觉标志"。他们的研究旨在分析 Instagram 的使用模式，以利用元数据的技术和真实图像的视觉内容，来揭示当地的社会和文化事件。他们将这种方法称为"数据民族志"（data ethnography），因为他们能够在针对成千上万幅图像的大规模分析以及揭示个体用户模式的细致分析间转换自如。例如，他们分析了用户在飓风"桑迪"

59

(Hurricane Sandy) 袭击纽约市布鲁克林区时在 Instagram 上共享的照片，以及以色列特拉维夫的用户在阵亡将士纪念日拍摄的照片。他们认为，这种新兴范式能够通过关系、转换和序列来分析数字媒体的个人用户，而不是通过等级和类别。他们的网站 Phototrails 作为这个研究项目的一部分，提供了许多数据可视化的例子。

很少有社会学家在他们的研究实践中使用技术在网络中获取数据。大卫·比尔 (Beer，2012c) 是一个例外，他尝试使用社交媒体数据聚合器 Insightlytics 来比较"社会学"(sociology) 和"名人" (celebrity) 这两个术语在推特上的使用方式。他考察了这些关键词在限定时间段内出现的频率、推文的地理来源、关键词之间的组合、使用这些关键词的资深评论者、关键词所带的情感以及个体推文使用这些关键词的所涉方面。正如比尔所说，这种粗略的分析有很大的局限性。虽然它能够在识别大量数据中的基本模式发挥重要作用，但是这种技术只应被视为社会分析的起点。数字交易数据和用于将它们归类的算法，并不是为服务社会研究者而创建的。因此，对于研究人员来说，它们通常效率低下、不方便使用，并且不能回答他们特定的研究问题。这可能会产生利用数据来塑造研究问题的现象，而不是相反 (Beer and Taylor，2013)。

另外两位社会学家努尔杰·马尔 (Noortje Marres) 和埃丝特·韦尔特弗雷德 (Esther Weltevrede) 也用网络抓取工具进行了实验，并反思了这些技术作为社会物质客体形塑社会研究实践以及定义"社会"范畴的方式。他们认为"网络抓取工具扰乱了社会研究的'内部'和'外部'之间的区别"(Marres and Weltevede，2013：315)。网络抓取工具及其实践，往往在不同于社会学术研究中的条件和假设下运行。作为一种原生数字数据客体，这种策略所获取的数据已经逐渐格式化。网络抓取工具充当了"分析机器"，它们根据嵌入在软件中的特定编程规范，对其所抓取的数据进行定义、排序，从而预格式化（Marres and Weltevrede，2013：326）。就像比尔、马尔和韦尔特弗雷德所指出的那样，学术研究者在使用网页抓取工具时是有局限的，因为他们必须接受数据生成平台的规范和结构。然而，他们扩展了这一观察结果，认为处理这种格式化的方式可以成为社会学研究的焦点。网络抓取既是一个所使用的软件生成的自动过程，也是一个社会过程，它取决于那些程序员的决策，取决于由此产生的数据共享，并取决于工具使用者讨论出的最佳抉择。社会研究者既可以使用该工具，也可以分析该工具如何作为网络认识论的一种形式运作（Rogers，2013），这种认识论塑造了可获取的知识的内容、形式和类别。

数字数据分析的局限

数字社会研究提供了许多可能性。然而，对于热衷于使用大型数字数据集、在线数据收集和分析工具的社会研究者来说，数字社会研究也有显著的局限性，其中一些已经在本章中涉及。并不是每个人都有访问大型数字数据集的同等机会。我在本章的前面提到大多数社会学家缺乏计算机技能，这限制了他们超越开源分析工具、超越简单分析的机会。在访问和使用大数据的方式上，研究者之间的差距越来越大。转向开放源数据倡议以及提供获取和分析这些数据的工具，使得某些数字数据更便于进行分析。这些工具使任何感兴趣的人都能从事社会研究，而无需任何研究方法上的培训。然而，尽管一些数字数据是对所有人公开的，但是随着商业互联网公司所收集的大数据集变得更具价值，他们的数据访问权限逐渐被封锁。

诸如脸书、YouTube、Flickr 和推特等社交媒体平台，最初只是提供在线交流、分享图像和搭建网络的手段，但随着它们的受欢迎程度和影响力不断增加，它们已经变得商业化，继而成为广告平台和提供可挖掘、可售卖的数据的工具。虽然这些平台提供的内容对社会研究者来说，似乎是一个透明而丰富的数据来源，但平台对数据所有权的重视限制了研究者抓取数据的权限。如今，用户访问网站来抓取数据的次数通常受到"条款和条件"的限制。推特和脸书等平台已经针对数据挖掘，制定了只能使用自己的应用程序接口（APIs）的制度性规则。现在，平台可能运行着两层系统，在一部分接口中，所有人都可以自由获取数据；但在另一部分接口中，更为详细的数据仅提供给那些付费的人（Bruns，2012，2013；Burgess and Bruns，2012；Langois and Elmer，2013）。随后，曼诺维奇（Manovich，2012：470）认为，在数字数据的背景下，我们能够区分三类行动者（或者用他的话来说是"数据阶层"）：第一类包括那些有意或无意创建数据的人（任何使用数字技术或被数字技术监视的人），第二类包括有方法归档数据的个体或组织（人数便少了许多），第三个更小的类别包括那些能够访问和分析这些档案中的数据的个人或组织。

61

通过平台的应用程序接口来免费获得的数据，只占该平台收集和存储的所有数据中的极小部分。这就对所分析数据的代表性（representativeness）提出了质疑（boyd and Crawford，2012；Bruns，2012；Burgess and Bruns，2012；Edwards et al.，2013；Vis，2013）。其他批评者也提出了数据代表性的问题，他们指出研究者通常只是选择那些获取便捷的数据，而不考虑抽样代表性的问题。例如，推特或脸书的用户来自某些特定的社会群体，一般难以代表普通大众。缺乏代表性的问题也存在于其他使用在线工具获取的数据形式中。

比如，在线调查可能会吸引并不能代表普通大众的受访者。以2013年英国阶层调查（Great British Class Survey）为例（Savage et al.，2013），该调查是由社会学家与BBC联合进行的。尽管大量的受访者完成了在线调查，但是他们大多数人是典型的BBC受众阶层：受过良好教育并在专业、职业中享有经济特权的人。随后，研究人员被迫进行了第二次调查，与一家能够吸引社会多元群体的社会研究公司合作，采用了标准的配额抽样程序，并开展面对面访谈。

除了这些对社交媒体分析感兴趣的学术研究者所面临的困难之外，布伦斯（Bruns，2013）还提出了其他许多问题。他指出，研究者面临的数字数据量十分庞大，这意味着他们必须不断选择如何筛选特定数据进行分析。例如，他们根本无法分析关于某一具体主题或来自特定社交媒体平台的所有数据。对在线材料感兴趣的研究人员在决策时，必须考虑数据存储容量等技术问题。布伦斯还警告说，学术研究者对开源或商业社交媒体分析工具盲目信任，不假思索便接受了所有提供给他们的数据，而不会对它们的信度和效度提出质疑。另外，直接复制其他研究者的结论也变得非常困难，因为所使用的工具和数据集往往具有不稳定性，社交媒体平台也通常不允许研究者公开共享他们的数据集。

使用原生数字数据的社会研究实践引发了更广泛的关注。正如我在本书第五章中详细阐述的那样，数字数据和其他任何形式的数据（定量数据或定性数据）一样，在生成和分析的任何阶段都会受到不准确、偏差、失真和误差的影响。尽管数字数据（因由计算机技术产生的、通常数量巨大）具有客观性和科学中立性的光环，但是它们和任何其他形式的数据一样都是人类决策的产物。随着时间的推移，在线材料的内容可能会发生变化，因为它会被修改，甚至从互联网上完全删除。大多数大数据分析只能提供极为片面的信息，总是会缺乏背景特征，如数据提供者的性别、年龄、民族、地理位置、社会阶层和教育水平（boyd and Crawford，2012；Edwards et al.，2013；Mahrt and Scharkow，2013）。

判断数据效度的另一个困难是一些数据贡献者试图戏弄系统或作恶作剧，发布不准确的信息或篡改的图像来呈现事实（Procter et al.，2013）。作为数据来源，他们以个体的目的和手段来操纵数据，比如选择上传特定图像，在社交网络中分享或转发精心挑选的、能代表个体角色形象的素材给好友或粉丝。搜索引擎结果或推特主题趋势，也可以被那些寻求商业或政治利益的人所操纵（Lazer et al.，2014）。同样，诸如"点赞""分享""粉丝"这样的数字数据，也可以很容易地进行操纵（例如通过购买或使用自动化程序，参见 Baym，2013）。

一些批评者指出，不论大数据的效度如何，即便大数据包含众多数字数据客体，大规模数据集的解释力仍是有限的。大数据基本上能够提供不同变量之间的相关性和联系性的统计和证据，但除此之外，它们并不具有洞察力。大数据几乎无法阐释其生产背景（Andrejevic，2013；Uprichard，2012，2013）。数据的意义也可能会丢失或被误解，因为数字化资料中可能不包含其他意义指标——原始文本产生时的社会和文化背景，或者关键词或文本之间的相关性。例如，社交媒体数据中的"情感"解释，是由自然语言处理算法进行的。由于这些是根据计算机代码生成的，而不是由人类解释的，这种分析很容易忽略意义的细微差别和模糊性。文化文本中的词汇和其他元素，仅被简化为计算机数据（Beer and Taylor，2013；Gooding，2013）。如果没有详细地了解上下文，当用户在社交媒体上评论时，我们通常很难判断内容的主旨，比如他们是认真的还是讽刺的。

63

对于日益数字化的材料，人们也表达了谨慎的态度。例如，古丁（Gooding，2013：1）将数字化资料的档案称为"我们文化遗产的虚拟垃圾场"。他写道，人文学科内部已经对资料数字化表达了几个主要担忧。一方面，量化和信息将会超越对文化资料的传统的、更深入的和更具解释性的校阅式分析；另一个令人担忧的问题是，除了作量化之用以外，很少有关于文化资料的大规模数字档案之使用的出版物。此外，与那些在高度人为干预下开发的、以确保高标准的小型数字化藏品相比，大规模数字化资料可能质量堪忧。那些依赖于大规模自动扫描技术的数字化成果，通常会导致元数据不佳或者在数字化过程中产生错误，从而丢失重要的信息。因此，对于研究者来说，这些数据的价值可能大打折扣。

一些批评者针对研究在线社区和论坛数据的现象，提出了道德伦理问题。这些问题促使人们思考：这些社区是公共空间还是私人空间，或者当研究者研究在线社区的互动时是否需要让在线社区的人们知情。一些研究人员认为，如果用户将自己的信息发布在公共网站和平台上，无论这些人是否知道他们的内容被用于研究，这些数据都不应该被视为私人的或机密的信息，而应该向研究人员开放使用。其他人则认为，研究者应该让人们知道他们正在使用其数据，尤其是那些关于私事的信息（Boase，2013；Mahrt and Scharkow，2013；Moreno et al.，2013）。正如我在第五章和第七章中更为详尽讨论的那样，数字公司和政府机构对大数据的使用和商业化引发了许多问题，这涉及人们在多大程度上了解他们的数据被使用的情况，以及他们是否应该拥有访问自己数据的权限。

由于社会学长期的社会研究传统，社会学家对数据生产和使用过程中固有的排序和归类问题的伦理和政治维度非常敏感（Uprichard，2013）。因此，社会学家和其他批判者在持续挑战大数据或数字社会数据的公认事实方面发挥着至关重要的作用。社会学家和其他社会文化学者能够形成独特的见解，正是因为他们强调数字数据的背景性和建构性，包括其政治目的和影响。如果没有解释和语境，数据就没有任何意义，而这些学者进行专业训练便是为了进行解释。基于这些注意事项，大数据分析应该被视为社会行为分析的一小部分。正是在这里，本章前面概述的创新方法为数字技术融入具有创造性和深刻性的社会学研究提供了路径。

批判性的自反立场

数字社会学可以在许多重要方面为"沉寂的社会学"的复兴作出贡献。数字技术作为方法论装置和研究主题，为开展社会学研究提供了激动人心的、创造性和创新性的新方法。数字技术通过贡献新形式的数据，以及将研究的参与者纳入作为研究项目的合作者，为活跃社会学和其他社会研究提供了机会。社会学家为数字社会研究提供了许多重要的视角。他们不仅能够以广度和深度来研究人们对数字技术的使用，而且能够将其置于社会、文化和政治背景中。他们能够质疑自己作为研究者的地位，并从批判的角度质疑研究方法的本质。所有这些观点都潜移默化地推进构建一种丰富而重要的社会学，即实践者反思他们自己作为研究者的地位，并将他们的路径置于一种理论视角中，这种视角承认社会研究实践记录和创造社会生活的方式。

对研究数字媒体领域的社会学家采取批判性的自反社会学观点，能够提出以下问题：当社会学家试图分析数字媒体时，他们在做什么？他们在多大程度上只是利用数字媒体分析工具来获取数据，他

65

们在多大程度上挑战了这些工具的有用性，抑或聚焦于作为研究对象的工具（以及数字平台和数字数据）本身？社会学家可以对数字设备、软件和数据进行不同层面的分析，每一种分析的认识论和本体论视角均不同。我们可以像任何数字用户一样，简单地把诸如谷歌图书词频统计器、谷歌趋势、谷歌搜索和搜索自动补全等功能和工具作为**搜索**工具，但是我们还可以将它们定位为**研究**工具，来探索和揭示社会和文化的习俗、规范和话语体系。与此同时，作为自反性的数字社会学家，我们需要将这些工具视为非常粗糙的工具，并在使用时注意到自己需要对数据生产的信度和效度问题投入精力。此外，作为数字范畴的批判性分析者，我们可以反思这些工具如何将我们定位为研究者，并从普遍意义上来看它们对社会研究的影响。

因此，作为一名社会学家，当我使用诸如谷歌趋势这样的工具时，我可能会采取很多种方式。我可能会使用该工具，并全盘接收它产生的结果，此时我的主要兴趣是它所产生的数据；我也可能对该工具如何生产并建构数据感兴趣，去挑战其内部运转逻辑的"黑箱"，此时工具本身成为了我分析的对象；我可能还想探索谷歌趋势成为谷歌形塑和建构知识的机构或世界"谷歌化"之一部分的社会和政治含义（Vaidhyanathan，2011）。我可能想同时做所有这些事情，这些都是从社会学角度研究数字世界的有趣方式。

本章从研究方法的角度探讨了数字社会学如何应用的问题。在下一章中，我将更具体地阐述社会学家在职业实践中使用数字技术的情况。在本章中，我在探讨时采取了一种自反性的立场，不仅概述了社会学家（和其他学者）可以采用什么样的策略来"数字化"自己，并分析了采用这些策略可能存在的优点与不足，还审视了学术身份认同及工作概念的更深层的含义。

第四章　数字化学术

　　在这一章中，我着眼于学者是如何成为数字化知识工作者的，特别是关注社会学家。高等教育的工作场所日益数字化，许多教学资源和学术出版物都在网上传播，学者和大学的绩效也运用数字技术进行监测和衡量。一些社会学家和其他学者也开始使用社交媒体作为他们学术工作的一部分。因此，对于许多高等教育工作者来说，数字技术正在成为建构和实现职业自我的一个重要因素。我不仅研究了数字技术带来的好处和可能性，还分析了走向数字化学术和数字公众参与政治引起的局限性、不足和风险。在这一章中，我将参考我对出于职业目的使用社交媒体的学者的在线调查研究结果（详见本书附录1）。

数字公共社会学

　　作为社会学家们乐于参与并纳入其社会学敏锐性的持续性自反

67 批判的一部分，社会学家们会定期对他们学科的未来进行审视。其中许多人认为，公共社会学（public sociology）是当代社会学应该努力实现的一个重要方面。"公共社会学"一词本身就经历了长时间的分析和辩论（Burawoy，2005；Holmwood，2007）。有人认为，公共社会学涉及政治行动主义，鼓动社会正义和权利，挑战不平等；还有人认为，它更广泛地涉及当代社会问题的专家评论者向学校以外的受众进行公开演讲，也就是说知识分子要面向公众。

公共社会学最著名的作品之一是《为了公共社会学》(For Public Sociology，2005)，这是美国社会学家迈克尔·布洛维（Michael Burawoy）的一篇文章，源于他在 2004 年美国社会学会年会上的主席就职演讲。在这篇文章中，布洛维（Burawoy，2005：4）将公共社会学的挑战定义为"以多种方式吸引多种公众"。他讨论了社会学对专业外人士可见的重要性，这是其合法性来源和支持的一部分，向人们展示了社会学的重要性和相关性。这些论点表明，社会学家已然退回象牙塔中，只专注于内部辩论和专业进步，而不是直接参与到构成他们研究主题的主体——社会群体中（Holmwood，2007）。然而，许多社会学家认为公众参与是他们专业工作的组成部分，其原因有很多，如在个人层面上认为这种参与应该是社会学家常规实践的个体基础信仰。

布洛维（Burawoy，2005：7）评价公共社会学时，认为它提升了社会学"与公众对话、被理解为参与对话的人"的潜力。显而易见的是，那些从事社会研究的学者的公众参与具有递归本质。社会学本身是对社会过程和制度的审视，社会学学科及其实践者是其组成部分。社会学家研究社会世界，反过来，他们的研究成果可能会对社会关系和社会结构产生影响。此外，社会学家本身是社会的一部分，因此，他们有助于理解和构建他们所属的实体。正如我在下面继续论述的那样，这对于社会学家使用社交媒体和其他数字媒体以呈现职业自我或研究成果有所启示。

在布洛维写下这篇关于公共社会学的演讲文章时，社交媒体还没有深入私人和职业领域。在他发表这篇演讲十多年后的现在，引入数字公共社会学（digital public sociology）的概念与使用社交媒体和其他数字工具来进行公共社会学的实践息息相关。在过去的十多年里，数字技术已经深刻地改变了高等教育领域。作为数字化知识经济的参与者，学术界的工作和成果越来越多地呈现在网上。在许多情况下，建构学者"学术形象"（academic personae）的模板格式可能是由他们的高校提供（例如大学网站制作的关于学者的研究、教学和资历的信息网页），也可能是由学术成果发表的期刊和书籍，诸如亚马逊和谷歌图书这类宣传他们的书籍并邀请读者评论的网站，购买他们书目的图书馆，发表自己课程读物、文章或博客文章的其他学者，或者在评论网站上评论他们作品的读者等勾勒而出。由于这些基于互联网的行动，许多学者在网上比其他众多专业人士有更大的影响力。然而，这种学界表征在很大程度上超出了学者们的控制范围，因为它是由他人构建的，或者至少是由他人塑造的。

机构制度也开始鼓励社会学家和其他学者使自己的研究成果更具可获取性。如今日益出现的开放获取出版的转向——包括几个国家的公共研究资助机构，都要求学术机构向公众开放其研究——也支持了公共社会学的概念。虽然传统大众媒体（尤其是新闻媒体）为公众评论提供了主要论坛，但新兴数字媒体提供了更多的可行性，它们允许社会学家对他们希望在公共论坛上传播的信息的主旨内容有更多的控制权，因为学者不需要第三方介入便可以自己发布资料。博客、推文、运营脸书网页、编辑维基百科条目，入驻诸如 Academia.edu、ResearchGate 和领英等职业网络网站，制作播客和

68

YouTube 视频，等等，都是出于职业学术目的而使用数字媒体的方式。

同样，近年来，人们对以在线形式提供的高等教育越来越感兴趣，这不仅包括一部分高校认证课程（这些课程已经提供了很多年）提供的规模相对较小的内容，还包括"大规模开放线上课程"，简称"慕课"（massive open online courses，MOOCs）。自 2012 年以来，普林斯顿大学、加州大学伯克利分校、麻省理工学院、哈佛大学和斯坦福大学等知名大学都开设了慕课。它们为来自世界各地的人提供了接受高等教育的机会，而这些人以前可能因为地理区域或贫穷等原因而无法进入高等院校学习。一些高等教育评论人士认为，慕课很有可能改变高等教育开课和资助的方式。人们针对慕课将如何影响高等教育界提出了许多问题，这包括它们的质量，它们能否留住已报名学生中的大部分，它们能否提供一种可行的商业模式（大学如何持续提供资助?），以及它们在多大程度上能够提供替代传统的学习和学位认证模式的可行性方法。大多数慕课是免费的，但也有证据表明，也有一些提供慕课的大学将开始向学生收费，并提供文凭和学位认证。这种教学模式要求大学去尝试如何培训出提供高效教学模式的教学人员。不论是较小规模的课程还是慕课，都要求其中的学者会使用数字技术技能，并理解高效在线教学模式中的复杂性。

目前，只有一小部分学者能够定期积极地使用社交媒体和其他数字媒体，以作为他们学术研究的一部分。然而，这一数字似乎在缓慢增长，因为在高等教育中，向学术界以外提供可用的研究数据、出版物和教材的趋势越来越明显。鉴于他们工作的重点，媒体和传播研究领域的学者们一直位于使用数字媒体来呈现职业自我的前沿（Barbour and Marshall，2012）。教育技术领域的学者马丁·韦勒（Weller，2011）在他以"数字学术"为主标题、以"技术如何改变学术实践"为副标题的著作里，详细讨论了"数字学术"的概念。在这个领域中，至少出版了一本题为《学术界的社交媒体：实用指南》（Neal，2012）的手册。正如这些迹象表明的那样，学术界开始意识到使用数字媒体进行学术实践以及学习如何这样做的好处。这种现象正在形成一种趋势。

　　社会学家才刚刚开始认识到数字媒体的价值，尽管诸如伦敦政治经济学院的社会科学影响（the LSE's Impact of the Social Science）等网站提供了许多关于如何使用数字工具的实用说明和指南。一些评论者认为，这个学术就业市场萎缩、保守政府质疑社会科学家以及经济普遍衰退的时代，正在威胁社会学教研的资金以及社会学家未来的就业机会。若将专业数字应用作为社会学实践的一部分，将极大地拓展社会学的边界，并展示其相关性和重要性。如果学生接触到社会学学者的公共参与，如果学者们自己使用数字工具的方法，那么这将有助于鼓励学生们学习社会学。因此，从事数字社会学可以被视为对未来研究和教学的"社会影响力投资"（Casilli，2012）。

　　使用社交媒体平台，是一种与同行和学术界之外的兴趣者建立联系的高效方式。这些工具允许参与者加入相关话题或学科领域的网络，并在这些网络中参与讨论和共享信息。以 WordPress 为代表的博客网站和以推特为代表的微博平台，可以作为易于访问的、学者在其中以简短的形式交流想法的论坛。与那些受付费门槛限制的传统期刊文章不同，这些平台可以自由访问，资料可以即时发表，这允许学者快速分享他们的一些研究成果。因此，它们允许学者推广他们的成果，并将此传播给那些比传统发表论坛的参与者更广泛的受众。平台还可以提供期刊文章链接，以便读者关注较长的学术文章。

　　博客和微博平台还允许感兴趣的读者评论并与作者互动，从而促进公众参与。个体可以在博客或推特上提问并得到回复，读者也

70

可以选择使用评论栏对已经发表的文章发表评论。Academia.edu、ResearchGate 和领英等网站，和学者的大学资料主页一样，都是提供自身相关信息的途径。Academia.edu 和 ResearchGate 都是专门为学者设计的，用户可以列出并上传他们的期刊文章、会议论文和书籍，关注其他个体和主题领域并被回关，以及与同行进行讨论。领英不仅为学者提供了与学术同行联系的机会，还提供了与外部兴趣者联络的机会，以及加入专门的兴趣小组的机会。

诸如 Delicious、Google+、SlideShare、Pinterest、Scoop.it、Pearltrees、Bundlr、Paper.li、Storify 等内容策展和共享平台，还有 Mendeley、CiteuLike、Zotero 等文献管理软件，使得学者能够轻松收集并呈现信息，然后进行重要的一步——将信息公之于众，并与他人在线分享。在 SlideShare、PowerPoint 或者 Prezi 平台上的演示文稿可以上传到互联网，文献管理工具使学者能够收集特定主题的参考文献，然后与其他人共享。其中一些工具，包括 Pinterest、Bundlr 和 Storify，允许用户在他们收集的资料中插入批注或注释。这些媒体也可以用作教学工具，在课堂教学和学生作业中提供与学生互动的新方式，使学生可以自己利用这些工具来收集、策划和呈现信息。

社交媒体也逐渐被用作学术会议的一部分。例如，学者们经常对他们听到的演讲内容发表"实况推文"，这提供了一个"后台"交流渠道，能够将内容分享给那些参与者和未能出席的人。随后，这些推文可以在 Storify 等平台上展示和存储，成为任何人都能够访问的会议记录。除此之外，与会者还可以随时用博客记录会议议程。

如上所述，社交媒体的正确使用能够让学者在搜索引擎实时收集他们自身信息的背景下，更好地控制和管理他们的在线学术形象（有时被称为"电子简历"）的内容。由于大多数学术成果都已被数字化，那些即使在表面上微不足道的学术实践，如在某人的文章、

71

书籍、章节或摘要上给出标题和关键词，对于一名学者作品的易获取性也是非常重要的。有人认为，搜索引擎算法赋予标题中的关键词极大的重要性，因此应该对标题采用最大化其可见性的策略。如果标题中的关键词很容易被那些寻找相关主题的人在搜索引擎中输入，那么它就更有可能在搜索引擎的结果中位置靠前（Dunleavy，2014）。现在，许多期刊都建议作者要保证他们准确地选择标题、摘要和关键词，以优化搜索引擎结果，最大程度地提高文章的可见性。

显而易见，无论是在高等教育领域还是在其他领域，使用社交媒体和其他数字媒体都可以对学术界的影响力产生积极影响。如今，学术博客文章也经常作为学术出版物被学者写作所引用（我自己也经常这样做，包括此书）。一些社会学的博客，如社会学图像（Sociological Images），已经非常成功，拥有数百万粉丝。这成功提升了公众对社会学研究的认知（Wade and Sharp，2013）。虽然绝大多数社会学博客还没有达到这个水平，但它们仍然能够作为社会学研究和分析的无障碍公共讨论而产生影响。有学者证实，使用博客和推特等工具来讨论和宣传研究成果，对最终的学术引用具有明确的积极影响（Eysenbach，2011）。一名学者将她曾经放在机构知识库上的论文，发表至推特和博客，并测试了后者的影响。她指出，知识库上的论文被浏览量和下载量明显大幅增加，即使不是最新的论文也是如此（Terras，2012）。

使用社交媒体也可以被视为促进开放获取倡议（open-access initiatives）中的学术研究获取的一部分。在过去几年里，开放教育和开放获取问题受到了高度关注。这些讨论的重点是，那些常由公众资助进行研究的大学研究人员，该如何向公众发布他们的成果，而公众中的绝大多数人并不能自由获取学术期刊和书籍（Kitchin et

72

al., 2013；Weller，2013）。利用社交媒体渠道也可以为公众和其他研究人员传播研究成果提供便利。因此，研究人员开始将这些纳入研究资助申请，作为展示其公众参与度和影响力的一种手段（Kitchin et al.，2013）。

数字化学术研究

所有这些都表明，学术实践和身份认同日益由数字化的可供性和需求形塑。正如第二章所指出的，社交媒体的使用可以被视为个体在构建和呈现身份的实践中可能采用的各式各样的方法之一。学术界和其他任何个人都是如此。学术博客（academic blogging）和其他社交媒体的使用可以被视作职业自我的技术，它允许用户积极建构并维护自身的公共身份（Kirkup，2010）。

虽然成为一名数字化学者提供了许多的可能性和优势，但我们也需要承认其潜在的负面影响。在社交媒体和其他数字渠道上制作额外内容时，我们需要采取批判性的自反方法，提出一些问题：

- 当学术研究公开并以不太正式的形式呈现时，会发生什么？
- 运用数字技术衡量学术产出和影响的新方法有什么影响和后果？
- 那些已经表示感到过度劳累、不被赏识和身心焦虑的学者，是否会发现自己在从事数字学术方面有更大压力？
- 那些使教育更容易获得的慕课和其他在线技术，将如何影响高等教育机构的教学、资金、工作量和就业水平？
- 学术出版的惯例将如何应对开放获取倡议？

　　社会学家需要退后一步，以一种自反性视角看待学术生活中的这些发展：不能仅仅是谴责它们，还要承认它们对当代学术自我的建构以及学术工作的乐趣和匮乏有所贡献。在这里，我们需要注意数字公共社会学对私人生活和学者主体性的影响。

　　最近，我自己在对工作中使用社交媒体的学者的调查中发现：不出所料，因为调查是通过以推特为代表的社交媒体网络宣传的，所以有 90% 的受访者表示，他们出于职业目的使用推特，也有 60%的人使用领英，49% 的人使用 Academia.edu，42% 的人使用脸书，33% 的人使用 ResearchGate，32% 的人使用个人博客，25% 的人使用 YouTube，21% 的人使用 Google+，20% 的人使用 Mendeley 和 Zotero 等在线文献管理工具。有关其他社交媒体工具的回应较少，如多作者博客（16%）、维基百科（作为作者 / 编辑）（7%）、Pinterest（9%）、SlideShare（13%）、Instagram（3%）、Tumblr（5%）、Flickr（5%）、Storify（9%）、策展工具（7%）、谷歌学术（1%）和 Quora（1%）。当被问及哪个社交媒体对他们的学术工作"最有用"时，推特再次脱颖而出（83%），其次是 Academia.edu（23%）、个人博客（16%）、脸书（14%）、领英（14%）、在线文献管理工具（11%）、YouTube（10%）、多作者博客（7%）、Google+（5%）、SlideShare（5%）和策展工具（4%），而其他工具——维基百科（作为作者 / 编辑）、Pinterest、Instagram、Tumblr、Flickr 和 Quora——的吸引力不足 2%。

　　虽然大部分填写问卷的学者只是出于有限的目标，运用了少量数字媒体工具，但也有一些人反馈说自己出于更广泛的目标使用了这些工具。举一个例子，一名来自英国的女性学者是一名青年研究者（early career researcher），以下是她对社交媒体使用的看法：74

　　　　（我使用）推特关注同行，在会议上联系，它能够让我发现文章、资源、组织和正在进行的项目。我用推特告诉他人，我目前正在开展什么工作、拥有什么资源，并与他人对话、提出想法等。我在 SlideShare 上寻找有趣的演示文稿，为我的内容提供灵感来源，而这也是关注不同行业的工作内容的方式。在 WordPress 平台上写博客也是我工作的一部分——这是一个由多个团队成员共同参与的官方系所博客。我发现博客很适合撰写关于项目或活动的长篇文章（我可以将这些以链接形式发至推特上），我也关注了相当多的博主，以追踪其他机构或个人的工作。我使用脸书小组来和学生保持联系，在这里，他们回复问题的速度要比邮件快一些。

正如这个用户所说，至少有一些学者正在以复杂的方式使用社交媒体工具，并认识到它的众多优势。在我的调查中，当他们被问及做一名使用社交媒体的学者有什么好处时，许多人提到了他们与其他学者以及学术界以外的人建立的联系或网络。一些人认为，这些联系的覆盖范围很广，这使他们能够与全球各地以及不同社群的人互动。受访者还会注意到，社交媒体能够让他们与原本从未见过的人或群体建立联系。因此，他们的职业网络通过社交媒体不断扩大，并因而具有不可预测性和偶然性。一些受访者指出，社交媒体网络不仅具有广泛性，还具有扁平化和民主的特征，这能推动更多青年学者和研究生能够与资深学者进行互动。正如这位英国女性青年学者写道：

　　我特别喜欢推特，因为它让我可以关注许多从事类似研究（甚至还要更好：从事非类似研究）的人，并能够追踪他们正在做什么、发表什么、苦于什么。最棒的是，这些人来自不同研究层次（从学生到资深学者）和世界各地。

　　受访者表示，他们还喜欢社交媒体的传播速度和即时性，这使
他们能够及时了解最新出版物和活动公告，并与网络中的其他人就
感兴趣的共同话题实时聊天。一些人提到了在教学过程中的社交媒
体使用，它让学生参与进来，并提供了一种能够让学生轻松地与教
学人员和其他学生在线联系的途径。许多受访者提到，社交媒体提
供了促使他们在研究早期阶段与同事讨论想法的机会。一些人认为，
自己可以通过社交媒体接触研究参与者。正如一位美国女性青年学
者所指出的那样：

　　　　事实上，我正在跟踪一项国际运动。为此，我在推特上关
　　注了主要成员，这帮助我去获取线索、获取新的信息源。我在
　　脸书上还有一个同行网络，在那里，他们对我的引用、理论框
　　架等内容提出建议。

　　令人惊讶的是，少有研究关注学术实践是如何通过运用某种技
术（无论是数字技术还是其他技术）而成为惯习和惯例，成为默会
知识（tacit knowledges）的一部分。最近的一项研究试图探索学术
工作的这一方面，它对将技术作为自身工作组成部分的学者进行了
采访和观察（Löfgren，2014）。这项研究发现，随着计算机文字处
理的出现，写作习惯已经发生了变化，这使得编辑学术文章变得更
加容易和便捷；如今访问期刊文章也不再需要寻找期刊硬件拷贝或
影印，因为它们已经实现在线化。对于许多学者来说，笔记已经实
现数字化，搜索信息和文件系统也是如此。学者们在使用搜索引擎、
决定哪些信息重要以及在追踪超链接方面，形成了通常难以言传的

75

定制惯例，因为它们已经变得如此习惯化和无意识，且涉及"直觉"（Löfgren，2014）。

正如那些数字社会中的知识工作者对工作 / 家庭边界的协调的研究中所发现的那样（Gregg，2011；Humphry，2011），传统的时空模式和工作休闲模式都遭到了来自数字技术的挑战。对于学者和其他知识工作者来说，智能手机、笔记本电脑、平板电脑等移动设备让他们在工作和私人活动之间不断切换，甚至是在晚上睡觉或清晨初醒时也要切换到工作状态（Löfgren，2014）。对于那些专注于社会实践的研究者，如人类学家、社会学家以及媒体、传播、文化研究学者来说，他们很难不去持续地观察社会生活。数字媒体促进并强化了这种观察。数字设备不仅应用于个人目的和工作目的，它们的移动性和联网的持续性也导致个体的工作时间覆盖全天。

博客是以学术目的而使用社交媒体的学者的主阵地。一些作者观察到，在学术博客的发展早期，其他学者经常怀疑这种实践做法。在一些案例中，那些时常维护博客的人会在评职称或晋升时受到歧视，或者因自负或浪费时间而受到鄙夷（Gregg，2006；Kirkup，2010；Maitzen，2012）。尽管对学术博客的负面评价仍在存在，但随着高校试图证明自己正在接触公众并符合开放获取的要求和政策，这种歧视似乎正在慢慢改变。

学术博客被描述为"对话式学术"（conversational scholarship）。它可以作为与更广泛的受众进行交流的一部分，成为学者尝试放松他们正式写作风格的手段（Gregg，2006）。有人认为，这种做法迫使学者们以新的方式思考他们的研究与写作，同时还要考虑到潜在受众的多样性以及读者对所提供材料的反馈方式（Kitchin，2014；Kitchin et al.，2013）。一些博客作者在将他们的想法正式化为更传统的学术作品之前，可以将这种写作方式视为发展观点和与他人讨论的途径（Adema，2013；Carrigan，2013；Daniels，2013a；Estes，2012；Gregg，2006；Maitzen，2012）。丹尼尔斯（Daniels，2013a）就描述了一条发表轨迹：她在一次社会学会议中发布了一条关于议题的推文，随后又发布了一系列更长的博文，最后将这些博文汇集在一起，扩展了她的论点，发表了一篇学术期刊文章。我也经常经历这样的过程，即从一条推文或一篇博文开始，然后从这些最初的想法中生产一篇更详细的学术文章。事实上，这本书的部分内容正是以这种方式开始的。以这种方式使用社交媒体的研究者，被描述为"开源学者"（open-source academics）（Carrigan，2013）。

以博客为代表的公共数字学术实践，有时也被视为公开的政治抵制行为。有人认为，这些类型的做法允许学者在抵制学术出版业的要求和生产新型知识传播模式的同时，尝试数字出版和参与（Adema，2013；Gregg，2006，2009）。博客文章、推特评论和其他社交媒体沟通的内容本身可能直接是政治性的，这些工具为学术界提供了一个挑战政府政策和计划的平台（Kitchin，2014；Kitchin et al.，2013；Wade and Sharp，2013）。它们还可以使学者有机会分享他们对高等教育规程和政策的失望，以及他们作为学术工作者的经历（Adema，2013；Gregg，2006，2009；Mewburn and Thomson，2013）。在我的调查中，几名研究生和青年研究者写道，社交媒体联络经常给他们带来情感和学术支持，这在他们的学术生涯阶段中尤为重要。

学术礼物经济和新型出版形式

几位讨论学术博客的学者断言，运用这种媒介往往是为了分享信息和提供建议，这成为生产以与他人无偿共享的礼物经济（gift

economy）的组成部分。从这个角度来看，学术和知识并不被视为可销售的商品，而是一种社会公益（Adema，2013；Gregg，2006；Hall，2013a，2013c；Mewburn and Thomson，2013）。在这里，被视作社交媒体参与之特征的普遍共享精神和参与式民主，被放在更专业的学术背景下阐释。

学术博客和其他数字平台的写作形式也开始重塑学术出版的模式。现在，博客文章经常被更为传统的学术论坛引用，一些学术期刊将博客、多媒体或开放存取库作为其在线资源的一部分。同时，学术出版社正在尝试新型数字出版模式，包括在线图书格式，这种格式在接收稿件和出版之间的周转时间比较短。学术出版正以杂合和多元化的方式发展，既借鉴了传统的出版形式，也借鉴了数字格式和平台所引入的新型模式。

一些学者将"开放学术"的概念进一步拓展，将学术礼物经济的概念与学术出版新路径的理念结合在一起。例如，文化和媒介理论家加里·霍尔（Gary Hall）在他的网站（Hall，2013b）和文章（Hall，2013c）中提出了"开放图书"（open book）概念。霍尔是"新文化研究"运动的成员，该运动对文化研究中学术的施行性（performative）方面感兴趣（Hall and Birchall，2006），并对学术出版的概念提出挑战（Hall，2013c）。霍尔在他的网站"媒体礼物"上发表了他同名的《媒体礼物》（*Media Gifts*）一书的资料，他将这些资料描述为"一本开放、分布式、多媒介、多平台、多地点、多身份的书的可行名称"（Hall，2013b）。在这里，霍尔尽可能地推动学术写作概念成为礼物经济的一部分，他尝试了"盗版"学术文本的概念，邀请读者"窃取"或"盗版"他的作品，以故意质疑学术写作和出版中的知识产权、内容创作、作者身份和版权等概念。

霍尔还在开放人文出版社（Open Humanities Press）担任一系

列开放学术出版物的联合编辑，包括一份开放存取期刊《文化机器》(*Culture Machine*)和两个实验性编辑的图书系列——"活的生命之书"(Living Books about Life，我为此贡献了一卷，见 Lupton，2013b)和"流动之书"(Liquid Books)。这些使用维基平台构建的图书系列，试图生产开放存取的"活的"或"流动的"数字图书，也就是说，它们可以在原始出版日期之后的任何时候被增添内容，这不仅可以由原始编辑进行，还可以由类似维基百科格式的任何其他贡献者进行。由于这些书是数字化的，我们还可以将视听材料、网站链接等内容作为书籍的一部分。这些书籍的"自由内容"路径意味着书中包含的资料可以被他人删改、添加、重组、重新格式化和编辑，这对以传统方式写作和编辑的学术书籍概念构成挑战。

这些项目是霍尔和他的合作者的实验内容，霍尔称之为"媒体礼物"，或"使用数字媒体来实现或创造性地实行批判理论和文化理论"(Hall，2013a)。他将此类活动视为礼物，因为它们是免费提供的，而不是作为知识产权保护起来；同时也是施行性的，因为它们不是为了呈现或记录世界，而是采用创造性和创新性的分析和批评形式与世界互动或行动。霍尔的另一个媒体礼物项目是"流动理论电视"(Liquid Theory TV)，这是一个与克莱尔·伯查尔(Clare Birchall)和皮特·伍德布里奇(Pete Woodbridge)合作的项目，旨在开发一系列用于讨论知识理念的互联网托管电视(Hall，2013a)。

霍尔(Hall，2013c)设想了一个未来的学术发表环境，即学者们通过一系列格式和平台发表他们的作品，从由传统学术出版社出版的较为传统的期刊、书目章节或专著，到由互联网上现有的自出版和开放存取平台所提供的各种形式，包括多媒体格式、动画、图像、摄影、电影、音乐等等。从这个角度来看，他认为"出版"的概念受到了挑战，并得到了扩展。出版物不再有终点，因为它的在 79

线形式能够被持续地调整、修改、糅合和转化。这让我们想到了数字资料在互联网上传播的观念，以及这些资料是如何以原作者从未计划或期望的方式不断被再发明的。

学术计量集合与审计文化

学术工作日益数字化的一个重要维度，是高等教育已经成为量化监测的对象。现在，学者们不管是自愿还是非自愿，都在参与职业自我的呈现，其中包含了这些测量和排名。他们拥有不断变化的学术数据分身，这些数据包含了那些在他们不知情或不同意的情况下便在职业活动中收集的数字量化数据（Burrows，2012；Kelly and Burrows，2011；Smith and Jeffery，2013）。

测量和量化并不是高等教育工作场所中的新兴实践。在数字技术出现之前，学者们就已经将他们的工作成果以计量的形式呈现，以作为他们职业实践和自我呈现的一部分。格言"不发表就出局"指的是一个成功的学者必须不断地产出成果，如书籍、章节和同行评议的期刊文章，以保持他们在学界等级秩序中的声誉和地位。人们会在特定模块下列出学术履历（curricula vitae），高校的学术网站也是如此。这些成果是学者申请晋升、新职位和研究基金所必需的。

尽管如此，详尽的细节以及持续数字化测量仍是一种新兴现象，这是为了监测和质量评价，也是为了实时追踪某些学术计量。现在，有多种方法能监测、衡量和评估学术表现。社会学家和其他学者以及他们所在的系所和高校的工作表现，不断地与规范和标准进行比较：进行教学评估，登记毕业生去向和满意度，开展研究评估活动，发布大学、系所和学科排行榜，进行期刊质量排名，计算学者的被引量，诸如此类。其中许多量化和质量评估都是运用数字技术进行的。

以 Academia.edu 和 ResearchGate 为代表的学术开放存取数字平台上的成员，会被告知一些指标，比如被关注量、个人档案的浏览量、论文的浏览量或下载量。在 Academia.edu 里，平台会通知谁使用了搜索引擎来搜索他们，搜索时使用了什么关键词，搜索者位于哪个国家。领英则会通知学界人士他们所关注的人更换了什么新工作，并为他们发送可能适合的工作广告。那些使用博客、脸书或推特的学者，能够很容易地看到个人网站的浏览量或关注量。

如今，许多学术期刊都以图表形式发布被引量、阅读量最高的文章，并单独提供每篇文章的浏览和下载数据。目前，一些期刊将最新发表的文章或其链接发表在自己运营的博客或推文中，并监测和显示社交媒体分享文章频率的指标。例如，《医学网络研究杂志》(*Journal of Medical Network Research*) 会发布"推特指数"(tweetations)，即其期刊文章的推特关注量数据。公共科学图书馆(PLoS) 的系列期刊则在文章标题的旁边列出其在脸书或推特上的分享数据。个别期刊公布它们的影响因子，以及相较于本领域其他期刊的排名。谷歌学术上的任何人都能够轻松地浏览学者出版物的被引量。

为了回应这些测量和评估学术出版物影响力的新方式，人们发展了一种名为"替代计量学"(altmetrics，"alternative metrics"的简称) 的创新方法。替代计量学工具能够用于汇集学者成果的各种用途，不仅能够监测传统的引用形式（在其他学术期刊、书籍或章节中），还能够监测其在在线媒体文本中浏览或引用的情况，这些在线平台包括博客、推特和在线文献管理软件，如 Mendeley、CiteuLike 或 Zotero（Galligan and Dyas-Correia，2013；Liu and Adie，2013）。替代计量学收集和计算浏览量及被引量的速度，比传统的学术引用

（在学术期刊和书籍中）的计算速度要快得多。如果高校能够接受替代计量学成为衡量学术效果和影响力的有效方法，那么这些数据也将有助于对学者成果的评估。

81　　高等教育中越来越管理化的路径，促进并鼓励了个人、系所、院系和高校的绩效监测、评估和排名实践的扩散，这被霍姆伍德（Holmwood，2010）称为"审计治理"（governance by audit）。一些社会学家和其他评论家认为，学术界审计文化（audit culture）的增长是一个重大问题，他们将此视为一种压制性的微观管理形式，激化了学者之间和高校之间的恶性竞争。有人认为，学术产出的数字化作为审计文化的一部分，在结果上使学者成为了"计量集合"（Burrows，2012），激励他们通过展示某些属性来获得认可和地位（Barbour and Marshall，2012；Holmwood，2011；Kelly and Burrows，2011）。

　　一些批评者认为，这些过程导致学术工作被赋予了一种新型价值———一种可以量化的价值———而排斥能够评估其影响和质量的其他方法。例如，伯罗斯（Burrows，2012：359）写道，通过数字引文索引构建的"h指数"（h-index）和"影响因子"（impact factor）等计量，强化了"对抗个体学者的复杂数据集合"。虽然部分学术绩效审计的结果是在内部进行的，公众无法获取，但是上述计量的许多结果能够在网站中公开获得。这些计量已然成为学者、学术单位和大学获得基金和排名竞争不可分割的一部分。对于个体学者而言，这也是就业和晋升前景的组成部分。因此，这些计量是其他学者评判同行价值的方式之一，并且日渐成为他们的机构、系所或资助机构来评估他们的价值———他们的"质量"的标准。同时，这些计量在当代学术界的职业生涯和前景中扮演着极其重要的角色。学者们可能会发现，几乎不可能"选择退出"对其价值的这种衡量和评估。

　　学术计量集合甚至可以被视为自我（包括工作场所中的自我）

的"游戏化"趋势的一部分。游戏化（gamification）是一个衍生于计算机科学和行为经济学的术语，表示运用游戏策略，在那些传统上被认为是非游戏环境的领域中，添加对娱乐和竞争欲望的吸引力。在工作场所中，游戏化被视为提高员工生产力和效率的工具。这一概念作为一种利用评估和监测来激励人们和鼓励行为转变的战略，已经在企业和商业环境中流行，尤其是在广告和营销领域，并正在向其他领域扩散（Jagoda，2013）。和许多公司一样，50多个美国政府机构，以及美国陆军、海军和空军，都使用在线游戏来从普通大众中收集创意（McCormick，2013）。这种数据统计的提供方式，可以很容易地测量自己或自己所在的系所或大学，并与他人进行比较，这助长了一种游戏心态，即有赢家也有输家。将一个人的谷歌学术被引量或者推特粉丝数等计量与其他人进行比较，以及使用替代计量的过程本身，都可以被认为是一种学术绩效的游戏化形式，至少那些定期更新的顶尖大学名单就是如此（其中"赢家"是那些获得最高排名的大学，"输家"是那些排名垫底的大学）。

　　一些学者担心，大学为了追求实现公共参与和影响力，将开始向学者施加压力，要求学者使用社交媒体工具。这是在大学制定的限制性指导方针下，仅仅是为了不得罪人的公共关系，而不是为了挑战思想或参与政治行动主义（Mewburn and Thomson，2013）。许多学者要在持续的压力下撰写研究著作、吸引学生，已经感到过度劳累，在这样的工作环境下，这样的要求可能被视为不合理。一些观察者认为，不断地测量和量化学者的学术成果，已经导致学者对自身活动的观念发生变化。在许多情况下，它导致学者产生绝望、焦虑、抑郁、压力和疲惫的感觉，并让他们觉得自己永远不够"好"（Burrows，2012；Gill，2010）。2013年，这一观点得到了一项英国高等教育工作者调查的支持。该调查发现，英国高等教育工作者的压力水平高于普通人群，近四分之三的受访者认为他们的工作压力大。同时，大多数受访者指出，他们经常由于工作需要忽视个人需求。该报告称，教研系列的学者处于最高压力水平（Kinman and Wray，2013）。

我在对学者的社交媒体使用的调查中发现，虽然许多受访者反馈说使用这些工具有很多好处（对一些人来说，这会带来更高的效率和更好的工作组织），但是这种使用也增加了时间压力。一些人表示，他们担心大学可能会在繁冗的学者义务清单上增加数字公众参与一项。正如一位来自加拿大的男性青年学者所写的那样："我担心这很费时，而这又是强加给教师的公关工作，完全超出了合理范围。"一位欧洲男性青年研究者评论说，社交媒体"不应该被视为一种义务，它可能助长'不发表就出局'的暴政"。其他几人谈到了使用社交媒体纯属"浪费时间"，认为不要"沉迷"使用它们，以免损害其他工作的重要性。

然而，必须强调的是，虽然社会学对审计文化和计量学术的态度在很大程度上是负面的，但还有其他方式来看待这些职业实践和身份认同的新兴技术。我在上文讲过，不可否认，进入数字公共参与对学术界有积极的方面和利益。成为一种被计量的集合不一定是一种消极的转变。对许多学者来说，收集关于他们职业自我的数据，可以产生成就感、满足感和对自己成果的自豪感。人们也可以考虑将计量集合作为一些学者抵制被边缘化的方式。例如，被引量（citation counts）为支撑学者对其研究影响的主张提供了一种定量方法，从而为那些被学界顶层的"老男孩网络"（old boys network）排除在外的人提供了一个"谈判筹码"（bargaining chip）。传统的学术权力网络仍然基于庇护人（patronage）的概念，歧视那些少数种族或族裔群体的女性，那些可能被认为"太老"或"太年轻"而不适

83

合某个职位或晋升的女性，以及那些因照顾他人等原因而暂时中断职业生涯的女性。对于这样的群体来说，被引量和 h 指数等指数，对于支持他们对其学术成就和影响力的主张是至关重要的，这是抵制庇护人这一隐藏系统的一种方式。由此可见，这些数字化的计量工具，不应被简单地视为对学术自主性或自由的压制；恰恰相反，它们可以凭借其明显中立的强大"数字"力量，提供一种对抗歧视的手段。

开放性与知识流通

世界各地的许多大学，已经开始将开放和参与的概念视作其运作的重要部分。开放学习战略，如同慕课和促进研究出版物及数据开放获取的倡议，已然成为讨论高等教育和研究之未来的关键。如上所述，如今学术界经常鼓励学者将其出版物上传至开放获取论坛上，考虑开发在线课程，并采取措施去推动共同体成员之间的思想交流。

那些将数字媒体工具使用作为其职业身份一部分的学者，需要仔细考虑如何最优化地管理他们的私人和公共形象：他们的自我呈现有多正式，他们对自己或他人发表个人评论会到什么程度，他们上传的个人图像有什么性质，他们在多大程度上允许或回复他人的评论（Barbour and Marshall，2012）。我关于社交媒体使用的在线调查的许多反馈者提出了一个问题，即社交媒体上的职业生活和私人生活之间的边界十分模糊。受访者指出，划清这些界限可能很困难。这让一些人感到担忧，因为他们认为自己的学术形象可能会被社交媒体上的个人内容所破坏。一位英国女性青年学者说："需要谨慎一些——我觉得一些学者可能会透露太多他们的职业和个人生活。"在讨论这个问题时，很多人提到要将一些平台仅用于职业目的，而将

84

其他平台用于私人或个体用途。正如一位来自澳大利亚／新西兰的女性青年学者所说："我使用脸书、Flickr、Pinterest 和个人博客是出于个人目的，而不是学术目的。我不想让我的职业身份进入这些空间，因为至少我在某种程度上喜欢工作与生活分离。"

我在在线调查中发现的另一个问题是，那些认为使用社交媒体纯属无聊或浪费时间的其他学者，认为社交媒体可以用于学术目标的说法缺乏信度（credibility）。一位欧洲女性研究生说："我所在大学的一些资深科学家，仍然认为社交媒体是无用的或浪费时间的。要为社交媒体的存在和活动正名是很难的。"使用社交媒体的另一个潜在陷阱是学者进入其学生社交网络的程度，反之亦然。学者需要仔细思考成为粉丝或"加好友"的学生的政治学：这可能会使他们在本质上并不平等的关系背景下产生互动，尤其是当线上论坛的互动偏离严格的职业互动时（American Association of University Professors，2013）。这个问题再次涉及职业学术自我在社交媒体上的呈现，还有学者们创造和分享的内容的程度，以及与他们互动的人是与学术工作和网络相关，还是与他们的私人生活和观点相关。

博客和社交媒体网站等论坛为学者提供了言论自由，而这也可能为他们埋下了祸根。例如，2006 年，有人声称一位名叫胡安·科尔（Juan Cole）的美国政治科学家因在个人博客上表达反战情绪而被一所著名美国大学拒之门外（Barbour and Marshall，2012）。还有几个案例，其中大学不认同学者在社交网站上发布的言论，便对学者进行谴责或纪律处分（American Association of University Professors，2013）。2013 年，另一位美国学者、进化心理学家杰弗里·米勒（Geoffrey Miller）在推特上发表的评论受到了社交媒体的高度关注和谴责，他声称自己不会接收"肥胖的博士申请者"作研究生，因为他们的身材证明他们缺乏"忌食碳水化合物的意志力"。

尽管米勒后来解释道，这条推文是研究项目的一部分，但他也被指责为"肥胖羞辱教授"，该案件也受到了他所在大学的机构审查委员会的审查（Ingeno，2013）。此外，学者也成为了诽谤的靶子，这常常是由于他们在社交媒体上发表的言论冒犯到了诽谤者（American Association of University Professors，2013）。为了应对这些问题，一些大学开始制定限制性的指导方针，限制学者在职业实践中使用社交媒体的自由。

这种经常被称为"喷子"（trolling）或"网络霸凌"（cyber bullying）的现象——即使用在线媒体对其他用户进行骚扰和语言暴力的现象——已经在学术研究和大众媒体中都受到了高度关注。然而，这种讨论的大多数都集中在儿童或青少年身上，很少有人研究或更广泛地讨论包括高等教育的职业环境中使用数字媒体骚扰或恶意评论成年人的问题。我观察到，利用在线论坛或传统媒体渠道参与肥胖行动主义（fat activism）的女性学者，经常会因为她们的外表、缺乏自律等方面成为辱骂性评论的靶子（具有讽刺意味的是，这些评论往往只能进一步证明这些学者所关注的肥胖污名化和歧视的争论）。一些在公共论坛上参与争论，或者利用社交媒体交流研究成果的女性学者也经历过性骚扰。一些女性学者描述道，她们曾在参与社交媒体或传统大众媒体活动后，受到外貌和性吸引力方面的评价。在某些情况下，匿名评论者对女性抱有细节性的性幻想，而在其他情况下，女性的外表受到了严厉的批评（Beard，2013；Mitchell，2013）。非白人学者也受到了种族主义评论，而女性黑人学者同时经历着性别歧视和种族歧视（Cottom McMillan，2012）。

那些在富有争议性的问题上发表言论的学者，比如那些自认为同性恋或挑战权力机构或商业利益的学者，也经常成为质疑职业操守、发布仇恨信息甚至死亡威胁的目标（American Association

86

of University Professors，2013；Chapman，2012；Cottom McMillan，2012；Kitchin，2014；Kitchin et al.，2013；Wade and Sharp，2013）。这些常常公开展示并能够通过搜索引擎获取的辱骂性的、过于种族主义、厌女或恐同的评论，可能会让那些被当作靶子的学者感到非常抵触和不安，尤其是当此类学者遭遇性别暴力或其他暴力行为时。这是在线技术的可供性所引发的更广泛的问题：任何参与在线活动的人，都可能受到辱骂性的评论，而这种评论又很难从互联网档案中移除（详见本书第六章和第七章）。

在我的调查中，一些受访者表达了他们的担忧，他们担心使用社交媒体会招致攻击。这种攻击可能会演变为公然的冒犯、仇恨言论或骚扰。例如，一位处于职业生涯中期的亚裔女性学者指出："这可能是一个肮脏的、无调解的空间。如果在这里出了问题，大学的高管不太可能会支持你。如果你的内容是非规范性的，比如涉及女权主义、同性恋，那将自然成为令人作呕的网络喷子的场所。"一位来自澳大利亚/新西兰的男性青年学者说："能见性是个问题；在主流媒体中，人们担心网络喷子会对推文断章取义。"一位处于职业生涯中期的英国女性学者评论道："我曾遇到过一些相当令人烦扰的喷子。"

当青年研究者建立自己的职业生涯和寻求工作时，他们可能更容易受到针对他们观点的尖锐批评。与那些无可损失的资深学者相比，这些青年学者陷入了双重困境。对于他们来说，一方面，使用以博客为代表的社交媒体是一种重要方式，能够在他们的领域搭建立足点，提升自身和研究的知名度，与同行构建有价值的网络，并向潜在的雇主展示自己正在以受认可的方式与公众接触；另一方面，与那些更资深、更具有社会特权的学者相比，一些青年学者，特别是来自边缘社会群体或在非知名高校工作的青年学者，他们的观点容易在更大程度上受到攻击（Gregg，2009）。

在我的在线调查中，青年研究者或研究生以及少部分相对资深的学者评论道，他们担心会有什么危及自己的学术生涯或未来的工作前景。一些人提到，这种担忧是他们在使用社交媒体时顾虑或小心对待的问题之一。例如，一名英国男性中年学者写道，他担心"那些偶尔直率的观点表达，会给雇主带来麻烦，并影响我的声誉。我必须谨慎地审视专业化、学术自由和言论自由之间的平衡"。一名英国女性研究生指出，她在社交媒体上分享的内容过于开放，这可能会让她更加脆弱："我的推特将个人和学术的在线活动结合在一起。我担心我的（左派）政治倾向和我对同性恋的开放态度，可能会让我在找工作时处于不利地位。"对于其他人来说，他们因在社交媒体上发表的言论而失业的可能性，影响了他们在这些网站上的参与度。正如一位美国女性研究生所说：

> （我担心）我的学校会因为我的一些公开帖子而开除我，尽管我在"公开"的社交媒体（比如推特）上会非常小心地进行自我审查，而在我的"私密"渠道（比如 Tumblr）上使用假名。但我还是很紧张。所有的大学似乎都在以一些值得商榷的决定和行动恶意针对他们的教职人员。

一些评论认为，以博客为代表的社交媒体的介入，可能会使学者们产生脆弱性，因为他们习惯于正式的学术写作风格和传统的出版流程，即一个人的成果在公开发表之前，会经过同行评议审查，学术界之外的人没有评价其成果的机会（Estes，2012；Gregg，2006；Kirkup，2010；Kitchin et al.，2013；Maitzen，2012）。正如格雷格（Gregg，2006：154）所指出的：

博客揭示了批评家的心智是易受影响的，并对说服持开放态度，因为作者很少能拥有维持固定立场的自信和保证。这种功能与以专业和精通为前提的传统学术成果模式形成鲜明对比。

在我的调查中，这种担忧在部分受访者的回答中尤为明显。一位欧洲女性研究生写道，她特别担心"会被人觉得很笨"！而一名来自澳大利亚／新西兰的处于职业生涯中期的女性学者提到了"将不成熟的想法公之于众"的风险。一名英国男性研究生写道："我偶尔会担心，如果人们用期刊文章等同样的标准来评判网上许多'正在进行的工作'，可能会引发负面效应。"

通过在线媒体来发布自己的作品也可能被认为是一种具有风险性的做法，因为作者最终会失去对作品的控制。新兴数字技术为共享和传播知识提供了巨大的潜力，使其比以往任何时候都要广泛和迅速；同时，它也为这些知识提供了更大的转换空间，而这些知识转换可能是原作者没有预料到或不赞成的。学者们需要意识到：一位作者或创作团队所制造的内容，可能通过多种方式被重新利用，并通过不同的发布模式传播（被别人的博客转载或摘录、被推特"抓取"、评论等等）。利用新媒体技术，社会学家和其他学者的劳动成果可能会以前所未有的方式被重新挪用和转化，并可能对传统学术研究和出版概念形成挑战（Beer，2013b）。他们的言论可能会被故意错误引用，断章取义，或者被用于原作者并不认可的地方（Kitchin et al.，2013）。

这些再利用和转化的过程，一直是在传统学术论坛上发表的社会学研究的主题。原作者的期刊文章、书籍或报告，被那些将它们引用于自身作品的人或报道他们研究发现的记者占有和再利用，其方式可能是不可预测的，而且完全不受原作者的控制。社会学家经常对传统新闻媒体报道他们研究的方式感到不满，例如被过度简化，或被缩减为金句和富有争议性的标题。新数字媒体时代的不同之处在于，社会学知识的这种流通和潜在转变已经脱离了学术界的范畴。

　　数字数据作为循环递归的数字知识经济的一部分，一旦产生，就会重新生成其他数据，并相互关联。产消者在永无止境的周期中，不断地创造新型的或修改过的数据版本，包括通过分类实践（如为数据贴相关标签）创建新型元数据（Beer and Burrows，2013）。分类算法和实践在建构和塑造在线学术内容的使用和发现方式方面发挥着重要作用。它们用来识别相关研究，而忽略其他内容。然而，用户为其他内容贴标签的做法，是使其他人或多或少地看到研究内容，并在话题和作者之间建立某种联系，而将其他同样有效的研究排除在外的另一种方式。亚马逊和 Google Go 所采用的类型预测算法可以将学者所写的成果推荐给那些对其主题感兴趣的人，这可能让学者们受益（Beer，2012a）。

　　在某种程度上，一些期刊网站本身已经开始以这种方式运作——期刊网站会在人们阅读某一特定主题的文章时，提供其中可获取的相关文章列表，或者显示引用了这篇成果的文章，并提供超链接，以便查阅者随时访问这些文章。现在，谷歌学术还为用户提供了一种实用的自动定制提醒服务，即为文章用户识别并提供其发表文章的相关主题文章。在推特上不断增长的学术社群，还可以分享或转发其他研究人员在共同兴趣领域的文章和博文链接，并使用主题标签来组织内容。因此，标签生成元数据的实践对在线论坛中学术知识的排序、组织和分类起着重要作用，思想价值和写作质量的高低不一定是某一作品是否被广泛传播和阅读的最重要（或唯一）特征。

　　元数据生成过程的一个例子，来自我自己使用社交媒体发布博文的经验。我在发布博文时，会在推文上发送链接，接着这条链接会由我的一些粉丝转发（或许也会被他们的粉丝转发给粉丝的粉丝，以此类推）。我也许会在我的博客评论区得到一些评论，有时人们会在自己的博客上重新发布这篇博文，把它添加到诸如 Scoop.it 或 Bundlr 等平台上的数字收藏中，或者在自己的博客上撰写相关内容，并提供一个能够链接到原始文章的超链接。他们可能会给资料贴标签，这可能不同于我原始博文所使用的标签。有时，我会在意想不到的地方看到我的博文。我发现我的博文在学术期刊文章中被引用，有时则正如我在本章前面提到的，我自己也会在撰写传统学术资料时引用它们。我还可以在新的博文中链接上我以前发表的博文。其中一些博文的使用在我的控制范围之内（当我为了我的目的而使用自己的资料时），但大部分都不受我控制。

一些学者也提出了剽窃的可能性，认为这是从事数字公共学术的一种风险。一些写博客的学者注意到，他们的内容会被其他人剽窃，有时一字不差，却没有任何形式的出处。这种经历让他们重新思考写博客的好处（相关描述可参见 Williams，2013）。我调查的部分学者也反馈了这一问题。正如一位英国女性青年学者思考的那样："在你的研究发表之前，你可以 / 应该在多大程度上通过社交媒体分享你的研究成果？如果有的话，谁会引用文章发表前的材料（以及如何引用）？"

然而，目前我们还不清楚博客是否比其他形式的学术出版物更容易被剽窃。鉴于博客文章都有作者姓名和发表日期，这两者都很容易被任何想引用此资料的人核实和引用，因此，这样的材料没有理由被剽窃。除此之外，它比发表在期刊上的学术文章更容易被公众获取，而那些期刊文章需要订阅或支付文章费用才能获得。事实上，现在许多主流的写作指南都提供了如何在学术写作中引用博文和推文的内容。更难以控制的是通过其他形式的社交媒体分享的学术内容。一些学者担心，如果他们的会议论文在会议上被实时发布、录音、录像、在博客上发表或以其他方式在社交媒体上被分享，那么他们的新颖想法可能在他们有机会充分完善之前就被歪曲或窃取。同样的问题也出现在知识产权保护和学者在课堂和邮件中给学生评论时的隐私权方面（American Association of University Professors，2013）。

比尔（Beer，2012a，2013b）认为，在传统学术期刊和书籍之外的各种论坛上发表文章的潜力越来越大，这可能会导致大量社会学材料的可供获取，但其中许多资料可能难以找到读者。履历丰富的学者可能通过使用新兴数字平台表达思想，维持其数字在场，以加强他们的资历，并获得更多的关注，而其他人的观点可能会被忽视，其成果也难以得到足够的认可。比尔注意到，在数字化之后，音乐行业也出现了这种情况，许多音乐家在网上发布可免费获取的作品，但他们没有达到预期的影响力水平，也没有获得足够的报酬。根据比尔的观点，如果大学认为社会学研究通过数字渠道出版和传播能够具有价值，那么那些擅长自我营销和运用数字工具的学者将受益，而那些不愿或不能使用这些技术的人将处于不利地位。　91

在线课程的激增也引发了一场争论，因为这导致许多评论者质疑这些课程的教学价值及其对就业水平和学术工作量的影响。一些批判者认为，在线课程是政府撤销资助面对面线下教学，转而支持通过在线技术开展更便宜的教学形式的又一个机会（Smith and Jeffery，2013）。从这个批判视角来看，如果有一股力量鼓励学者们学习和使用社交媒体、开放教育技术和开放获取出版物的论坛，但只把它们作为大学公共参与和影响力的必要条件，数字化学术就可能被定位为当代大学新自由主义思潮的另一个方面（Burrows，

2012；Gill，2010；Holmwood，2010）。

开放获取倡议也受到了批判。开放获取的基本原则显然是合理的：我们很难反驳这一理念，即研究者的洞见应该在学院的高墙之外可供获取。但有些人曾指出，虽然这些举措为研究人员提供了公开发表研究成果的机会，推进其成果被大众所获取，但这也被一些出版商利用，损害了部分学者的利益。目前，开放获取的方式有三种：

- "绿色"——在大学电子资源库或个人网站、Academia. edu 和 ResearchGate 等网站免费发布；
- "黄金"——向学术期刊支付一篇文章接收的手续费，以便期刊提供开放获取；
- "白金"——在开放获取期刊免费发表一篇文章。

批判者质疑，如果那些来自传统意义上资金不足的人文和社会科学学科的研究人员，希望在采用"黄金"开放获取渠道的期刊上发表文章，他们很难寻求到支付文章手续费的资金支持。

很显然，传统学术出版商为了商业利益而共同选择开发开放获取倡议的做法，已然招致了许多批评和不安。许多科学、医学和技术领域的学者已经接受了开放获取出版，在他们的领域也有一些很好的开放获取期刊。然而，人文学科和社会科学的一些学者感受到，资助机构及其所在机构正在强迫开放获取他们的成果。如今，这些学者担心这将影响他们获得在更有声誉、更成熟的出版论坛上发表文章的机会（LSE Public Policy Group，2013；Weller，2013）。

同样地，数字格式的出版在某种程度上比传统形式的学术出版物更容易、更便宜、更长久、更不属于人类劳动产物的观念也受到了挑战（Drucker，2014）。正如我在第一章中所说的，数字数据

92

是物质产物，它们的生产和存储都需要消耗物质资源。如果不仔细维护数字化出版物，也不及时更新升级其所在的平台，那么它们可能会退化并无法访问。这些成本与维护数字档案和提供支持的服务器的资源有关。如果一个出版物仅以数字格式存在，若当它的存档平台被删除，那么它就会消失。数字学术文本仍然需要仔细的审查、编辑和校对，它们的格式需要具有吸引力和可读性，它们需要被分发和发布，所有这些都需要作者或其他人在生产过程中的劳动（Drucker，2014）。

在这一章中，我采用了一种自反性的社会学立场，将社交媒体和其他数字媒体作为数字社会学的一部分，概述了与将某人"数字化"为学者相关的一些思考和复杂性。正如我所指出的，使用社交媒体是促进开放和参与的一种非常有效的方式。然而，将一个人的想法"公之于众"也有一些陷阱和风险。那些从事数字公共参与的学者，可能会受到公众对其观点的批评，不论这些批评是毫无根据的还是合理的，它们都说明了这些学者的观点是被广泛关注的一部分。这种批评不同程度地影响了高等教育中不同的特定社会群体。此外，虽然在学术工作中使用这些媒体一直是职业自我呈现，但重要的是，这种成果是雇主要求的，还是来自学者对以数字公共学者身份参与的真正愿望或兴趣。因此，我们可以说存在一种数字参与的政治，在这种政治中，一些学者，特别是边缘社会群体的成员，或者那些寻求终身职位的青年学者，还有那些签下短期聘用合同的学者，可能需要对他们在公开数字论坛中表达的意见类型保持谨慎。简单来说，做一名数字化的公共学者，对一些学者来说过于对抗性了。

第五章　大数据批判社会学

　　近年来，人们广泛讨论并宣传了通过个人在线活动收集的大规模数字数据集（即大数据）为社会研究、商业企业和高效政府提供的可能性。在大众媒体、数据科学、商业、全球发展、警务安全、政治、医疗保健、教育和农业等领域，不断拓展的数据集为它们的发展潜力提供了巨大支撑。大数据被视为能够提供更高的精确度和预测能力，以提高效率、安全性、财富创造或资源管理的能力。数字技术获取、挖掘、存储和分析数据的能力比其他形式的知识更具优势，为深入研究人类行为提供了前所未有的机会。然而，从社会学的批判视角来看，大数据作为社会文化产物，还有许多内容值得商榷。

　　在概述了大数据话语和实践在许多社会领域取得主导地位的情况之后，我将讨论数字数据集合和算法是如何拥有权力和权威的，用来描述大数据的隐喻如何揭示了我们对这种现象的焦虑和担忧，以及大数据傲慢（big data hubris）、腐烂数据（rotted data），还有与大数据伦理相关的问题。

大数据现象

自计算机诞生以来，通过数字手段、以数字方式生成或存储的数据就一直存在。"大数据"一词所指的是当代数字数据数量的重大拓展，这涉及用户在开展交易时产生的数据，以及用户通过数字媒体技术和数字监视技术（如闭路电视摄像头、射频识别芯片、交通摄像头和自然环境监测传感器）生产的数字数据。数字数据客体不仅是不断生成的，还非常详尽，能够极其精确地定位许多用户的活动。以智能手机为代表的移动设备，能收集用户的通话记录、网站和平台浏览记录、搜索时使用的关键词，并通过其内置的 GPS 接收器、指南针、陀螺仪和加速计，来收集用户位置和位移轨迹的详细信息。这些数据被认为比其他任何形式的数据"更大"，因为它们的体量不断增加，保持持续的生成状态，产生的地点多种多样，在数据集合中拥有搜索和比较的能力，并拥有相互链接以创建新型的、更详细的数据集的潜力。有人认为，数字数据的这些特征需要新型的存储、处理和分析数据的方法（boyd and Crawford，2012；Dumbill，2013）。

"大数据"一词日渐频繁地出现在大众媒体、政府报告和商业博客上。我使用谷歌趋势图表（运用大数据工具来研究大数据是适当的）对 2004 年 1 月至 2014 年 3 月间"大数据"一词的搜索频率进行了分析。根据图表所示，在 2010 年底之前，"大数据"的搜索频率一直很低。然而，从 2011 年开始，"大数据"的搜索频率越来越高，且稳步上升，并在 2014 年 3 月达到峰值（即在撰写本书时）。谷歌趋势分析还提供了大数据热度值的区域特征。谷歌搜索表明，亚洲的"大数据"热度值最高,其中印度的热度值最高,其次是新加坡和韩国。

随着个人、企业和政府机构收集了越来越多的数据,并意识到这些数据的突出价值,"大数据"的概念讨论出现了一种令人屏息的论调:它们认为收集和分析的数据越多越好。这种方法出现于第一本为大众解读大数据潜力的书籍,名为《大数据时代:生活、工作与思维的大变革》(Mayer-Schonberger and Cukier,2013)。这本书引人注目的标题表明了作者的观点,即大数据代表了一种革命性的现象。《给笨蛋写的大数据书》(Hurwitz et al.,2013)也可以指导"门外汉"读者使用大数据并挖掘大数据的潜力。英国下议院公共管理特别委员会(British House of Commons Public Administration Select Committee,2014)发布了一份更为正式的报告,该报告中的数字数据集包含"会被浪费的闲置知识,这些知识可以用来赋予公民权力,改善公共服务,造福整个经济和社会"。美国联邦政府也支持开放数字数据倡议。他们创建了美国政府开放数据平台(Data.gov website),用于整合政府数据并提供了超过 85000 个可访问、可搜索的数据集。

在线用户的活动和选择,成了宝贵的数据商品,它们可以卖给第三方,也可以被数据收集公司用于自身目的。一个不断成长的行业已经发展起来,它旨在获取或清理网络上的数据;"数据经纪"(data brokering)这一新兴产业也随之出现,它涉及商业性地访问和出售数据。一种数字的生命力已经产生,它指的是信息和数据本身已经具有了价值,这有助于理解第二章所讨论的数字知识经济。正如一位营销人员所说:"从营销人员的角度来看,这类新兴数据是一座金矿。想想我们能用这些做什么:分分秒秒追踪身体的行动、对外界刺激(比如广告!)的反应、体重和身体变化以及地理位置。"

(Anonymous，2013)。

　　根据一本新数据科学期刊《大数据》(*Big Data*) 的编辑说，在关于大数据的公共话语中，一个共同的假设是"我们可能会通过计算来作出更好的决策"(Dumbill，2013：1)。一家大型全球管理公司的研究机构——麦肯锡全球研究院的一份报告描述道，大数据"将成为竞争的关键基础，支撑生产力增长、创新和消费者剩余的新浪潮……每个行业的领导者都必须努力应对大数据的影响，而不仅仅是一些数据导向的管理者"(Manyika et al.，2011：n.p.)。作者继续说道，大数据可以使信息"更透明，并被更频繁地利用"，可以为收集和分析这些数据的组织提供"更准确、更详细的绩效信息"，以"协助作出较明确的管理决策"；大数据还可以进行"客户划分"，以提升营销的针对性，实现"决策优化"和"产品与服务的更新换代"(Manyika et al.，2011：n.p.)。现在，数据科学从业者成为新闻报道和博客中的新兴热门职业，他们的稀缺性令人哀叹。的确，《哈佛商业评论》指出，数据科学是"21世纪最性感的岗位"(Davenport and Patil，2013)。

　　虽然一段时间以来，产消合一一直是资本主义经济的特征之一，但新兴数字媒体技术为扩大这些行动和实时监视消费习惯提供了条件(Ritzer，2014)。产消者提供的数据被用来构建消费者习惯的档案，并以更加细致和个性化的方式向消费者推销。由于可以从多个数据库中合并数据，它们的精准度和预测能力都得到了提高。营销公司正在寻找能够将消费者购买习惯的统计数据和刺激、分析消费情绪的多种方式结合起来。同时，大型数字数据集被视为理解被称为"数据融合"(data fusion) 的领域中的消费者行为和直销工作的主要见解。他们认为"点击流分析"数据（网络用户活动的记录）提供了关于消费者习惯和偏好的更精准、更便宜的信息(Breur，2011)。

96

以脸书、微软和谷歌为代表的社交媒体和数字信息公司，还有以亚马逊、塔吉特（Target）和沃尔玛（Walmart）为代表的大型零售公司，已经率先意识到它们可以利用用户自愿提供的关于自身的数据，以反过来针对用户进行量身定制的产品开发和广告推销。目前，这些公司正在建设巨大的数字数据存储中心（Lesk，2013）。最大的数据库公司之一——安客诚（Acxiom）声称拥有数亿美国人的数字数据记录，这些来自广大数据集的记录，能够基于数据集编制数字档案，而这些数据集能够识别诸如一个人的年龄、性别、民族或种族、子女人数、教育水平、居住地、座驾类型等特征。安客诚将这些数据档案出售给客户，这些客户包括大型银行、信用卡发行商、电信公司、媒体公司和保险公司（Marwick，2014）。

如今，许多零售商都有顾客忠诚度计划（customer loyalty schemes）：顾客在付款时会在收银台刷卡，然后有关的购买数据便由超市存档，并用于营销目的或出售给自己的客户。顾客积累到一定的积分之后，他们就会被诱使去参加折扣或买赠活动。如果零售商能够连接到足够的数据库，他们就能够以更加精准化和定制化的方式，向消费者推销他们的产品。据估计，美国零售业巨头沃尔玛已经收集了超过 60% 的美国成年人的在线消费数据，并与 50 多家第三方合作伙伴共享了数字数据库。沃尔玛不仅收集顾客购买商品的数据，还使用店内的 WiFi 技术追踪他们在其门店内的活动轨迹（Center for Media Justice，Color of Change，Sum of Us，2013）。另一家美国大型零售商塔吉特，不仅可以利用顾客购买的商品组合估算女性顾客是否怀孕，甚至可以通过分析购买模式估计其预产期。如果一名妇女开始购买无味乳液、广告声称能帮助减轻妊娠纹的乳液、棉球、洗手液和产前维生素，她将被视为怀孕，并据此被公司发送与婴儿相关的代金券。一旦塔吉特意识到顾客可能会因为对她们的了解程度

97

而"毛骨悚然"，它就开始一并向孕妇发送婴儿用品代金券以及其他与怀孕无关的产品，以消除她们的疑虑（Duhigg，2012）。

在澳大利亚，伍尔沃思（Woolworths）连锁超市还拥有一家保险公司、多家加油站，并在一家数据分析公司拥有 50% 的股份。他们从顾客忠诚度计划和保险公司中提取综合数据库，并利用数据分析公司提供的技能。由此，伍尔沃思能够根据消费者的超市购买习惯来精准定位消费者的保险套餐。他们发现，那些购买大量牛奶和红肉的超市消费者，比起那些购买大量意大利面和大米、晚上给汽车加油和喝烈酒的消费者，拥有更低的汽车保险风险。根据数据库中的信息，这两组消费群体会被提供给不同费用的保险套餐（Wallace and Whyte，2013）。

另一家澳大利亚大型连锁超市科尔斯（Coles）于 2014 年 3 月发布了一份关于其顾客忠诚度和在线购物计划的隐私政策的详细说明。更新后的政策披露了该公司向其他公司共享顾客的个人数据（与 30 家公司共享，它们与科尔斯同为一家大集团的子公司），这些数据亦被出售给第三方，涉及至少 23 个其他国家。新的隐私政策还披露了科尔斯收集的顾客个人信息，包括姓名、联系方式和家庭详细信息、交易记录和购买习惯，这些信息可用于信贷和保险的风险评估，而母集团也销售这些产品（Thomson，2014）。

随着那些连接到传感器和互联网的物体逐渐趋向数字化和"智能化"，人们开发了一些能够为商业或行政目的而密切监视和测量人类行为的设备。如上所述，以沃尔玛为代表的零售商就使用 WiFi 技术监视店内购物者的移动轨迹；越来越多的健康自我跟踪应用程序和平台的开发商，正在将他们生成的数据出售给第三方；用户下载应用程序是免费的，但他们生成的数据是程序开发者可销售的产品（Dredge，2013；McCowen，2013）。另一个例子是安装在汽车发

98

113

动机上的黑匣子（black box recorder），它可以定期发送有关驾驶员行为的报告，包括驾驶时间、位置、速度、制动力和转弯力。作为"远程信息处理保险"现象的一部分，这些数据以无线的方式发送给保险公司，用于判断驾驶员的风险情况，从而确定保险的提供以及相应的保费水平（McCowen，2013）。通过使用这些类型的技术，风险评估变得更加个性化和细致化。

传感器技术也被用来生成与有机世界现象相关的数字数据，如动物、土壤、河道和植物。农业工作人员已经认识到大数据的潜力，这些大数据可以来自气候、作物产量、土壤分析和牲畜行为数据库，并用来发展"精准农业"或"智慧农业"。农民日益使用基于传感器的设备、为牲畜标记的射频识别标签以及大数据来提高生产力；许多拖拉机和联合收割机都配备了能够收集地理位置、作物和土壤数据的数字技术；"处方种植技术"（prescription planting technologies）的开发者使用来自农民和气象数据的聚合数据来创建算法，以指导用户如何最高效地利用资源、提高产量。大型种子公司孟山都（Monsanto），包括它收购的气象数据挖掘公司——气候公司（Climate Corp），在利用大数据开发技术方面走在了前列。它的FieldScripts 应用程序组件使用农业和气候数据以及自己的种子遗传特性数据，为农民推荐种子的最佳种植方式（Bunge，2014）。

最近，澳大利亚顶尖科学研究机构——英联邦科学与工业研究组织（Commonwealth Scientific and Industrial Research Organisation，CSIRO）发表了一份关于"智慧农业"的报告。该报告提到了配有传感器技术的物体通过创建物联网、进行双向数据共享（如牧场植被、土壤湿度、牲畜活动和农场设备）来贡献数据，以最大程度地提升澳大利亚的农业生产力。报告作者认为，"智慧农业"的关键特征是能够使用云计算来聚合来自众多农场的数据，从而提供大数据分析。这些分析可以预测牧草生长等情况，并在早期发现牲畜的亚临床疾病，同时加强对作物产量、牧草质量、饲料分配系统及动物的繁殖性能、体重、生长率和健康情况的监测（Griffith et al.，2013）。

大数据的人道主义用途潜力也已被确定。世界经济论坛（World Economic Forum，2011）认为，数字数据为创造财富、缓解社会和健康问题创造了新的机会。其在关于"个人数据作为新资产类别"的报告中指出，个人数据被描述为"新石油"和"21世纪的宝贵资源"（World Economic Forum，2011：5）。联合国的一份报告指出（Letouze，2012），开放获取"实时"数字数据为全球发展提供了重大机遇。联合国发起了全球脉动（Global Pulse）倡议，旨在利用大数据追踪并监测全球和地方的社会经济危机的影响，并减轻这些危机的风险。现在，谷歌提供了一些工具，它们能够基于谷歌搜索数据，提供流感、登革热等疾病暴发的迹象（谷歌流感趋势和谷歌登革热趋势），以及危机和洪水、森林火灾等自然灾害的地点（谷歌公共安全警报和谷歌危机地图），并协助寻找在危机或自然灾害时期可能流离失所的人（谷歌寻人）。

大数据的吸引力对医疗政策产生了重大影响。许多公共卫生单位、医院和其他医疗机构正在建立数据管理系统，以便更好地处理和规划其服务需求。现在，数字技术对医学的作用得到了大量探讨。由数字技术收集的大量数据档案，既可以告知患者身体状况，还能够向医务人员提供相关人口的健康状况和医疗保健使用情况等信息。许多报告和期刊文章都提到，生成和使用大数据集将为医疗和公共卫生带来预期好处，包括改善医疗保健服务以及疾病监控预防（如Barrett et al.，2013；Hay et al.，2013；Murdoch and Detsky，2013；Swan，2013）。一些国家正在尝试将患者病历转换为电子形式，并研究挖掘数据的方法，以深入了解健康、疾病和医疗模式，从而提高医疗服务质量（Garrety et al.，2014）。例如，英国国民医疗服务体系（English National Health Service，NHS）于 2014 年启动了健康·数据（care.data）倡议，旨在将来自全科医生和医院的患者病历数字化，并将其整合到一个庞大的数据库中，其口号是"更好的信息意味着更好的护理"。健康·数据倡议数据库中的数据，不仅计划用于医疗保健服务研究，还用于商业功能。英国国民医疗服务体系会将这些数据出售给私营企业，如健康保险公司。

100　　在学校教育领域，人们越来越倾向于使用从许多数据集中提取的数字化数据，并将它们结合起来，以提供更为详实的学生数据资料。"学习分析"（learning analytics）用于为学生个体创建"学习档案"，以分析他们学习中的强项、弱项和方法；而预测分析（predictive analytics）在不同学生群体中（按性别、年龄、社会经济地位和民族／种族划分），试图分析可用于提升学生学习成绩的手段（Grant，2013）。一些国家的高等教育也在这样做。例如，一些美国高校正在使用预测分析法，将学生的成绩、每学期的学时数、课外工作时间、家庭资金支持水平以及其他因素结合起来，来预防新生注册后最可能出现的问题（Ungerleider，2013）。

　　警务安全机构也在使用大数据，以鉴别具有安全威胁的行为模式、犯罪模式、潜在的嫌疑人或恐怖分子，并将其作为"预测警务"（predictive policing）的一部分，来预测犯罪嫌疑人和犯罪地点。美国联邦调查局将近期犯罪事件的日期、时间点、类型和地点的详细信息输入数据库，并将这些信息与历史犯罪数据相结合，构建由算法生成的"犯罪热点"，以加大监视及其他警务资源的力度。执法部门和安全机构也试图识别可疑团体或个体，并将其作为监视、进一步调查、搜查或拘留的目标（Crawford and Schultz，2014）。爱德华·斯诺登发布的文件显示，美国和其他英语国家政府通过访问由商业企业收集的数字数据，来对本国公民进行大规模的监视活动。鉴于这些监视数据收集活动的范围，美国国家安全局正在为自己的存储目的而建立一个大数据中心也就不足为奇了（Lesk，2013）。

数字数据集合和算法权威

在信息科学或数据科学中，数据通常被形容为信息的原材料，而算法则是处理这些信息的中立能动者。它们被视为以科学方式生产的开发"信息"的先验基础，在特定的语境中被构建或配置信息（从"原始数据"变为分析数据），并又被反过来用于构建"知识"，这涉及意义、文化信仰和价值判断（Räsänen and Nyce，2013）。正如我在第二章中所说，社会学家和那些对媒体传播感兴趣的学者，已经在大数据现象以及用于收集、分类和处理大数据的算法方面，发展出了一种不同的观点。他们强调，大数据并不像主流观点中所描述的那样客观、完整和中立。大数据的生产和使用，是一个政治、社会和文化过程。

从这个视角来看，数字是一种社会技术装置，与试图统计其所测量的物质的实践密不可分（Uprichard，2013；Verran，2012）。它们是"符号能动者"，能被用于特定的修辞和话语目的："数字的运作，深深地嵌入并构建了实在——它们修饰了实在的存在。"（Verran，2012：112）换言之，数字在建构现象、使现象存在、创造以及理解现象方面都能发挥作用。尽管人们普遍认为数字是中立和客观的，但数字并非如此，尤其是在知识的质性来源方面。它们与那些被认为是有价值的事物有着密不可分的联系。它们既用来生产

101

价值，也用来衡量价值；同时，它们也代表着被认为是最具价值而要最先量化的事物（West，2014）。

数字技术所数字化呈现的数字数据客体，既是社会技术装置的产物，又是社会技术装置本身，具有自身的能动性和力量。"原始"数据这类东西事实上并不存在——甚至在这个领域有一本令人难忘的书：《"原始数据"只是一种修辞》（Gitelman，2013）。实际上，并不存在真正意义上的"原始"状态的数据，因为特定的信念、判断、价值观和文化假设，在寻找、记录、归档和分类数据时就已经在"烹饪"数据了（Baym，2013；boyd and Crawford，2012；Gitelman and Jackson，2013；Räsänen and Nyce，2013）。这些数字数据不是预先存在的信息，而是由获取、归档数据的软件设备的制作者，在软件中生成算法的编码者和这些数字技术的使用者共同生产或制作的。那些将数据归档的个体或机构在数据的排序、分类，以及潜在用户访问和检索数据的途径方面扮演着重要的角色（Beer，2013a）。

在数字数据生成的过程中，每个步骤都涉及人类的决策、判断、解释和行动。一些现象被选择、收集为"数据"，而另一些则没有；一些数据被认为是重要的分析对象，而另一些则不是；一些数据是可见的，而另一些则是密不可见的（Andrejevic，2013；boyd and Crawford，2012；Vis，2013）。问题和实践通过算法生成，同时，算法也是问题的解决方式（Beer，2009，2013a；Cheney-Lippold，2011；Lash，2007；Rogers，2013）。数据一旦生成，人们就要解释它们应该如何分类，它们的意义是什么，以及它们的最佳呈现方式。这些解释再次依赖于主观决策："我们所讲述的数据故事，本质上是我们希望讲述的故事。"（Vis，2013）

塑造数字数据收集和分类方式的算法，是人类行为和决策的结果，但它们也拥有自己的能动力量。算法并不是简单地描述数据，它们还能进行预测，并在构建新数据中发挥作用。例如，理查德·罗杰斯（Rogers，2013；97）认为搜索引擎具有"算法权威"的性质，并作为"社会认识论机器"（socioepistemological machines）行动：它们影响着人们认为何种资源重要、相关。算法对搜索引擎中的搜索关键词排名起着至关重要的作用，以确保某些声音优先于其他声音。从这个角度来看，搜索引擎查询的结果，不仅仅被视为"信息"，还被视为能够体现权力关系的社会数据。当搜索一个主题词时，谷歌的页面排名系统（Page Rank system）对页面呈现有着巨大影响，并因此影响着网页的浏览量，还会反过来影响特定页面排名的算法。

一些学者断言，传统的知识概念已经受到大数据的挑战。在全球数字知识经济中，可以通过在线技术量化、分发和搜索的知识被形容为高级知识（Andrejevic，2013；Smith，2013）。与此同时，信息开始具有无限性，越来越难以定义。大数据的预测分析能力的逻辑是，每个人的所有信息都是重要的，因为无法事先确定哪些数据可能变得至关重要。因此，我们需要不断地生成和存储数据。所以，数据挖掘既是预测性的，也是综合性的（Andrejevic，2013）。

因此，大数据的话语和实践生成了人类概念及其行为的新概念化方式。事实上，有人认为，我们的"数据自我"（data selves）是由我们和他人共同收集的数据所构建的，这将人类主体表现为数据档案："数字化人类"或"数据生成机器"（McFedries，2013）。对一些评论者来说，这不仅能将人类转化为数据，还能鼓励他们超越其他定义身份认同和自我的方式，而将自己视为数据集合："我们正在成为数据……因此，我们也需要将自己理解为数据。"（Watson，2013）在这些话语体系中，人们不仅被描述为生成数据的客体，还因消费者生成的、具有商业价值的数据而被刻画为商品。现在，"你就是商

103

品"已经成为数字数据经济的流行语。

算法是新型自我的组成部分：它们创造了"算法身份"（algorithmic identities）（Cheney-Lippold，2011）。在众人中收集的数字数据，是一个从各种来源中构建特定类型的个体或总体之集合的特定手段。算法将各种数据片段连接在一起。数字数据既来源于个体的行为和互动，也塑造着个体的行为和互动，这要么是由外部能动者利用数字影响或作用于个体，要么是由个体自己利用数据去相应改变自己的行为。因此，数据和行为之间构建出了一个持续的交互循环（Ruppert，2011；Smith，2013）。通过数字数据库，个体、社会群体和全人类能够被呈现为多个聚合，它可以根据关注或搜索的方面，以各种方式进行操纵和更改。人们通过使用测量设备、复杂算法和这些技术提供的呈现机会，来解释和评估行为与配置，从而产生有关个体、群体和全人类的更为详细的信息。来自数字数据库的指标使得那些曾经对个体和群体来说不可感知的层面变得可见，因为它们能够结合不同来源的大量细节。各种组织会使用算法来为用户赋予不同身份（采用诸如性别、种族、位置、收入状况等类别），并在行动中重新定义这些类别的意义（Cheney-Lippold，2011；Ruppert，2012）。

此外，正如本章前面所述，大数据分析在识别特定行为、活动或结果是否合适或符合"规范"方面发挥着越来越重要的作用。大数据被赋予的修辞力量，意味着它们被视为区分可接受和不可接受的实践和行为的仲裁者，并在实际上塑造了"常态"（normality）的定义。算法权威还具有政治和经济后果。大数据已经开始塑造和定义"危险""安全""不健康""风险""未实现""产出"等等概念，从而生产与再生产新型价值形式；通过这些大量的数据集合，规范在大型聚合数据与个体的比较中被构建出来；个体或社会群体被视为

104

常态化过程中的"问题"，而"问题"的解决方案往往是数字设备或技术本身。例如，患者缺乏医疗设施的解决方案是为他们提供数字自我监测和自我护理设备，被视为学业不良的学生将被提供数字学习设备，被认为对社会有风险的个体需要佩戴射频识别设备，以便进行数字化的轨迹追踪。

算法在生成和获取知识方面都变得越来越重要。正如本书第二章所讨论的，谷歌引入的一个重要元素是定制互联网用户个性化体验。如今，每位用户的使用情况都不同，每个人的搜索和超链接都是基于他们之前搜索的存档和算法操作而个性化定制（customised）的。因此，谷歌搜索引擎的结果是"由搜索引擎和用户共同构建的"，或者说"你得到的结果部分是由你自己构建的"（Rogers，2013：9）。这意味着不同用户搜索同一个关键词，得到的结果可能是不同的，因为搜索引擎根据历史记录的算法，为每位用户决定最佳的搜索结果。通过这些技术运行的算法权威，意味着用户的网络搜索能力和他们搜寻到的信息类型，都由他们与谷歌互动的历史决定。

也有人认为，作为预测分析的结果，数字技术用户可能最终生活在"过滤气泡"或"回音室"中（Lesk，2013）。如果亚马逊持续根据过去的搜索或购买习惯来向人们推荐书籍，如果谷歌搜索为每位查询者定制搜索条件，如果脸书和推特针对用户进行直接营销，或者根据用户的搜索历史、点赞、评论、粉丝或好友圈来推荐好友或粉丝，那么他们只是在强化既定的观点、偏好和看法，而几乎难以挑战它们。谷歌的自动填充功能能够在用户未完全输入搜索词之时就提示搜索词的格式，它依赖于预测算法，后者不仅基于你自己的搜索，还基于其他用户的历史搜索。因此，用户和软件共同组成了一个数字集合，包括内容创作与再创作、共同创作关系和对相关内容的相互决策（Rogers，2013）。

　　切尼-利波德（Cheney-Lippold，2011）采用福柯的观点，将算法权威描述为一种"软权力"（soft power），运行于生物政治和生物权力领域，即与人口控制、监视和管理有关的政治和权力关系。这一理论立场，正如参与式监视观点（第二章）所述，强调了人们对算法权威提供的规训指令之接受的间接性和自愿性。算法提供了各种可能性，邀请用户从中进行选择，以作为"定制化（生活）可能性条件"的一部分（Cheney-Lippold，2011：169）。数字主体通过使用算法生成的各种形式的数字数据以及可用的可能性条件而变得"通俗易懂"。这是一种权力形式，但它基于用户先前和预测的行为、信念和偏好来构建和邀请选择（尽管也在限制所产生的选择）。然而，需要强调的是，算法识别并不总是与软生物权力联系在一起，它也与具有强制性和排斥性的权力模式（"硬生物权力"）联系在一起，比如当预测分析被用来识别和瞄准潜在的罪犯或恐怖分子，或拒绝接受社会服务或保险的特定类别的个体时。这些策略通常涉及一种禁光监视方法，往往识别具有某种风险或威胁的团体或个体，并试图控制他们，或将他们排斥于特定的空间和社会支持之外。

　　当人们的身份认同概念是通过算法坚不可摧的逻辑和软权力来建构时，对生物权力的传统抵抗形式将难以维持（Cheney-Lippold，2011）。"黑箱"，即组织安排这些技术的软件和代码程序，是用户看不见的。我们不知道算法是如何监视我们的互联网活动或空间移动轨迹的。我们所知道的，只是算法计算的结果：我们被排除在某些选项之外，而这些选项却被提供给其他人。因此，这种权力形式很难识别或抵抗。或许我们不同意算法定义它的方式，但挑战或改变这种定义的机会又很少，尤其是在计算机代码和数据操作被认为是政治中立、权威和永远精准的背景之下。

大数据焦虑

大数据虽然在许多论坛上受到赞扬，但在一些流行的表述中也存在不安的迹象。描述大数据的方式很大程度上修辞性地揭示了其当代社会和文化意义。托马斯在她的著作《技术生物亲和力：自然与赛博空间》（Thomas，2013）中写道，自计算机技术出现以来，来自自然界的有机体隐喻（organic metaphors）一直被用来描述计算机技术，诸如网络、云、虫（bug，即程序错误）、病毒、根（root，即根用户）、鼠（mouse，即鼠标）和爬虫（spider）等自然术语，都被用于概念化和描述这些技术。它们有时还会组成相当复杂的隐喻，如"网上冲浪"（surfing the web）。托马斯认为，我们对这些技术拥有矛盾心理，我们试图让它们更"自然"，从而减少威胁和疏离感。这种将计算机技术自然化的方法，可能会采纳自然的视角，认为它是滋养性的、有益的。然而，自然并不总是良性的：它有时可能是狂野的、混乱的和威胁性的。这些自然的意义也可能被赋予数字技术。

无论是在流行文化还是学术文献中，这种矛盾在描述大数据的隐喻性方式中都很明显。到目前为止，最常用的大数据隐喻是那些与"水"有关的讨论：字符串流、数据流量、泄漏、河流、海洋、波浪、消防水带，甚至数据泛滥、洪流和海啸等词也在普遍使用。例如，在一篇学术文章中，阿德金斯和卢里（Adkins and Lury，2011：6）用以下这些术语描述数字数据："数据既不是惰性的，也不是在任何直接意义上被控制或可控制的。数据日渐在信息系统中进行自我反馈，并产生意想不到的结果：它移动、流动、泄漏、溢出

106

123

和循环，超越了生产它的系统和事件本身。"在一篇关于数据慈善如何运作的博文中，数据过剩和流动性的概念被再次印证："现在，我们正在数字数据的海洋中遨游，其中的大部分在几年前甚至都还不存在。"（Kirkpatrick，2011）

　　这些隐喻把大数据生动描述为一个大的、流动的、不可控制的实体，它拥有巨大的物理力量。这强调了数字数据客体运转的高速性、不可预测性及难以控制和遏制的性质。它借鉴了当前社会理论的发展趋势，将社会现象概念化为流动性（liquidities）、流通和流动，并在社会实体内部和之间循环（Sutherland，2013）。例如，在里昂和鲍曼的著作《流动的监视》（*Liquid Surveillance*，2013）的书名中，这一隐喻便很明显。数字技术领域的作者在讨论数字数据的循环和流动时也通常采用这些概念。这些隐喻建立在古老的隐喻之上，后者将互联网描绘成一条"信息高速公路"，或者描绘成通过一系列管道、隧道和通道在互联网上传递的信息。此处的信息被视为能够通过渠道而便捷迅速地传递的物质（Markham，2013）。事实上，鉴于意义、数据、共同体和身份认同在互联网渠道上的流通，一些评论者认为"赛博文化是流动的文化"。这表明赛博文化、社群和数字信息没有限制或边界，也并不容易控制（Breslow and Mousoutzanis，2012：xii）。

　　因此，数字数据客体经常被描述和概念化为移动经济和循环经济中的组成部分，而不是作为静态的信息片段。这一论述试图传达这样一种观点：许多类型的数字数据，特别是社交媒体平台和在线新闻媒体生成和收集的数据，不断地在各种论坛间移动，而不是固定在自身的档案库中。在这个过程中，它们可能会因各种再利用方式而突变，从而产生新型社会意义和实践。数字数据客体被描述为是递归的、循环往复的或者先进后退的。事实上，有人认为，数据已经产生了流通的性能，正如点赞量 / 点击量 / 转发量已经产生经济性一样。其中的数据价值，是由它们的再利用率、认可率和流通率生产的（Beer，2013a；Beer and Burrows，2013）。因此，数字数据的流动性、可渗透性和可移动性通常被视为其本体论的核心，并作为有价值的现象对其新颖性和潜力作出贡献。

　　然而，我认为这种流动性隐喻的基础是对数字技术及其所生产的数据的普遍性和明显不可控性的忧虑。它体现了一种数字数据和监视的经济，在这种经济中，数据是不断收集的，并以不易监测、测量或管理的方式，从一个地点移动到另一个地点。学术界和流行文化对大数据的描述都经常提到从社交媒体网站（如推特）发布的大量数据，以及我们作为互联网用户都被卷入的、有可能"压倒"或"淹没"我们的"数据洪流"或"数据海啸"。这种措辞让人想到，海量数据必须以某种方式进行处理、管理和利用。麦肯锡全球研究院的研究者在大数据潜力报告中指出："我们正处于数据爆炸的世界。"（Manyika et al.，2011）相较于以往用来表示轻松愉快地进行网站浏览、超越数字信息并拥有随时停止的权利的"网上冲浪"概念，我们必须应对要吞噬我们的信息或数据巨流。数据具有明显的流动性，它所具有的自由流动趋势也可能构成威胁，进而造成混乱和失控。

　　有些隐喻有时用来描述生成的副产品数据，这些隐喻包括数据轨迹（trails）、面包屑导航（breadcrumbs）、数据废气（exhausts）、数据烟雾信号（smoke signals）和数据阴影（shadows）。所有这些都指向这样一种理念，即数据是被遗留下来的客体，是另一项活动或实体的微小元素（"踪迹""面包屑""废气"），或者是它们所起源的现象的虚幻衍生物（"烟雾信号""阴影"）。一般而言，数字数据也被称为生物，它们具有一种有机的生命力，能够从一个地点移动到

108

另一个地点，并转换为不同形式，继而拥有一种"社会生命"（Beer and Burrows，2013）。"块茎"（rhizome）隐喻有时也被用来描述数字数据是如何从一个地方转移到另一个地方，或者从一个节点转移到另一个节点的，这再次印证了同一个概念：它们是具有生命的有机体，如植物的组成部分（Breslow and Mousoutzanis，2012）。块茎的隐喻也暗示了具有高度复杂性和由相互连接的通道和节点组成的网络。另一个隐喻将数字数据系统描述为一个生命体，甚至是一个人的身体，这个隐喻指从通过提供信息来支持企业和政府机构的"数字外骨骼"向任何组织固有的"数字神经系统"（digital nervous system）的转变。"数字神经系统"是由杜比尔（Dumbill，2013：2）提出的隐喻，既用来表示数字系统对组织的重要性，还意指数字数据的瞬时性和不可预测性："就此而言，算法可以回应并影响它们的环境。"

数字技术与生物（包括人体）之间的这一隐喻联系早已显而易见。早在20世纪90年代，我就曾写过流行文化中对计算机病毒威胁的表征概况，这些表征将个人电脑描绘成因病毒感染而患病的人类实体。这个隐喻暗示了外来入侵者恶意攻击计算机内部系统，导致计算机出现故障（Lupton，1994）。虽然在数字技术的相关领域，"病毒"一词已被视为理所当然，但此用法支撑着我们将计算机概念化为生命体的趋势。在之前的分析中，我提到计算机病毒的话语表明了我们对计算机技术的矛盾心理：我们希望顺利地将计算机融入日常生活，并消除那种复杂机器的疏远感；但是，我们也意识到，我们对计算机的深刻依赖程度，以及我们中的大多数人无法理解的技术的复杂性。

作为有机实体的病毒没有神经系统、智力或独立生存的能力，只能寄生在它们所栖身的有机生物的体内。作为"数字神经系统"的组成部分时，数字系统及其生产的数据，被赋予了更多的独立能

109

力和权威。这个隐喻给出一种暗示：不知何故，数字数据生成技术因其收集和汇总人们的信息而比人类更要了解人类。当计算机病毒攻击并感染我们的机器时，数字神经系统正悄悄地收集我们的信息。当这些信息变得足够巨大时，它们便形成不断移动的数字数据流或洪流，进而有可能超出我们的控制范围。

那些可能阻止数字数据客体循环流动的防火墙和抗病毒软件往往被排除在此类讨论之外（Fuchs and Dyer-Witheford，2013；Lash，2007；Sutherland，2013）。数字技术最有价值的特性之一，就是它的无缝性，即在使用时没有"摩擦"感。然而，许多技术未能实现这一预想。数字技术和其他信息技术背后的政治和权力关系，往往被信息自由流动的意识形态所掩盖，数据自由流动带来的解放话语掩盖了支撑它的新自由主义原则。正如我将在第六章中进一步讨论的那样，数字数据的话语、普及全球的数据访问和分享，掩盖了社会弱势群体和经济资源缺乏者（包括最新数字装置和数据下载设施的缺乏者）无法获取数据的现状（Fuchs and Dyer-Witheford，2013；Sutherland，2013）。

斯诺登文件让许多人关注个人数字数据会轻易地被政府及其他安全机构获取的事实。他公开的文件显示，应用程序是政府安全组织进行数据收集的多种目标数字技术之一（Ball，2014）。人们才刚刚开始意识到，个人数字数据是如何被这些安全机构、商业企业甚至其他公民本身利用开源工具［例如脸书图谱搜索（Facebook Graph Search）］获取和利用的。

一些平台的预测分析法是基于用户先前的互联网使用方式来推荐产品和网站。这让一些人在线上体验中就数字技术"了解"个体的现象感到担忧。新兴的预测应用程序，比如被称为是"智能个人助理"的谷歌即时资讯（Google Now），能够根据用户过去的行为、搜索习惯、位置数据和 Gmail 账户中存储的数据进行预测。甚至在用户考虑查询之前，谷歌即时资讯就试图预测用户的需求，并发送相关通知。例如，该应用程序可能会抓取用户的航班信息，并自动发送航班延误通知和目的地的天气状况，并提醒用户最佳的入住酒店。该应用程序还能把用户的位置信息告知其好友或家人（需要用户授权）。一些大众媒体上的评论家认为，谷歌即时资讯的预测功能真是"令人毛骨悚然的"。由于谷歌监视用户的互动情况和日记内容，它太了解用户的状态了。例如，在《福布斯》杂志网站上的一篇博文中有一个夸张的标题，称谷歌即时资讯对用户的"监视"是"可怕的、恐怖的、刺骨的"(Hill，2012)。

大数据傲慢和腐烂数据

"大数据傲慢"(big data hubris)一词被用来描述"大数据具有一种隐含假设，即大数据是传统数据收集分析的替代品，而不是补充物"(Lazer et al.，2014：1203)。我要将这个定义拓展到那些关于大数据的浮夸说法，即大数据真正提供了一种新型的、更好的知识形式。越来越多的批判者开始关注大数据的局限性和伦理维度。有人认为，虽然大数据的确提供了前所未有的海量数据，但是我们也要审视其有效性问题。本书第三章概述了以大数据为研究对象的局限性，包括效度和代表性。正如我在第三章所述，社会学家和其他社会科学家对他们没有处理大型数字数据集的技能或资源表示担忧。但是，即使是数据分析专家也对利用现有数据分析工具的困难性和复杂性留有意见：这些数据分析工具并不是用来处理如此庞大和持续增长的数据集的（Madden，2012)。

大数据集的整洁有序引人注目，这是其文化力量和共鸣的一部分，但这却也是海市蜃楼。大数据集虽然规模很大，但不一定总是"干净"、有效或可靠的（Lazer et al.，2014）。当数据集特别庞大时，"脏数据"（dirty data）或者不完整、不正确的数据问题就会变得更加严重。这些数据在被"清理"或调整至可用于分析的形式之前都是无用的（boyd and Crawford，2012；Waterman and Hendler，2013）。为了确保数据"干净"、可用，雇用数据处理专家可能是非常昂贵的。

除了讨论数据的"生""熟"隐喻（本章前面提到过），波尔斯托夫（Boellstorff，2013）进一步借鉴了人类学家克洛德·列维-斯特劳斯（Claude Lévi-Strauss）引入的"腐烂"数据概念。这一隐喻强调了数字数据的转换方式，而这些方式可能超出了其创始人的预期或想象。它还承认数据的物质性，承认数据的存储方式可能会导致数据退化或数据丢失。"腐烂"数据概念使人们注意到数据的不洁性，这背离了数字数据的主流概念，即干净、客观和纯粹。数字数据的生产、传输和存储方式并不是万全的，网络链接之间的联系并不总是一向无缝和流动的。如果"网络"或"互联网"的隐喻倾向于暗示线或绳之间的相互连接，那么就会出现"断网"或"阻止站点"等提示语，表明它们之间可能无法相互连接，从而变得混乱、毫无用处。由于网站破坏、长期未更新、链接失效或政府管控等因素，网络可能会在不同点出现"断网"（Rogers，2013：127）。

构建大数据收集和解释的基本假设，也需要强调将此现象放置于批判性分析中。正如贝姆（Baym，2013）所说：在大数据不证自明、掌握真理的时代，我们需要时刻提醒自己，哪些数据是看不见的，哪些数据是无法测量的，这点尤为重要。大数据的相关决策，比如将重要事物、现象最佳分类都转化为数据，有助于解决模糊、矛盾和冲突问题（Baym，2013；boyd and Crawford，2012；Gitelman

111

and Jackson，2013；Uprichard，2013；Verran，2012；Vis，2013）。

数字数据损坏（corrupted）的典型是谷歌流感趋势和谷歌登革热趋势网站。2008 年，谷歌推出了流感趋势，以展示使用关键词搜索来监控传染病（如流感）暴发的价值。2011 年，谷歌登革热趋势网站以同样的宗旨建立。两者都使用与这些疾病相关的每日搜索词频来估计在特定时段内有多少人被感染，从而在公共卫生监测系统能够识别之前，在理论上提供可能佐证流感或登革热暴发的信息，尤其是在换季和疾病高峰期。谷歌的分析师将他们的数据与美国疾病控制与预防中心的官方公共卫生监测数据进行比较发现，在美国2012—2013 年流感季节中，他们的预测值明显高过了该疾病的发病率。他们对缺乏准确性的现象进行了解释，即在流感期间媒体对流感病毒的报道量增加，这反过来促使那些担心流感并想获取更多信息的人们通过谷歌来搜索该病的内容，但这些人并没有患病。他们的算法必须进行调整，以包容这种扰乱值的出现（Copeland et al.，2013）。然而，人们一直认为谷歌流感趋势在评估流感时非常不精确，在确定该疾病的当前流行率方面并不比传统的预测模型更有效（Lazer et al.，2014）。

除了这些困境之外，有人指出，谷歌的搜索算法模型本身也影响了——事实上是构建了谷歌流感趋势生产的流感数据。谷歌算法的建立，已经可以向用户快速提供信息，其搜索返回结果基于其他用户的搜索以及个体的搜索记录。如果有许多人在用户决定搜索某个特定的搜索项时搜索该词，那么这些搜索词的相对数量将会增加。因此，用户对"流感"（以及任何搜索词）的搜索都会受到所有这些因素的影响，因而并不是疾病流行率的有效指标（Lazer et al.，2014）。换句话说，"搜索行为不仅只是由外部决定的，还是由服务提供商内部培养的"（Lazer et al.，2014：1204）。这显然是一个以搜索引擎为代表的软件的算法权威及其在知识生产中发挥作用的例子。

大数据的肤浅性（superficiality）也引起了一些社会研究者的批判，他们认为，人们增加大数据的使用来试图理解社会行为和身份认同，却忽略了多重的复杂性、矛盾性和相互关联性，因此也忽略了这些现象的意义。尽管大数据是一种构成高级知识的形式，但它对于人们行动的原因并不能提供深入见解（boyd and Crawford，2012；Uprichard，2013）。大数据有时会与"小""深""厚"或"宽"数据相比较，后者是对"大"数字数据的回应，强调大规模的数据并不总是更好的。"小数据"（small data）是指个体为了个人目的而收集的关于自身或环境的个性化信息；"深度数据"（deep data）指的是那些详细的、深入的信息，通常来源于定性而非定量的数据；"宽数据"（wide data）被用来描述收集信息、然后将它们结合起来以提供更深刻见解的各种形式；"厚数据"（thick data）一词凸显了数据的语境性，或者说只有在其生成和使用的特定语境中才能理解的数据（Boellstorff，2013）。

113

大数据伦理

大数据也有许多重要的伦理和政治含义。"好数据"（good data）和"坏数据"（bad data）这两个术语有时被用来描述企业和政府机构使用大数据的意义（Lesk，2013）。"好数据"为商业企业和政府机构提供利益，有助于推进重要的研究进展（如医学课题），并协助采取安全和防护措施，而不损害消费者和公民的利益，不侵犯他们的隐私或公民自由（否则就是"坏数据"）。关于数据"洪流"和"海啸"的讨论——或者用更平实的语言来说，数字数据的动态性、指数增长性和相互关联性——强化了人们对隐私和数据安全问题的忧虑。据估计，一个典型的美国人会被以 20 多种不同的方式收集数据。由于数字监视手段的介入，这个数量是 15 年前的两倍（Angwin and Valentino-Devries，2012）。个体信息一直在被第三方数据经纪机构从数据库中出售，这些信息包括警官的家庭住址，某人是否为强奸的受害者，是否患有遗传病、癌症或艾滋病。尽管许多数字数据集删除了个人信息（如姓名和地址），但是，包含同一个人的详细信息的多个数据集的组合，仍会抹去数据的匿名性（Crawford，2014）。

许多应用程序开发者会将他们的数据存储在计算云上，而并非所有的姓名标识符都会从个人上传的数据中删除。一些已经开发出自我跟踪技术的公司，正在向甲方销售他们的设备和数据，以作为工作场所"健康计划"的组成部分；同时，他们也向寻求分析顾客健康相关行为模式的健康保险公司兜售产品（McCarthy，2013）。一些健康保险公司使用这些公司搭建好的技术与平台，以供顾客上传自己的健康和医疗数据。自我跟踪者通过生物特征识别技术收集的数据，为私营企业和政府机构提供了监视个体的机会，继而降低了它们的医疗成本。美国的医疗保险公司和甲方雇主，已经开始使用自我跟踪设备和涉及健康信息披露的在线网站，以作为"激励"人们从事被视为健康之行为的手段。这些信息甚至包括顾客的分居或离婚情况、财务状况、工作压力以及同事关系性质等话题。那些拒绝参加的人，可能会被要求向他们的健康保险公司支付高额附加费（Dredge，2013；Shahani，2012；Singer，2013）。在这种平台上，用户的健康相关数据与他们的医疗保险政策之间的未来联系仍然存在问题：如果这些公司通过购买应用程序及其数据来获取对健康应用数据的控制权，未来会发生什么呢（Dredge，2013）？

直到最近，许多移动应用程序的用户还将存储在其应用程序上的信息视为隐私，却没有意识到开发者已将数据在多大程度上服务于他们自己，包括将数据出售给第三方（Urban et al.，2012）。应用程序和平台的开发者并未一直采取适当的措施来保护收集到的个人数据，包括一些应用程序所收集的性行为、伴侣以及生殖功能的数据（Lupton，2014b）。例如，最近一项关于健康运动类应用的隐私政策的研究发现，许多应用程序缺乏任何类型的隐私政策，它们在收集用户数据时很少采用数据加密措施，许多开发人员将收集的数据直接发送给未在其网站上披露的第三方（Ackerman，2013）。

爱德华·斯诺登泄露文件所揭示的秘密使人们越来越清楚地看到，在商业和政府数据库中存储的私人信息的安全性远低于许多人的认知。政府数据库还遭遇了其他隐私泄露事件的影响，这使人们担忧数据访问的权限。例如，将患者病历合并到大型数据库的国家举措一直备受争议。加勒特等人（Garrety et al.，2014）认为，这些举措不可避免地存在争议，因为它们挑战了管理医疗记录的生产、所有权、使用和责任的社会、道德和医疗法律秩序。当政策制定者试图在不承认这些假设和意义的情况下强硬推动方案通过时，那些关键的利益相关者就会被孤立和抵抗。政策方案所涉及的不同群体往往有着截然不同的利益和议程，这导致了人们对医疗记录引入数字化的抵制。

本章前面所述的英国国民医疗服务体系的健康·数据倡议，在被披露把数据出售给商业公司后引发了高度负面的宣传。批评人士质疑如是使用数据是否是构建数据库的主要目的，并且想知道它能够在多大程度上保护数据的安全性和匿名性。他们还发现，数据库缺少为患者提供关于退出系统权的信息，并也很难这样做（Anonymous，2014）。惠康基金会（Wellcome Trust）对英国人个人数据使用现状的采访调查显示，许多受访者表示，虽然在英国国民医疗服务体系内共享个人数据可能会对个体有利（就此，不同的医

115

133

疗保健提供者可以访问相同的医疗记录），但是这些数据的敏感性和高度个人化特性要求高水平的数据安全能力。大多数受访者认为，这些数据不应与英国国民医疗服务体系以外的实体共享，尤其是私营医疗保险公司、雇主和制药公司（Wellcome Trust，2013）。

　　用户已经失去了对其数据的控制权，这种观点盛行于流行论坛和新闻报道中。例如，一些使用数字设备自愿进行自我跟踪的人，开始质疑他们的数据使用情况，并呼吁更好的数据访问权，以便他们能因个人目的而使用和操作这些数据（Lupton，2013c；Watson，2013）。开放数据运动（open data movement）还聚焦于推动对政府机构拥有的大型数据库的开放访问权（详见第七章）。然而，正如第三章所述，许多大数据集，特别是那些由商业互联网公司存档的数据集，正由于其被认为拥有的经济价值而日益变得无法免费访问。各国政府也开始考虑将所收集的公民数据私有化（privatisation）的经济效益，从而将这些数据从"开放获取"状态转变到"按需付费"状态。例如，作为英国皇家邮政（Royal Mail）私有化的一部分，英国政府出售了邮政编码和地址数据集。这次交易受到了英国下议院公共管理委员会（Public Administration Select Committee，2014）的尖锐批评。该委员会成员在报告中就政府对所收集大数据的使用提出建议，表示自己是公开公共数据的坚定支持者。他们主张，皇家邮政数据集本应作为国家公共资产进行持续维护，所有公共部门的数据都应该如此。

　　更严重的是，大数据可以直接影响人们的自由和公民权。克劳福德和舒尔茨（Crawford and Schultz，2014）已经确认了他们所谓的"预测性隐私损害"（predictive privacy harms），这可能是预测分析的结果。由于大数据分析通常利用元数据而不是数据内容，因此它们能够在当前的隐私保护法律之外运行（Polonetsky and Tene，2013）。预测性隐私损害可能会对那些涉及大数据预测分析和数据集

116

交叉引用的个体或群体产生偏见或歧视。人们很少意识到他们的元数据是如何被解释的，以及如何产生关于可能对他们的就业和 / 或获取国家福利或保险有影响的信息。这些解释可能通过使用不同的、先前离散的数据集，来揭示人们的身份、习惯、偏好甚至健康状况（Crawford and Schultz，2014）。有人担心，利用数字数据从事种族等信息的收集活动，可能会导致歧视、过度定罪和其他限制。有人认为，大数据时代带来了重大政策挑战，即如何正确使用大数据来改善健康、福利、安全和执法环境，同时确保这些数据的使用不会侵犯人们的隐私、公平、平等和言论自由（Crawford and Schultz，2014；Laplante，2013；Polonetsky and Tene，2013）。

记者朱莉娅·安格温（Angwin，2014）在《时代》杂志的在线网站上写了一篇观察文章，她回顾了自己过去几年的谷歌搜索，并意识到这些搜索在多大程度上显示了她当下和未来的兴趣和习惯。她将这些细节形容为"比日记还私密。这是我每日思考的窗口，它以最混乱、最原始的形式，伴随着我从严肃的工作话题跳跃至为我的孩子购物"。安格温写道，她担心这些个人信息可能会被兜售给第三方，或者通过在谷歌上汇集她的所有信息以拒绝她未来的获得信贷权。她知道谷歌已经因为滥用用户数据隐私而接到法律诉讼，而且其数据档案已经被美国安全机构访问。随后，安格温决定退出谷歌，使用其他不保留用户数据的平台。

本章详细介绍了近年来大数据的多种用途，以及在商业、政府、人道主义和个人活动中使用大数据的一系列主张。正如我所展示的，与其他数字数据客体一样，大数据集是包含权力关系的知识系统。大数据既是社会和文化过程的产物，也是构建社会和文化的要素。它们有自己的政治、生命力和社会生活。

第六章 数字技术应用的多样性

人们一直在讨论所谓的"数字鸿沟"（digital divide），即某些社会群体缺少数字技术访问权限（access to digital technologies）。虽然这一术语存在一些争议，但很明显，一些社会群体和生活在某些地理区域的人的数字技术使用频率远低于其他人。认识以下这点很重要：主流话语在传播数字技术带来的可能性时，往往围绕着民主参与、社区建设、共享和消费等乌托邦式的话语，却往往忽视了这些技术的政治层面。本章讨论了这些问题，审视了数字技术在全球各地的使用情况，以及社会经济、文化和政治因素如何塑造、促进或限制技术使用情况。它涉及从特定国家或跨国的大量受访者的大规模调查结果，到那些能够提供细节性的互联网使用差异内容的深度定性调查。

通观全局

最近，学术界和企业界的研究人员就不同地区对数字技术的态

度和使用情况发表了许多大型研究报告。在本节中，我将讨论这些
报告中的一些成果，其中一些收集了全球范围内的大量数据，为我
们通观全局提供了重要的定量信息。他们的成果揭示了不同国家在
互联网接入量和国家内部不同社会群体对数字技术的态度上存在持
续性差异。

据国际电信联盟（International Telecommunication Union，2013）
发布的一份报告，预计至 2013 年底，全球手机用户数量将与地球人
数等同。另有人估计，如今几乎百分之百的全球人类可以接入手机信
号。然而，并不是每个人都拥有手机或能接入网络，发达国家、中
等收入国家和发展中国家之间的差异明显。该报告指出，到 2013 年
底，估计有 27 亿人使用互联网，但还有更多的人（44 亿）不能上
网。在 2011—2013 年，家庭互联网接入量在全球范围内呈现强劲增
长态势，尤其是在发展中国家，超过约 40% 的家庭已经接入互联网
（International Telecommunication Union，2013：1）。然而，如果将 2013
年底的发达国家和发展中国家的数字进行比较，发达国家家庭接入互
联网的人口接近 80%，而在发展中地区，这一比例仅为 28%。非洲
的家庭互联网接入量最低（6.7%），其次是亚洲（32.7%）。造成这种
差距的主要原因是互联网接入成本和互联网基础设施的可用性，尤其
是在农村地区（International Telecommunication Union，2013：7—9）。

"我们的移动星球"（*Our Mobile Planet*）是由谷歌发布的一份关
于全球 47 个国家的智能手机拥有量和使用情况的报告（但是没有任
何非洲国家的调查结果）。这一网站提供了一项全球调研结果的详细
信息，这项调查是由谷歌研究机构分别在 2011 年、2012 年和 2013
年使用在线问卷调查进行的。这次调查的重点是商业性的：谷歌感
兴趣的是被调查国家智能手机的普及程度和用户使用方式，尤其是
与商业搜索信息和购买决策的相关方面。

根据"我们的移动星球"网站上的调查结果显示，在它所调查的年份中，所有样本国家的智能手机拥有量都大幅上升。然而，不同区域之间存在巨大差异。中东地区富裕国家的智能手机拥有率最高：阿联酋达74%，沙特阿拉伯为73%。紧随其后的是亚洲中等收入国家，如韩国（73%）和新加坡（72%），以及英语国家（澳大利亚达65%，英国达62%，美国和加拿大均为56%，新西兰为54%）。在中国，47%的人口拥有智能手机。有趣的是，谷歌数据显示，日本的智能手机拥有率并不高，只有25%。然而，这个统计数据有一定的误导性，因为它没有反映出日本是移动电话技术的领导者，而且很多人已经使用日本版的互联网手机（称为"功能手机"）多年。

谷歌数据显示，东欧、南欧和中南美洲国家的智能手机拥有率并不高（阿根廷的智能手机拥有率为31%，巴西为26%，墨西哥为37%），南亚和东南亚的贫穷国家的智能手机拥有率非常低（越南为20%，印度为13%）。低收入国家的智能手机拥有率不高，这并不令人惊讶，有趣的是富裕国家之间的差异。谷歌数据显示，欧洲国家的居民（52%的荷兰人、45%的芬兰人、42%的法国人、40%的德国人）对拥有智能手机的热情不如一些英语国家的居民。中欧国家的智能手机拥有率也不高（希腊为33%，波兰为35%，匈牙利为34%）。

其他数据来源于Alexa公司，该公司收集了数百万互联网用户的数据，并由牛津互联网研究所的信息地理团队［马克·格雷厄姆（Mark Graham）和斯蒂法诺·德·萨巴塔（Stefano De Sabbata）］以视觉形式呈现在全球地图上。他们的地图（Oxford Internet Institute, 2013）显示了谷歌和脸书的覆盖范围和传播范围。从地图上可以看出，谷歌是大多数欧洲、北美洲和大洋洲（包括澳大利亚和新西兰）国家最常访问的网站；脸书是中东、北非和大多数美洲的西班牙语国家最常访问的网站，而谷歌/YouTube（YouTube为谷歌所有）的访问量在这些国家中排名第二位。一般而言，在谷歌访问量占最多的国家，其网民数量占全部人口的一半。然而在亚洲，本土竞争对手占据了主导地位。百度是中国和韩国使用最多的搜索引擎，而雅虎在日本占据主导地位，搜索引擎燕基科斯（Yandex）是俄罗斯访问量最大的网站。

120

另一项涵盖多个国家的调查研究是由英特尔公司委托进行的，它分析了巴西、中国、法国、印度、印度尼西亚、意大利、日本和美国对数字技术的态度和使用情况（IntelPR，2013）。英特尔创新晴雨表（Intel Innovation Barometer）发现，大多数受访者表示，数字技术让他们的生活更轻松，巩固了他们与家人和朋友的关系。超过三分之一的受访者认为，他们所使用的技术应该学习他们的行为和偏好，因为这能提升技术的使用效率。

英特尔的报告还发现了不同社会群体之间的有趣差异。英特尔称，被他们称为"千禧一代"的群体（18岁至24岁的年轻人）对数字技术存在矛盾感。他们承认技术在生活中的价值，并愿意让他们的设备跟踪喜好并与他人分享数据，提倡设备使用中的"个性化体验"，但他们中的部分用户也担心会过度依赖技术并在技术使用中变得"非人化"。相比之下，45岁及以上的女性，还有样本中的发展中国家人口，对数字技术最积极。这些受访者认为，数字技术在就业、交通、教育和医疗等领域有助于提高国家福祉，因而他们倾向于主张人们应该更频繁地使用技术。高收入群体的受访者则更可能拥有和经常使用数字设备，并愿意匿名分享他们的个人数据。这是为了支持与健康相关等的重要研究，以及通过监视他们的工作习惯以提升个人效率。

另外两份最近的报告更具体地关注了美国和英国的互联网使用情况。总部位于美国的皮尤研究中心（Pew Research Center），自称是无党派事实库。作为其"互联网与美国生活项目"(Internet & American Life Project）的构成部分，该中心定期调查美国人的互联网使用情况。他们最近进行了一项大型调查，以纪念由蒂姆·伯纳斯-李爵士发明万维网 25 周年（Pew Research Center，2014）。这份报告详细地描述了过去 25 年中美国在数字设备和在线访问方面的重大变革。1995 年，皮尤研究中心研究发现，半数以上的美国人从未听说过互联网，而有 20% 的美国人只能模糊地理解这个概念，只有 14% 的美国人表示他们能上网。而其最新研究发现，87% 的美国人表示他们使用互联网，这些人几乎都在 18 岁至 29 岁之间、生活在高收入家庭，并拥有大学学位。68% 的美国人使用移动设备上网，58% 的美国人拥有智能手机。皮尤研究中心的这份报告还指出，教育水平、家庭收入和年龄仍然是计算机使用的主要影响因素：与其他群体相比，接受过高等教育、更富有和更年轻的群体的计算机使用率要高得多。自 1990 年以来，这些差异在皮尤的研究中一直保持稳定。

这项调查还询问了受访者对互联网的总体评价。研究人员发现，90% 的互联网用户受访者表示上网对自己来说是一种积极的体验，76% 的人认为这对社会是一件好事，而 53% 的用户表示自己发现放弃互联网很难，无论是出于工作相关的目的，还是出于与家人和朋友之间的个人关系。67% 的互联网用户表示这项技术巩固了自己与他人的关系，而只有 25% 的人表示自己与其他用户有过不愉快的经历，比如受到不友善的对待或在网上遭受过语言暴力。

在之前的一份报告（Zickuhr，2013）中，皮尤关注的是那些占 15% 的非网民美国人（到 2014 年调查时，这一比例已降至 13%）。当问及他们不使用互联网的原因时，他们给出以下答案：35% 的人说互联网和他们的生活无关，32% 的人认为网络难以使用或者担心隐私问题，19% 的人提到没钱上网，7% 的人说他们缺少上网的途径。调查发现，非网民与年龄、收入、民族和教育程度有很强的相关性：在 65 岁及以上的美国人中，有 44% 的人不上网；在受教育程度较低的受访者中，有 41% 的人不上网；在西班牙裔群体和低收入群体中，均有 24% 的人不上网。这些结果表明，在美国做非网民的主要原因并不是缺乏网络接入途径，而是他们并不知道网络接入的用途与价值。

皮尤研究中心的其他研究结果表明，在美国，人们的健康状况以及残疾情况也是使用网络的重要影响因素。在控制年龄、民族、收入和教育水平等其他变量的情况下，患有慢性健康疾病的美国人比未患疾病的群体更少使用互联网（Fox and Duggan，2013）。与其他美国人相比，美国的残疾人群体的上网比例要低得多（前者为 81%，后者为 54%），他们拥有智能手机、台式电脑或笔记本电脑的比例也比较低（Fox and Boyles，2012）。

皮尤研究中心的另一份报告（Duggan and Smith，2013）发现，在他们所调查的美国成年人网民中，社交网站使用者的比例达 73%。这些人基本上（71%）都使用脸书。其中 18 岁至 29 岁的群体的脸书使用率最高，65 岁及以上的使用率较低，二者比例分别为 84% 和 45%。在所有年龄组中，女性（76%）的脸书使用率高于男性（66%）。在成年网民中，推特用户占比 18%，男女比例相等，但是非裔美国人（29%）和年轻美国人（18 岁至 29 岁的人中有 31% 的人使用推特，而 65 岁及以上的人中只有 5% 的人使用推特）的使用比例远远高于其他种族和年龄组。调查发现，17% 的成年网民使用 Instagram，21% 的人使用 Pinterest，其中使用 Pinterest 平台的女性群体（33%）远远高于男性群体（9%）。不足为奇的是，有 22% 的成年网民使用职业社交网站领英，这个网站吸引了较多拥有大学学位、有工作、收入较高且年龄较大的用户。

总部设在牛津大学的牛津互联网研究所每两年会对英国的互联网使用情况进行一次大规模调查。其最新报告（Dutton and Blank, 2013）显示，14 岁及以上的网民比例已上升至 78%。研究人员还分析了互联网使用的五大"文化"，主要包括以下内容：

- "电子沉浸派"（e-mersives，12% 的互联网用户），他们认为网上冲浪是非常舒适的，将互联网作为一种逃避，对其有一种社群归属感，拥有高使用率；
- "技术实用派"（techno-pragmatists，17% 的互联网用户），他们利用互联网节约时间并使生活更加高效；
- "网络精用派"（cyber-savvies，19% 的互联网用户），他们对互联网表现出矛盾感，既享受并发现网络的使用乐趣，也表达了对隐私和时间利用问题的担忧；
- "网络温和派"（cyber-moderates，37% 的互联网用户），他们表达了复杂的态度，但在观点上比"网络精用派"群体更温和；
- "反数字派"（adigitals，14% 的互联网用户），他们觉得网络难以使用或令人沮丧。

该报告指出，18% 的受访者表示他们对互联网使用并不感兴趣。根据皮尤研究中心的调查，这些无兴趣者多属于老年人群体，也包括残疾人和教育水平低的人。

123

数字社会不平等

上述各种大规模研究对于理解数字技术是如何在不同社会和文

化背景下使用是必要的。这些数据虽然可以识别差异，但无法解释它们。为此，我们需要转向基于民族志和其他定性方法等的更为详细的研究。

在讨论不同社会、文化和地理群体使用数字技术的多样性时，"数字鸿沟"一词已成为惯用词。然而，一些研究人员发现，人们在使用这个术语时采用了过于简单化的观点。例如，哈尔福德和萨维奇（Halford and Savage，2010）批判了"数字鸿沟"的概念，认为这种说法倾向于将"社会"从"技术"中分离出来。他们认为，若要理解社会不平等和数字媒体技术的访问权，均需承认它们之间的互构性和动态性本质。每个行动都在建构其他行动，但这是一个流动的、不稳定的过程。哈尔福德和萨维奇提出了"数字社会不平等"（digital social inequality）的概念，以表示社会弱势群体缺乏和数字技术途径之间的交互联系。他们进一步认为，与其将获取和使用数字技术理解为一个单向过程（处于社会弱势地位导致缺乏获取的权利），不如从社会结构因素和数字技术使用的相互构建（或他们所谓的"共同建构"）角度来理解这种关系。

仅用"数字鸿沟"难以涵盖获取和使用数字技术的复杂性。数字设备和网络接入的高昂费用以及地区互联网基础设施的可用性，都是影响人们利用数字技术的明显因素。一个略微不明显的影响因素是人们在互联网可用时的具体使用实践（Hargittai and Hinnant，2008；Robinson，2009）。数字技术访问障碍的四个维度已经建立，其中包括：

- 缺乏基本的数字经验，这是由对技术使用的低兴趣、焦虑感或阻碍技术使用的设计元素造成的；

124

- 缺乏技术途径，如没有数字设备或无法连接互联网；

- 缺乏数字技能，如处于低水平使用阶段，或不熟悉技术的新版本；

- 缺乏重要的使用机会，由于家庭或工作场所的时间限制和竞争。（van Dijk and Hacker，2003）

虽然人们在使用数字技术方面有着类似的访问权限和兴趣程度，但是差别化的技能和实践也是明显的。低收入和低教育水平者的数字技术使用不同于高收入和高教育水平者，后者能够使用数字技术来增强其文化资本和经济资本，并提升社会地位，从而保持他们的社会优势（Halford and Savage，2010）。研究表明，低教育水平者的闲暇上网时间可能比高教育水平群体多，但其使用方式却不同。比如，前者常常在休闲时使用社交媒体和打网络游戏，而不是运用数字技术进行自我教育、搜寻信息或与工作相关的活动（van Deursen and van Dijk，2014），或者说所谓的"资本提升活动"（capital enhancing activities）（Hargittai and Hinnant，2008：602）。

数字技术并不是中立的客体：它们被赋予了与性别、社会阶层、种族/民族和年龄相关的意义。即使人们有公开的政治意图，也很难抵制或克服这些意义。这点取证于邓巴-赫斯特（Dunbar-Hester，2010）对费城媒体活动家的研究。这些媒体活动家试图拓展通信技术和技术使用技能的获取途径。他们的项目旨在"祛魅"媒体技术，其方式是为在历史上被社区无线电和社区无线技术排除在外的群体开展教学活动。正如邓巴-赫斯特所观察到的，社会身份可能会改变，但不具有永久的流动性。他们被与技术的相遇建构，并通过与技术的相遇被建构，包括他们的话语和物质维度。在该研究中，媒体行动主义者发现，尽管他们尽了最大努力去帮助那些被排斥在数字和其他通信技术之外的人（那些不符合白人男性社会身份的个

体），但是在通信技术方面，他们仍然面临着持续存在的性别和种族
刻板印象。

正如前面牛津互联网研究所报告中观察到的，有些人根本意
识不到数字技术与自身生活的相关性，尤其是那些缺乏技术使用
兴趣的老年人群体（Hakkarainen，2012；Olphert and Damodaran，
2013）。很少有关于缺乏兴趣的深入研究。不过，芬兰的一个项目
（Hakkarainen，2012）研究了一些 60 岁及以上老人的书面陈述，解
释了他们拒绝使用互联网的原因。研究人员发现，对这些老年人来
说，计算机被理解为一种复杂的小工具，并被视为生活中的无用之
物。他们将电脑与习惯使用的其他工具（如手、笔、铅笔或自己的
大脑）进行了比较，认为电脑不如这些工具有用。在这些芬兰人的
观念中，计算机的意义是提供一个进入虚拟世界的通道，在这个世
界里，人们可以与他人进行社交互动或获取信息。他们还消极地认
为计算机和互联网会引发上瘾行为，进而剥夺用户的其他生活经历。
这些人还经常将计算机和互联网视为洪水猛兽，会对他们珍贵的生
活构成威胁，如时间储量、安全、简单生活、传统技能和面对面的
人际交往。

发达国家对互联网用户的流行描述，往往将青年群体描绘为
"数字原住民"（digital natives）。他们热衷于使用数字技术，尤其是
手机和社交媒体，而且往往拥有专长。这种刻板印象没有涉及未积
极参与数字技术的青年群体。一项针对 18—23 岁的美国青年群体的
全国性研究发现，那些不使用社交媒体的人，往往承担着家庭中的
照顾责任（照顾自己的孩子或其他家庭成员），经历过经济和工作失
利以及碎片化的教育，依赖着家人的经济援助，聚焦于寻找和保住
工作而不是发展职业生涯。这些人中只有极少数不能接触到电脑。
然而，他们与其家庭成员共同生活，这可能限制了他们使用社交媒

125

体的机会。一些被调查者缺乏使用电脑的信心，处于几乎没有朋友的社交隔离状态，或者处于紧张的家庭环境中。研究人员得出结论：这些青年群体不使用社交媒体的原因是既处于社会弱势地位，又缺少紧密的社会联结（Bobkowski and Smith，2013）。

特定平台的可供性和其他用户的性质，也会对人们使用数字技术的方式和原因产生重大影响。随着老年人进军以脸书为代表的社交媒体网站，青年群体（尤其是这些老年人的子女或孙辈）往往会离开。2013 年 11 月，脸书宣布青少年的日均在线量正在减少。青年群体开始以 WhatsApp、Pinger、微信等移动通讯应用，替代更主流的社交媒体网站。2013 年 11 月，WhatsApp 在全球的活跃用户数超过了推特。这些新兴应用程序更好地保护了用户隐私，因为它们允许用户在一个非公开的论坛上彼此交流和分享图片，对象只包括那些他们希望交流的好友。青年群体也意识到，此类软件中的信息和图像不具有永久保存性（Olson，2013）。

数字社会不平等也忽略了软硬件设计中的物质性特征。这一层面与残疾人群体高度相关。上文说到，英国和美国的调查显示，相较于非残疾人群体，残疾人的数字技术使用率较低。然而，这种差异是受到残疾本身影响还是受到残疾人可能的经济劣势影响，目前还不得而知。

对于经常使用数字技术的残疾人群体来说，数字技术具有积极作用。他们发现技术提供了交流和表达自我、拓展社会关系的途径（Ellis and Goggin，2014；Ginsburg，2012；Lupton and Seymour，2003；Newell and Goggin，2003；Seymour and Lupton，2004）。我和温迪·西摩的一项合作研究（Lupton and Seymour，2003）中的一位被访者说，她与其他人在线交流时，会感到"舒适""安全""更放松""自我安宁"和"正常"。由于与她交流的人看不见她的图雷特综合征症状（面部和身体抽搐），这位受访者可以自由地参与，而不会为这些不自觉的动作感到难为情。另一位行动不便的受访者认为，网上对话是一个逃避社会孤立的机会，而当她感到疲倦、痛苦或不适时，也可以借此逃避社会互动。

　　金斯伯格（Ginsburg，2012）给出了一个患有自闭症的美国女性的例子。她虽然无法进行口头交流，但却有效地使用 YouTube 来展示她对世界的看法及个人经历。金斯伯格还发现，残疾人通常喜欢进入网络虚拟世界"第二人生"（Second Life）来与他人互动，从而缓解先前的社会孤立经历。她还进一步评论了在线服务、活动家网络、与残疾经历相关的博客以及为残疾人士设立的社交媒体团体的扩张。同样地，埃利斯和戈金（Ellis and Goggin，2014）指出，推特很受视觉障碍群体的欢迎，因为语音合成技术可以将推文转化为语音信息。一些智能手机和平板电脑采用了这些技术，方便视力和行动能力受损的群体使用。埃利斯和戈金（Ellis and Goggin，2014）还特别指出，支持小组（现在经常以脸书为媒介）、第二人生、YouTube 和个人博客（包括音频和视频博客）为残疾人群体抵抗主流文化中的污名化和歧视性表达搭建了自我表达平台。

　　然而，数字技术也存在消极的层面。数字设备的设计可能导致残疾人群体出现使用困难（Ellis and Goggin，2014；Lupton and Seymour，2003；Newell and Goggin，2003；Seymour and Lupton，2004）。对残疾人来说，许多社交媒体平台难以使用，因此，他们被社会生活的另一个世界排斥在外。正如人们与残疾人互动的其他物理环境一样，数字技术的设计可能会忽视广大用户和身体能力的无障碍性，这反而进一步构建了残疾。例如，我和西摩的访谈研究发现，对于那些患有精神障碍的群体来说，她们很难保持实时在线对话；同时，对于那些身体残疾的人来说，在电脑键盘上打字是一件很困难或很痛苦的事情（Lupton and Seymour, 2003；Seymour and Lupton, 2004）。

性别化的技术

关于数字技术及其使用的性别化方面，存在着大量文献。在 20 世纪八九十年代，学者们引入"赛博女权主义视角"（cyberfeminist perspective）来研究数字技术，试图对技术设计和使用的性别化层面进行批判。在第二章中，我提到了唐娜·哈拉维在数字技术理论方面的突出贡献。哈拉维的主要贡献之一是勾勒了一种研究计算机技术的女权主义路径，这种路径承认差异和模糊性，并囊括了物质能动者在理解人机关系中的作用。哈拉维的"赛博格"概念，将身体及其排列（permutations）、差异和歧义——它的述行性构型——作为政治批判和行动的焦点对象。她将主体/身体视为不可避免的分裂体和矛盾体，从而产生了矛盾性和模糊性。哈拉维（Haraway, 1985）认为，这种路径对于女权主义和技术科学的批判都很重要。哈拉维在其赛博格隐喻中试图论证的是，人类身体并非本质化的，它们不能被轻易地归为一类或被二元分割。她将马克思主义与技术科学、女权主义理论相结合，统一为她眼中的社会主义女权主义政治。

赛博女权主义基于哈拉维的作品，预见了由技术作为中介的世界。在这个世界里，性别（及其他身体相关属性）将不再成为限制选择和行动的因素。与许多其他赛博格和赛博文化领域的作者一样，一些赛博女权主义者将赛博空间视为自由与超越身体（包括性别身份）的虚拟空间（Brophy, 2010；Daniels, 2009b；Luckman, 1999；

Wajcman，2004）。由于互联网的匿名性，其他用户无法鉴别某一用户的性别、年龄、种族和其他身份体征，因而一些赛博女权主义者对自由使用计算机技术的机会持肯定态度，而不去考虑基于性别的能力假设。计算机技术的使用，被定位为女性从男性手中夺回技术的方式。在 20 世纪 90 年代，人们对乌托邦未来有很多讨论，肉体的"湿件"（wetware）可能会作为进入虚拟现实和在线游戏社区的一部分，遗留在赛博空间中。一些女性在从事这些活动时选择使用男性的名字，以作为她们尝试不同性别身份的一部分（Luckman，1999）。

理解性别与技术使用互构的一条途径，是突出两者的述行性和约束性，以及二者不可分割的意义。性别与数字技术"既是话语，也是装置，能够推动/限制我们的网络活动。两种装置都是身体-媒介的零件"（Brophy，2010：942）。因此，一个数字技术用户的能动性会受到所使用设备的设计和意义，还有其他用户的能动性以及他们赋予技术之意义的影响。这些技术将先前存在的性别规范（以及关于年龄、种族和民族的规范与刻板印象）再生产并加以强化。因此，正如一些赛博女权主义者所主张的那样，女用男名的做法只是强化了赛博空间属于男性特权的观念，并因此未能挑战现存的权力关系和不平等。这些学者聚焦于赛博空间话语的男性化本质，并试图以用于计算机技术的新型思维方式来抵制这些话语（Luckman，1999）。这些尝试包括一些创意艺术品，它们以公然女性化和性化的方式重新想象赛博文化，以突出技术的肉欲本质（Paasonen，2011）。因此，由赛博女权主义者重塑的赛博格是一个高度性化的形象，它在超越身体边界、流动性和被视为人类有机体与技术的情感、感性的融合体中充满情欲快感（Luckman，1999）。

正如许多女权主义学者所主张的那样，性别规范往往会影响男

129

女两性使用数字技术的方式以及喜欢的技术。反过来，技术设计也支撑了性别的假设和规范（Paasonen，2011；Wajcman，2004）。在20世纪八九十年代的电脑技术讨论中占主导地位的军队和互联网的联系，以及赛博朋克、赛博空间和黑客的话语权，都将赛博空间展现为男性气质的环境（Lupton，1995；Wajcman，2004）。在早期描述中，计算机技术需要高深的技术和数学技能来编码、编程和配置技术使用环境，这反过来被认为是更适合男性而不是女性的实践。男性倾向于学习与电子相关的技术技能，而女性常被排斥在外。因此，在此类技术应用中，技能和自信上的性别差异很早就出现了（Dunbar-Hester，2010）。

相关研究表明，自个人电脑上市以来，相较于男性，女性一直不太热衷于计算机专业学习，并在电脑使用中更容易呈现高技术恐惧、低熟练技能及低自信。传统上，典型的计算机用户 / 专家是讲英语的白人（偶尔也有亚裔）中产阶级年轻群体，"黑客"则通常被描述为非常聪明、技术娴熟但带有恶意或犯罪意图的白人男性，典型的计算机"呆子"（nerd）或"怪胎"（geek）是另一种类型的白人男性：他们同样非常聪明，并在计算机科学方面很有成就，但其貌不扬、社交能力差、没有朋友（Kendall，2011；Lupton，1995）。这些对计算机专家的刻板印象，可能会想让他人远离这些定位，甚至隐藏自己学习计算机技能的兴趣，因为他们对"计算机呆子"和"计算机怪胎"抱有消极态度（Dunbar-Hester，2010；Kendall，2011）。他们不仅将女性与计算机熟练使用者的形象相对立，还将其他种族群体与白人相对立。同时，那些男性更倾向于将自己定位为事业有成并在社交上极受欢迎，而不愿将自己看作计算机"呆子"（Kendall，2011）。

随着社交媒体和移动设备的出现，计算机技术在很大程度上失去了神秘感和技术难度。随着数字技术的广泛应用并渗透到日常生活的方方面面，尤其在智能手机和平板电脑的作用下，数字技术已经被人们驯化并被视为理所当然。因此，现在常用电脑的人可能已经跨越了性别、种族或民族的界限（此外，正如我上面提到的，甚至祖父母一辈也在使用脸书）。然而，那些使用现有的、容易操作的设备和软件的群体，不同于拥有关于数字技术的技术层面知识的人。在这一专长方面，男性仍然占据主导地位。学习计算机科学并在该领域工作的女性仍然是少数（Cozza，2011）。

　　研究表明，就家用计算机而言，至少在全球北方的发达国家，不同性别、种族或民族的互联网使用人数是相等的。根据皮尤研究中心的最新数据显示，在美国，计算机使用的男女、城乡及种族群体间的差异非常小（Pew Research Center，2014）。国际电信联盟（The International Telecommunication Union，2013：12）的报告发现，在全球范围内，女性比男性更倾向于将互联网用于教育，男性比女性更倾向于在上网时使用商业互联网基础设施，并有更高的上网频率。报告指出，全球仍然存在性别鸿沟，男性网民比女性网民多11%。在发展中国家，男女网民的规模差距尤为显著，男性网民数量比女性多16%；而在发达国家，男女网民数量的差距仅为2%。作者将性别鸿沟与教育水平、收入水平相联系。这一发现得到了一项对12个拉丁美洲国家和13个非洲国家的计算机使用数据集的研究的印证，该研究发现，在控制就业、教育和收入水平等变量的情况下，这些国家的女性比男性拥有更高的数字技术使用活跃度（Martin，2011）。这项研究表明，在某些文化背景下，教育和收入水平可能比性别和种族／民族对数字技术获取性的影响更大。

　　尽管如此，在发达国家，互联网使用的性别差异依然存在，但其男女受教育水平往往是平等的。一个研究团队在2002年和2012

年分别对英国男女学生的互联网使用情况进行了调查。结果发现，在这两个时期，性别差异都十分明显，而在 2012 年更是如此。在 2012 年的研究中，男生体现出了更大的互联网使用广度。相较于女性被调查者，他们将互联网更多地应用于游戏和娱乐目的，比如下载、播放音乐和视频，以及访问成人网站。相较于被调查的男生，女生更倾向于使用互联网进行交流，包括使用电子邮件、视频电话和社交媒体网站（Joiner et al., 2012）。性别差异从儿童时期就已经存在，葡萄牙的一项儿童数字技术使用研究证实了这一点。在这项研究中，男孩更喜欢玩网络游戏或竞速、足球和格斗游戏，而女孩喜欢与穿着、洋娃娃、化妆和发型相关的游戏，并且比男孩更喜欢使用社交媒体网站（de Almeida et al., 2014）。

一项关于家庭互联网使用的研究，利用了对澳大利亚和德国同居伴侣的访谈数据，发现男性更倾向于经常上网并选择娱乐内容，例如玩网络游戏，或者以此为借口摆脱家务和照顾孩子的责任。相比之下，接受采访的女性，尤其是那些有孩子的女性，则认为上网是她们的一份家务，例如使用互联网购买杂货、衣服或支付生活费用，又或者与家人保持联系。因此，她们倾向于将互联网视为在家庭管理责任中具有实际价值的另一台家用设备（Ahrens, 2013）。

一些女性可能会发现，自己使用数字技术是因为工作需求所迫，或者是为了维持家庭关系，或者两者兼有。一项对在国外工作的菲律宾女性家政工人的数字媒体使用情况的研究表明，尽管她们最初不愿意使用这些技术，但为了能与留在菲律宾的孩子保持联系，她们被迫使用数字技术。互联网推动女性实现了自身与他人对她们与子女保持联系的重要期望，尤其是她们处于异国而与子女分离时。因此，她们对数字媒体和设备的使用，利用了与"好母亲"相关的传统女性气质概念（Madianou and Miller, 2012）。对于这些女性来说，与上文提到的澳大利亚女性和德国女性相似，数字技术是维护家庭关系、进行家庭照顾和开展家庭任务的必需工具，这源自一种母亲身份和家庭责任的规范。这种数字技术使用方式，可以被定义为情绪劳动（affective labour），它是一种更广泛的、无偿的产消合一劳动形式，而互联网巨头和数据经纪人正依靠这种产消合一牟取暴利（Jarrett，2014）。对于菲律宾女性家政工人来说，她们对数字媒体的使用，能使她们同时从事有偿劳动和作为母亲在情感上的无偿付出。

　　目前，针对社交媒体平台使用的性别差异研究还比较少。如前所述，据美国和英国的统计数据显示，两个国家的男性和女性使用某些社交媒体网站的方式不同。性别特征还建构了男女群体在社交媒体中上传的内容类型。一项针对加拿大年轻女性使用脸书（Bailey et al.，2013）的研究发现，她们倾向于上传符合大众对理想年轻女性审美（性感、风趣、异性恋、受欢迎）的照片。在社交媒体网站上，年轻女性不得不处理、协调这些性别刻板印象。当被问及她们上传到脸书上的有关资料时，受访者认为保持边界感很重要，她们既要表现得受欢迎且有魅力，同时又不能显得肤浅或"放荡"。她们指出，相较于年轻男性而言，如果年轻女性误判了自己在脸书上的呈现方式，那么她们将更可能受到他人严厉的批判或嘲讽。因此，研究者认为，以脸书为代表的社交媒体网站并没有挑战性别规范，也并不允许用户拥有更大的自我表达自由，而是限制了年轻女性在受到他人密切监视和评判时呈现自我的方式。另一项脸书研究通过识别由一系列男女两性用户上传的头像照片中的刻板印象，聚焦于性别规范和性别期望是如何在平台上实现的这一问题。该研究发现男性更倾向于通过他们的照片将自己呈现为积极、主导并独立；恰恰相反的是，女性上传的图片将自己刻画为有吸引力、具有依赖性（Rose et al.，2012）。

132

赛博女权主义的著作往往对女性的数字技术使用的多样性缺乏认识，这包括性别与种族、民族、社会阶层和地理位置的交叉关系。正如计算机技术的话语权通常由白人、中产阶级和男性用户掌握，一些赛博女权主义的著作几乎只将女性技术用户定位为位于富裕国家的白人中产阶级。对于弱势女性群体来说，具有生命力的、具身化的数字技术关系和使用，往往与生活在全球北方城市地区的特权女性有很大不同。那些弱势女性群体一般生活在农村或偏远地区，或因种族、民族或性取向而遭受歧视（Daniels，2009b）。这些理论假设没有认识到女性在发展中国家的作用：她们在诸如芯片工厂和呼叫中心系统等数字工业中发挥着重要作用（Philip et al.，2012）。他们也未意识到在这些环境中，许多女性根本无法接入电脑和互联网（Daniels，2009b；Gajjala，2003），并且男性比女性拥有更多的受教育机会，比女性更可能学会许多网站所需的英语（Bell，2006a）。

尽管存在这些限制，发展中国家的女性或生活在专制政权（repressive political regimes）下的女性，也能够利用数字技术作为其改善社会经济条件以及参与政治活动（包括在全球范围内）的构成部分（Daniels，2009b；Newsom and Lengel，2012）。即便女性生活在政治参与受到限制的文化中，她们也仍然可以利用社交媒体表达自己的观点和意见。例如，在2010年，女权主义活动家和组织在突尼斯和埃及广泛使用在线网络技术，试图推动政治变革（Newsom and Lengel，2012）。

数字技术使用的民族志

综上所述，许多关于数字技术使用的讨论倾向于假定一个特定的社会群体和文化语境（cultural context），即居住在全球北方的特权公民。菲利普等人（Philip et al., 2012）使用"后殖民计算"（postcolonial computing）这一术语勾勒出一种批判性的观点，试图让人们发现自己对数字技术使用语境的文化、社会和地理的多样性缺乏认知。他们主张关注强调差异、强调差异如何跨越文化边界运转和表达的研究者可能产出多么丰硕的成果。这里的差异并不是固有的，而是特定语境的产物。设计师、制造商、规划师、他们塑造的数字客体及其不同使用者，一齐构成了一个集合的组成部分，这一集合随着不同参与者的进入和离开而不断转换和重构。女性、亚裔、欧洲人、人类等类别并不是固定不变的，也不是独立于技术而存在的，而是权力、政治、制度和技术复杂纠缠的产物。这与上面讨论过的一些赛博女权主义者的观点类似，后者也强调了性别和技术的互构性。

134

数字人类学家率先强调了特定地理和文化背景下互联网多种不同的使用方式。通过民族志田野调查，数字人类学家能够产生丰富、高度情境化的数据（上一章中所说的"厚数据"），将数字技术融入日常生活并赋予这些工具意义。例如，贝尔（Bell, 2006a, 2006b）在四个南亚国家（印度、马来西亚、新加坡和印度尼西亚）对50多个家庭进行了实地调查。她与这些家庭共度时光，观察他们使用数字技术的方式，参与他们使用数字技术的相关活动，并进行采访、拍照和制作技术清单。她在购物区等关键的公共空间开展观察，并记录下与研究相关的重要物品和图标。最后，贝尔寻求关键领域专家的帮助，以帮助她实现数据的情境化，并提供可供选择的视角。

这项田野调查是在 Web 2.0 技术出现之前进行的。如第三章所述，随着数字媒体和社交媒体网络的普及，媒体研究者开始"重新思考"民族志和民族志实践，并认识其多样性（Horst et al., 2012: 87）。数字人类学家已经发展出民族志研究的新方法，他们试图从文化和社会维度细致研究人们使用在线技术的方式。例如，波斯蒂尔和平克（Postill and Pink，2012）在巴塞罗那观察了当地活动团体使用社交媒体的情况。他们调查了脸书、推特、博客和 YouTube 上的小组所产生的社交媒体文本内容；他们也成为了网站成员，并采访了小组成员，参与了小组活动，研究了与小组活动和兴趣相关的在线新闻网站。正如这些研究者所观察到的，社交媒体的田野点或研究点分散在众多线上平台和线下地点中。他们对这些小组活动的了解，不仅来自小组在网上生产的内容，还来自他们与小组成员的面对面互动。

在以英语为母语的国家之外，人们能够（或不能）访问数字技术和使用协议的文化背景之间存在着重大差异。诸如基础设施、教育水平以及关于可供使用数字技术的群体的文化观念等特征，都对不同社会群体使用数字技术的水平产生影响。为证实这一论点，戈金和麦克利兰（Goggin and McLelland，2009：3）比较了两个处于完全不同文化背景下的少女的经历：一个在东京的日本女孩和一个在以色列占领区的巴勒斯坦女孩。前者精通数字技术，并已与数字技术交融十年有余，拥有所有最新的技术和多年的使用经验；后者甚至连自己的语言都不懂，而且正在尝试第一次上网。虽然这个巴勒斯坦女孩拥有了这些技术，但是她缺乏使用这些技术所需的识字能力。

因此，"互联网"并不是一个跨区域、跨文化的普遍现象；它在不同国家有着不同的历史和构型。在不同文化背景下，不仅关于数字应用的假设和信念存在差异，支撑互联网接入的物质基础设施水平也存在差异，如下载速度、可用的接入类型（宽带或其他）、电力供应情况和可靠性、软件和设备成本、公民上网的政府规定等等。例如，在一些亚洲国家，个人电脑始用于（中产阶层）家庭，而不是工作场所。因此，电脑最初被赋予了家庭设备的意义，成为家庭生活而不是工作生活的一部分，主要用来服务于孩子的教育目的。此外，它们的早期使用与能够访问互联网密不可分，这是它们的主要功能（Bell，2006a）。

戈金和麦克利兰（Goggin and McLelland，2009）通过更多例子来强调数字技术使用的跨地理区域的文化（多样性）和历史多样性。他们指出，虽然个人电脑在日本的普及率不如西方英语国家，但是日本早在几年前便使用可连接互联网的国产手机。韩国人也较早地使用移动互联网手机，而且比美国等国家更早地接入宽带，这源于韩国的人口密度和地形条件扩大了宽带覆盖范围（参见 Bell and Dourish，2007，2011）。类似地，正如贝尔和多里什（Bell and Dourish，2007）所指出的，新加坡这个高度城市化的小岛国的地理特征，加上相对富裕、技术水平较高的人口，以及在传统上对公民日常生活实行高度管制的政府，使得该国在使用普适计算技术方面处于领先地位。谷歌"我们的移动星球"全球智能手机使用率调查报告显示，新加坡、韩国、阿拉伯联合酋长国和沙特阿拉伯的居民智能手机使用率位居世界前列。然而，随着科技互联的"智能岛"发展，新加坡和韩国政府对公民的互联网使用和访问进行了高度控制、管理和监视，包括对网站的监管和审查（详见本书第七章）。

数字人类学家还展示了数字设备和平台被赋予的意义的变迁方式，它可能抵制或改变其开发者的意图。贝尔（Bell，2006b，2011）举例说明了数字技术的纸质复制品的使用，比如中国的某些传统活动中会使用纸制的 iPhone 和 iPad，以作为对死去祖先的爱、虔诚和尊重。这些复制品是财富和西方文化的象征，但它们更在精神上被视为与死者彼此沟通的工具，就好像它们在生者世界里所熟悉的那样。在这里，这些技术以一种象征形式出现，这是它们的开发者完全无法想象和预计的。

136

克里斯蒂和韦兰（Christie and Verran，2013）使用"后殖民数字生活"（postcolonial digital lives）一词来描述澳大利亚雍古族原住民社群（Yolngu Aboriginal communities）成员将数字技术应用于文化归档实践的方式。通过这些实践方式缔造的数字生活，可以抵御割裂人与地方的殖民化推力。与他们合作的雍古族研究人员认为，建立数字数据库并不符合他们的目标。这些数据库体现了西方秩序和分类学实践的再生产，不符合雍古族保存文化文物、故事和传统的观念以及与文化进行动态互动的方式。他们的文化所挪用的方法，需要一个流动的数据结构，在此结构中，唯一的先验区别是文件类型（文本、音频、电影和图像）之间的差别。

此种人类学研究及其提供的见解，揭露出数字技术本身是一种基于西方传统的文化假设，这远远超出了"数字鸿沟"或"数字社会不平等"概念。然而，数字技术也可能被重新赋予替代性或抵制性的意义，从而对使用它们的人具有文化适当性与意义。

数字网站中的歧视

我们必须承认，尽管社交媒体网站和其他网站为促进各种形式的参与式民主和言论自由提供了机会，但它们也可能再生产并加剧歧视，并试图压制社会少数群体成员的"声音"。互联网的"开放性"（openness）以及允许个体和组织发表观点的社交媒体平台的发展，为攻击、歧视和边缘化社会弱势群体提供了更多机会。有人认为，边缘群体的网络平台使用量的增加，可能导致更多的关注度，并反过来为其他人在公开论坛上攻击他们提供了机会（Ellis and Goggin，2014；Soriano，2014）。我在关于学术在线参与的讨论中提出过这个观点（见本书第四章）。

很明显，网络上仍然存在着性别歧视、种族主义、恐同以及其他形式的歧视和仇恨言论。在线网站提供了一个让人们表达、再生产和支持侮辱性和歧视性言论的论坛。这些言论旨在分裂社会，而不是凝聚社会。社会少数群体的成员比那些社会霸权群体的成员（生活在全球北方文化的健全的白人中产阶级男性）更容易受到仇恨言论、挑衅、煽动、暴力威胁和其他形式的网络骚扰（Daniels，2013b；Humphreys and Vered，2014）。

在网络上，种族主义者和厌女者的辱骂和暴力威胁很常见。社交媒体平台为种族主义者、恐同者和厌女者团体提供了招纳成员和发表仇恨言论的机会。以新闻网站为代表的在线论坛是种族主义者发表仇恨言论的主阵地，直至他们匿名的刻薄言论使得一些新闻机构不再允许匿名评论。他们还普遍地使用自动化程序，来在支持性评论出现之前搜索种族歧视性的污言秽语。有些在线新闻网站干脆关闭了他们的评论区，因为处理含有种族主义和其他攻击性语言和观点的评论需要花费大量时间和费用（Hughey and Daniels，2013）。一些由白人至上主义者和其他公然带有种族主义色彩的组织建立的网站，将种族主义笑话作为其言论的一部分（Weaver，2011）。"杀犹太人日"（Kill a Jew Day）、"我恨同性恋"（I Hate Homosexuals）等脸书小组和新纳粹（neo-Nazi）网站，提供了允许人们发表观点并针对他们的靶子煽动暴力的平台（Citron and Norton，2011）。

有一些种族主义的宣传网站是"伪装性"（cloaked）的，也就是说，这些网站是由匿名或身份模糊的个人或团体发布的，或假装借用其他议题来吸引视线并获得合法性。这些网站看起来似乎是合法的，但进一步的调查揭露了它们的种族主义宣传议程（Daniels，2009a；Hughey and Daniels，2013）。其中一个网站名为"马丁·路德·金：

138

159

一个真正的历史检验"（Martin Luther King：A True Historical Examination），
该网站似乎是在向马丁·路德·金致敬，但其中包含的材料和链接
都指向了其他网站，这揭露了其真正的目的：诋毁马丁·路德·金。
由于这些网站是经过伪装的，所以它们经常会在搜索马丁·路
德·金等人名时出现在搜索结果中的顶部，这增强了其真实性和可
信度（Daniels，2009a）。

种族主义行为经常发生在所谓的"深层网络"（deep web）、"不
可见网络"（invisible web）或"暗网"（dark web）上。"表层网络"
（surface web）是指任何用户都可以使用常用搜索引擎和浏览器访问
的网络。相比之下，"深层网络"被结构化为加密的私人网络，因此
是隐藏起来的并且难以访问。它比表层网络大很多倍，并需要特殊
的浏览器才能访问。深层网络被用于犯罪或恶意目的，如毒品和武
器交易、雇佣杀手、传播儿童色情或虐杀电影（人们被杀的真实镜
头），以及煽动种族主义或恐怖主义。

部分数字羞辱和私刑类型（我将在第七章进一步讨论）也是公
然的种族主义，比如419eater.com这一网站，它鼓励参与者对来自
非西方国家的人（通常是来自以尼日利亚为代表的非洲国家的黑人）
进行"引诱诈骗"（scam baiting），包括回复诈骗电子邮件，以及试图
让受骗者参与浪费时间或有辱人格的活动，例如举着他们不懂的羞
辱性英文标语拍照，甚至按照引诱诈骗者的指示文身，而诈骗者承
诺这样做能获得金钱。

手机应用也会扩大种族主义、性别歧视以及其他形式的社会
歧视和污名化。例如，有一些应用将种族偏见笑话或种族歧视作
为游戏的一部分。在"史上最具种族主义色彩的10款智能手机应
用"的榜单中，有一款挪威人开发的游戏，名为"街头乐队英雄"
（Mariachi Hero Grande），这款游戏的主角是一名墨西哥人，他穿着

脏兮兮的斗篷，目标是在射击龙舌兰酒瓶的同时踩死蟑螂；另有一款法国应用，名为"犹太人还是非犹太人"（Jew or Not Jew），旨在提供犹太名人的详细信息；还有一款叫作"非法移民：游戏"（Illegal Immigration：A Game）的游戏，运用偏见性的潜台词来讨论关于美国外来移民的真假事实（Bracetti，2012）。另一些应用程序最初收入谷歌应用商店，但随后遭到举报，因为这些应用程序邀请用户将自己的照片转换成不同民族或种族群体的样貌，如通过添加歧视性视觉元素等功能"让我成为亚裔"。这款游戏还使用了种族刻板印象，将白人面孔转化成黑人、北美原住民以及奥斯威辛集中营的受害者。

　　在互联网上，公然歧视和仇恨女性的言论也很常见。不只有女性学者会受到性骚扰、暴力和强奸的威胁（见本书第四章）。许多卷入数字公共参与的女性，如女权主义活动家、博客作者或记者，都经历过伴有极度露骨和冒犯性的措辞的仇女评论、跟踪和暴力威胁。数字媒体的女性用户比男性用户少，但她们在网上受到仇恨言论和辱骂的比例更大（Citron，2009）。一个著名的例子是英国学生卡罗琳·克利亚多-佩雷斯（Caroline Criado-Perez），她领导了一场要求英国政府让更多女性出现在国家纸币上的运动。在 2013 年年中，她在推特上多次收到强奸、暴力和死亡威胁。为了回应一些线上请愿，推特最终开发了一个按键，允许人们在该平台上举报辱骂或暴力信息。

　　谷歌的自动补全功能被认为具有重大的政治和伦理含义。例如，一项由联合国妇女署（UN Women）组织开发的广告活动，在谷歌搜索中的自动补全查询中发现了对女性的数字化歧视（UN Women，2013）。当这项活动的开发者使用"女性应该""女性不应该""女性需要"等词进行搜索时，谷歌会自动补全出"女性需要纪律""女性不应该拥有权利"等短语。2013 年 11 月，我在谷歌上用"女性应该……"进行搜索时，我电脑上的自动补全结果是"不运动""沉

139

默""呆在家里"和"不接受教育"。当我输入"同性恋者应该……"时，自动补全系统给出的最热门建议包括"死亡""不允许收养"和"被枪毙"。这些自动补全结果揭示了其他用户最常搜索的词汇。因此，许多以英语为母语的数字用户对女性，部分宗教、民族或种族群体以及同性恋者存在着根深蒂固的歧视。我们也可以说，如果持续允许自动补全这些关键词，那么，每因自动补全的观点而输入这些词，这种歧视就会永久存在。因此，自动补全算法并不是简单地利用搜索数据，它们也是社会态度的建构和再生产的行动者。

种族主义、厌女、恐同和其他形式的威胁和骚扰往往被轻视，没有得到法律的适当处理。然而，它们却可能对受害者产生重大的情感影响，并限制边缘群体自由进行数字公共参与的机会，包括从这种参与中获得收入（Citron，2009；Citron and Norton，2011）。

本章讨论了人们在多元社会经济和文化背景下使用数字技术的多种途径。本章所提供的例子表明，虽然数字技术在今天已具有全球影响力，但是地方性的"技术景观"或"使用文化"也会塑造它们的使用方式（Goggin and McLelland，2009：4）。地理位置在决定技术的物理访问方面很重要，但具有同等重要性的是区域内部的社会规范、实践和期望。正如我所主张的，数字社会不平等通过一系列方式呈现和再生产，包括使用文化和访问权的缺失。社会不平等和边缘化也可能在网络上拓展并加重。其中一些主题将在下一章中进一步讨论，我将转向数字政治的各个方面，因为它们与数字数据监视、数字行动主义、开放数据运动和公民参与有关。

第七章 数字政治及公民数字公共参与

探讨数字媒体应用，尤其是社交媒体平台的应用的文献越来越多。它们已然构成推动社会行动主义的手段，也被出于政治目的生产和使用数字数据的公民用来开展开放数据运动和逆向监视的战略。本章首先概述了数字监视的政治，这个问题在大数据时代变得越来越重要，并揭露了政府对其公民进行数据监视的方式。接下来，本章讨论了隐私的政治，并回顾了数字媒体技术在公民政治倡议中的应用。本章将采用批判性的观点，来审视社会媒体在影响社会变革、在数字数据中取得开放访问权上拥有独特力量等说法。本章的讨论还将聚焦于由民间新闻等活动生产的表面"真相"如何出于政治目的或者是纯粹的变态行为而被篡改，虚假信息如何被传播，以及社交媒体的行动主义如何沦为私刑行动与社会边缘化和歧视的方式。

数字监视政治

在第二章中，我概述了适用于数字技术的各种形式的观看（监视)。我指出,监视可以是自愿的或非自愿的、公开的或隐秘的、温和的或强制的、限制个体自由的或支持自由的。正如第二章所概述,人们已经认识到,如今我们生活在一个后全景监视世界,全景监视模式已经被以观察和监视为核心的新型权力关系所补充或取代。全景监视是"固态的现代性"的特征之一,因为它被限制在特定的时空范围。传统的全景数据是静态的,记录于某一具体地方中,并可能落满灰尘。它们只有单向的移动路径:从被监视者到监视者。那些通过现代数字监视技术收集的信息则大有不同。在《流动的现代性》(Lyon and Bauman,2013)一书中,监视无处不在,而且灵活快速运转。

不可否认的是,数字技术可以推行强制性和社会排斥性的监视模式。这特别发生在监狱等机构,利用数字手段监视移民和难民,或者构成安全措施,例如在公共空间使用闭路电视摄像头来识别潜在罪犯或恐怖分子嫌疑人(Bossewitch and Sinnreich,2013;Hintjens,2013;Mann and Ferenbok,2013)。这是一种威权模式的监视,那些被监视者并不总是明确表示同意(或事实上是被强制要求这样做),而监视者也不能默许自身行为有类似的透明度。

许多日常生活活动都涉及数字监视,但被监视者并未直接表示同意,并且这种监视可能是秘密的(covert)。即使通过某些技术收集的数据是被监视者自己的,这些数据也不会提供给他们。这些监视战略正在被监视者不知情或不同意的情况下扩散。例如在美国的一些地区,警察、私营公司和十字路口的闭路电视摄像头会例行对车牌和汽车位置进行拍摄。这些数据结果不仅被用来识别罪犯,还被用于警方的日常监视,甚至是对那些毫无可疑之处的公民开展监视,并服务于商业目的(例如供汽车回收公司使用)(Angwin and Valentino-Devries,2012)。一些公司已经开始利用智能手机搜索

WiFi 网络时自动发出的无线信号，来收集人们在公共空间移动的轨迹数据。智能手机用户并不必须同意手机的数据访问权限，也未意识到他们的移动轨迹正被追踪（Crawford，2014）。

143

众所周知，情报和执法机构一直在监视社交媒体平台上的内容和对应的元数据，并利用自身的社交媒体平台彼此共享数据（Werbin，2011）。直到斯诺登披露了政府机构对数字用户的监视程度之后，许多公民才开始意识到他们的个人数据可能受到了这些机构的审查。一段时间以来，大众媒体一直在警告公众，以谷歌和脸书为代表的商业实体以及政府机构正在通过收集有关公民的数据来监视公民，最终可能会通过汇总各种数据集产生的详细信息而深度了解个体（Wallace and Whyte，2013）。斯诺登文件显示，西方政府在很大程度上秘密访问了数字媒体网站，试图监视参与政治行动主义的个体活动。

美国国家安全局和其他西方情报机构不仅利用数字媒体数据进行监视，还试图利用社交媒体平台诋毁政治活动家和团体，诸如维基解密（WikiLeaks）和匿名者（Anonymous）。"五眼联盟"(The Five Eyes Alliance）是一个安全合作组织，由美国、英国、澳大利亚、加拿大和新西兰的情报机构组成，它的活动范围远远超出了监视互联网材料，而是积极干预数字内容，制造虚假信息。斯诺登文件显示，英国间谍机构——政府通信总部的联合威胁研究情报组（Joint Threat Intelligence Group）一直向互联网平台提供关于目标的虚假材料以诋毁其名誉，并操纵网上讨论以生产符合其议程的结果。这些行为包括：将在线资料错误地归于他人、篡改目标的网上照片、撰写博客以伪装自己是拟诋毁个体或团体的受害者，以及在网络论坛上发布负面信息。英国政府通信总部的一份文件描述了这些战术，其中提到了构成"在线秘密行动"的"四 D"组合：否认（deny）、破坏（disrupt）、诋毁（degrade）、欺骗（deceive）（Greenwald，2014）。英国政府通信总部还秘密监视维基解密网站的访问者，他们通过接入光纤来实时收集访问者的 IP 地址，并识别他们在网站中的搜索关键词（Greenwald and Gallagher，2014）。

144　　　　禁光监视是当代数字监视的主要特征。多位作者指出，这种监视模式对在"常态"和"越轨"、"洁净"和"污染"、"健康"和"疾病"、"合法"和"非法"等等之间建立和维持边界至关重要。它涉及一种社会分类（social sorting），在这种分类中，特定社会群体被认定为具有不同程度的危险或威胁，其移动或行动也据此被允许或限制（Ajana，2013；Muller，2008）。因此，禁光监视属于一种政治理性，即认为边界和边界控制对人口治理至关重要。出于排斥目的而产生数据的技术，被称为"第一代生物特征识别技术"，它通常将生物特征数据（如指纹和面部图像）与在线数据库进行核对，以作为控制风险手段中"风险预测"（risk profiling）的一部分。"第二代生物特征识别技术"涉及对人们行为的监视，旨在识别和测量可疑或敌对的企图（Sutrop and Laas-Mikko，2012）。由于技术的无形性，"第二代生物特征识别技术"深刻地推动了社会分类，受到这种监视的个体能够意识到其被监视程度的可能性逐渐降低（Sutrop and Laas-Mikko，2012）。

　　在历史长河中，作为对此类群体的最新监视形式，数字监视技术提供了更多的详细信息，如个人社会保障支出。另一个例子是在以美国为代表的国家中，外来移民群体要接受各种形式的生物特征监视（biometric surveillance）（如指纹扫描），以证明他们的身份和居住状况，而其他群体则不必接受此类监视。当人们缺少社会权力且缺乏数字素养或访问权限时，他们就无法抵抗政府的数字监视。与社会特权阶层相比，他们没有退出数字监视的选择，因为他们的收入、社会服务水平或工作权利可能依赖于这些要求。对此类监视和监管的担忧，使得人们关注"数字人权"（digital human rights）主题（Eubanks，2014）。

随着数据挖掘和算法处理的新发展，我们很难预测现在生成的数字数据将在未来如何使用（Andrejevic，2013）。正如第五章所讨论的，越来越多的证据表明，以往具有不同来源的匿名数据能够通过聚合使用来追踪数据来源，从而破坏匿名性（anonymity）。"数字指纹"（digital fingerprinting）技术允许将不同数字设备所收集的多重个体数据集连接起来，以识别其名字、习惯、偏好和实践（Andrejevic，2013）。即使数据保持匿名性，它们也可能对个体权利和自由产生重大影响。无论一个人的数据是否包含在大数据集中，其他人的数据也会被用来决策，这往往限制了个体的选择（Andrejevic，2013）。例如，一旦证明特定体重或酗酒的人或者以特定方式驾车的人更具患病或车祸的风险，那么他们就有可能支付更高的保险费。如果来自特定性别、年龄和民族的个体被认定为具有安全风险，那么所有拥有这种具体特征的人都会被认定为潜在罪犯或恐怖分子。

在数据主体的材料生产中，如果在贴标签或其他形式的内容分类中出现公开的错误或误解，这可能会对目标个体产生严重影响。正如维尔宾（Werbin，2011：1260）所说："社交媒体不会忘记。它的记忆不仅持久且难以纠正，还会被解析和分发，从而开放给不确定的平台上的逻辑重组、无限累积以及无限的形式。"因此，不准确和错误可能会以不确定的方式持续存在，这不仅掩盖了错误生产的方式，还会产生多重影响。例如，这些分类即使是错误的，也会导致个体被列入"禁飞"和其他安全观察名单，并被禁止进入其他国家（Bossewitch and Sinnreich，2013；Werbin，2011）。

隐私政治

通过数字媒体实践，公共和私人之间的差异受到挑战并发生转变。事实上，有人认为，通过在线自白实践以及数字技术用户关于日常习惯、活动和偏好等大量数据的累积，隐私概念已经发生变革。随着算法技术不断聚集和解释他人的数据，个体数据也能通过品位和偏好预测来影响他人（boyd，2012）。丹娜·博伊德（boyd，2012）提出的"网络化隐私"（networked privacy）概念指证了这种复杂性。正如她所说，在社交媒体网络和逆向监视时代，很难将隐私作为一个单独的议题。许多在社交媒体网站中上传图片或评论的人，都有意或无意地将其他人包含在这些材料中。正如博伊德的观察（boyd，2012：348）："我甚至无法统计那些陌生人拍摄的、背景中有我的泰姬陵照片数量。"

许多用户逐渐意识到，根据平台隐私政策和用户隐私设置，他们选择在社交媒体平台上分享的关于自己以及朋友家人的信息，可能会被其他人获取。例如，如果在脸书上的隐私设置中限制访问权限，那么这个平台的信息就会比用户上传到推特、YouTube 或 Instagram 等平台的数据更具限制性，因为后者几乎没有可用于限制访问个人内容的设置。然而，即使是在脸书内部，用户也必须接受自己的数据可能会被自己添加为好友的人访问。例如，即使他们不希望其他人看到自己的照片，但他们也可能被包含在好友上传的照片中。

如今，开源数据获取工具可以让人们搜索他们好友的数据。那些加入社交媒体平台的人，可以使用脸书图谱搜索等工具来挖掘好友上传的数据并搜索。人们可以在此工具中识别"我好友在纽约的

146

照片"或"我好友喜欢的餐馆"等元素。在某些职业领域，如学术界，其他人可以使用搜索引擎来查找某人的工作履历和成果等众多细节信息（谷歌学术就是一个例子，它列出了学者的著作及其被引量和引用者）。人们的网络照片、视频、社交媒体简介和在线评论等个体数据，都能够轻易地通过搜索引擎而被他人访问。

此外，个体的个人数据不仅能在社交网络中共享，还可以用来预测他人的行为、兴趣、偏好甚至健康状况（Andrejevic，2013；boyd，2012）。当人们的小数据与其他人的数据聚集在一起以产生大数据时，这种结果数据将被用于预测分析（见本书第五章）。作为算法监视和算法身份生产的一部分，人们在参与的社交媒体网络和被定位为"喜欢"访问的网页中将呈现为他人的构型。人们几乎没有任何机会能选择不加入构建自身的数据集合中。

网络隐私话语中存在着一种明显的张力。研究表明，在数字社会中，人们对隐私持有矛盾的、甚至是悖论性的观点。一方面，许多人支持将数据监视应用于安全目的和改善经济社会福祉。人们普遍认为，他们不担心被其他人在线监视，因为他们没有什么可隐瞒的（Best，2010）。另一方面，有证据表明，持续的、无处不在和普遍的数字监视令人不安。人们认识到，隐私保护的范围是有限的，至少个体在控制自身数据的访问权或享有"被遗忘权"方面是有限的（Rosen，2012；Rosenzweig，2012）。一些评论者认为，我们确实需要在数字时代重新思考"隐私"概念。罗森茨威格（Rosenzweig，2012）将传统的隐私概念描述为"古董隐私"，并声称这些概念需要在当代普遍盛行的数据监视世界中受到挑战和再评估。他认为，在衡量权利和自由时，任何数据监视项目中的手段、目标和后果都应该被单独评估。

最近，皮尤研究中心对美国人进行的一项调查（Rainie and

147

Madden, 2013）发现，大多数人不仅重视个人隐私的概念，还重视用来抵御罪犯或恐怖分子的安全保护，在这种情况下，人们可以违背个人隐私。大多数的数字技术用户都意识到，要在保护个人数据不受他人审查或商业使用以及从收集数据的数字媒体平台获益之间进行权衡。这项研究表明，收集个人数据的环境对于人们评估隐私侵犯的程度非常重要。该调查的美国人更关心他人是否知晓自己的电子邮件内容而非互联网搜索记录，他们更有可能经历或目睹自己的社交媒体网络中的个人隐私侵犯，而未意识到个体数据的政府监视。

　　另一项定性访谈研究（Wellcome Trust, 2013）调查了英国人对个人数据和数据间联系的公众态度。研究发现，许多受访者对利用大数据来推动国家安全、犯罪防治和侦查，改善政府服务、资源分配和规划，分析社会和人口趋势，方便省时的购物和其他线上交易行为，识别诈骗行为，并在紧急情况下提供重要的医疗信息等方面呈现积极态度。不过，受访者也对个人数据的利用表示了一些担忧，包括可能存在的数据丢失、盗取、入侵或泄露，未经同意的分享，以及在监视、未经请求的营销中的隐私侵犯，纠正不准确的自身数据的困难，以及利用数据歧视他人。那些社会经济地位较低的受访者在处理潜在的个人数据泄露、身份窃取或被利用数据歧视等方面更容易感到无能为力。

数字行动主义

　　社会科学领域不同学科的学者，对社交媒体和其他数字技术服务于社会行动家的现状进行了调查，这些学科不仅包括社会学，还包括人类学、媒体传播学以及文化研究。曼纽尔·卡斯特（Manuel

Castells）是将社交媒体服务于行动主义领域的最著名的作家之一。卡斯特（Castells，2012）在他最近一篇关于网络化社会的文章中，将注意力转向利用数字社会网络推动当代社会运动和行动主义的路径。他认为，这些新兴网络形式通过建构新型公共空间，或在数字空间和城市空间之间构建的网络化空间中，对既有权力的运作构成了重大挑战。

一些文化研究和媒体传播学学者，描述了使用数字媒体进行政治行动主义、用户在网络论坛上创造的政治性媒体内容以及其他形式的公众参与等方面。网络行动主义的研究者业已特别关注了2011年的社交媒体使用，比如推特、YouTube、脸书和博客在"阿拉伯之春"和"占领华尔街"（Occupy Wall Street）运动中发挥的作用（Bruns et al.，2013；Gleason，2013；Howard and Hussain，2011；Murthy，2013）。事实上，图费克奇和弗里龙（Tufekci and Freelon，2013：843）认为，现在的数字媒体技术对政治行动主义的影响如此之大，以至于"询问数字技术是否会产生影响是没有意义的；相反，我们可以并应该研究的是其影响机制和关键机制"。

维基解密运动和匿名者黑客组织备受瞩目。前者因在互联网上解密、公布前政府文件而获得关注，后者则加入黑客活动，并正如自身所期盼的那样试图挑战政府权力（Cammaerts，2013；Curran and Gibson，2013；Postill，2013；M. Sauter，2013）。一些数字人类学家探索了被征服群体（subjugated groups）如何利用社交和其他数字媒体来实现正义和认可。例如，约翰·波斯蒂尔撰写了一系列关于马来西亚（Postill，2008）和西班牙（Postill and Pink，2012）等国家运用互联网行动主义和社会抗议的文章。

一些关于使用在线平台进行女权行动主义（feminist activism）和提升意识的研究也已经展开。这项研究表明，数字媒体在动员支

149

持行动主义和推动沉默女性获取发言权方面发挥了重要作用，这些失声女性包括那些来自少数种族、民族或性少数群体的女性，以及位于全球南方的女性（Friedman，2007；Merithew，2004；Rapp et al.，2010）。最近，澳大利亚的一个数字女权行动主义的例子是"摧毁联结运动"（Destroy the Joint campaign）。2013 年，澳大利亚女权主义者利用推特和脸书，抗议著名保守派电台评论员艾伦·琼斯（Alan Jones），后者在其电台节目中发表言论称当时的澳大利亚总理朱莉娅·吉拉德（Julia Gillard）等女性领导人和政客正在"摧毁联结"——也就是说，她们对澳大利亚有不利影响。女权主义者采用"#destroyjoint"的主题标签后，很快就利用推特吸引了人们对琼斯性别歧视言论的关注。她们经常发表关于"摧毁联结"计划的讽刺性评论，聚集了许多支持者和评论转发者。后来，琼斯又针对吉拉德的一次政治演讲进一步发表了负面评论，他称她为骗子，这也再次引起了这些社交媒体行动者的关注和批评。广告商对"摧毁联结运动"造成的负面宣传作出回应，撤回了对琼斯的电台节目的资助。琼斯也被迫就他对吉拉德的言论公开道歉。

我在上一章提到，许多残疾人已经从网络社区得到了支持。其他社会边缘群体的成员也发现，互联网是支持和政治动员的力量来源。那些自认为是酷儿或跨性别者的个体，也已利用网络技术来达到这些目的，他们有时还发现互联网是表达自己性身份认同的唯一安全空间。女同性恋、男同性恋、双性恋和变性行动主义者，经常利用数字媒体来获得支持并参与政治行动，试图挑战异性恋规范下的刻板印象和歧视（Fraser，2010；Soriano，2014）。通过此类活动，网络"酷儿社区"（queer community）以及许多政治团体和支持网络已经发展起来（Soriano，2014）。例如，有许多 Tumblr 网页专门用来庆祝和表达酷儿身份，并邀请其他酷儿身份认同者参与，其标题有"极端酷儿""我知道我是酷儿的时候……""酷儿抵抗"和"我喜欢成为酷儿的原因",还有一些其他致力于支持酷儿、变性人或跨性别者身份认同的帖子。

那些带有肥胖自我认同的人也开始在网上积极地挑战和抵制肥胖污名化。他们在博客中谈及肥胖的自豪感,并利用脸书主页、Tumblr 和推特的信息流和图片帖子来分享信息和积极行动,将肥胖的身体描述为正常、健康和有吸引力的。例如,图片策展网站 Pinterest 陈列了许多由肥胖接纳支持者和肥胖行动主义者(fat activists)创建的主页,它们选择并展示了一些具有积极代表意义的肥胖身体图像。这些照片涵盖了看起来富有魅力的肥胖名人形象、有吸引力的肥胖身体的复古照片、曲线身材的色情描绘、艺术表达、肥胖接纳海报、以徽章和 T 恤为代表的产品,以及希望表达身体自信的普通人。他们的行动被统称为"脂肪圈"(fatosphere)(Meleo-Erwin,2011)。

也有许多与健康相关的数字媒体网站,旨在为特定的疾病和状况提供信息、分享和患者支持。这些在线团体和组织的部分成员还试图参与政治行动主义,以获取更广泛的支持来正面描绘患有特定疾病或状况的人,呼吁优化医疗服务获取或医疗政策改革,或挑战医学正统性(Meleo-Erwin,2011)。残疾行动主义者(disability activists)也已经开始通过社交媒体来促使人们关注政府削减服务等问题。一个例子是 2012 年英国人发起的"我们是斯巴达克斯"运动(We Are Spartacus campaign)。这项运动起源于一个推特主题标签,最初是少数行动家在推特上发布推文,发布了一份英国政府残疾人生活补贴改革报告。这份报告本身是在社交媒体的催化下撰写的,报告中病患和残疾人士投稿描述了他们的经历,以及削减残疾人生活补贴将对他们生活产生的影响。拥有数百万推特粉丝的名人史蒂

150

芬·弗莱（Stephen Fry）的参与，以及其他在推特上讨论该报告的知名政治家和英国公众人物，极大地推动了这场运动。这一推特热搜话题一旦让英国主流新闻媒体发现，他们便会关注此项新闻，由此产生的公众舆论会对相关政客施加压力（Butler，2012）。

开放数据和数据保护倡议

正如本书第五章所讨论的，有人认为，个体和组织的数字数据在某种程度上可以被视为适销对路的商品，从而被视为有价值的财富。因此，除非获得许可，个体和组织应该以防止外部使用的方式对数据进行保护和存储。有人主张应该保护个人和组织的自身数据权利，也有人主张这些数据应该被视为公共资产并共享（Kirkpatrick，2011）。事实上，一种新兴慈善形式——"数据慈善"（data philanthropy）已经出现，它鼓励个人和企业"捐赠"他们的数据以使全民受益（Kirkpatrick，2011）。例如，人道主义组织全球脉动就支持这项活动。

如今，数字数据客体被认为是如此有价值，以至于我们经常提到个人的"数据资产"（data assets），并考虑到个体死后的数据资产安置情况。一些评论者认为，数字用户应该建立个人计算云存储库，以存储他们的所有交互数据供他们自由使用、交易或出售；同时，浏览器的"无痕"模式可能成为阻止企业平台挖掘用户个人数据的常见方式。还有人认为，人们需要更清楚地了解自身的元数据，了解他人能在网络上发现自己的哪些信息，并更加意识到信息的内容和被利用的方式（Horning，2013；Watson，2013）。

有一种趋势是从平台和网站开发人员使用的档案中解放数据，

以便个体可以出于商业以外的目的访问这些数据。这里的数据集合变成了一种商品，用户可以自己使用，而不是让平台开发者将其货币化（Vaughn，2013）。如果接受"你就是你的数据"这一理论假设，那么一个人对自己的数据应该享有所有权和使用权（Watson，2013）。数字数据的这种价值化（valorisation）不仅仅集中在经济需求上，还包括数据优化个人生活的其他因素。这一观点在那些与个人生活其他方面相关的论坛中多次被提及，这些方面包括医疗、就业和教育。当人们能够收集"小数据"时，比如在人们使用数字自我跟踪设备或参与公民科学或公民新闻实践时，他们就为"自制大数据"（home-made big data）作出了贡献，这些数据可以用于更广泛的研究、政治以及个人目的。事实上，这正是量化自我（Quantified Self）运动的目标之一。这一目标正如在其网站上所表达的那样：生产自己的数据以满足自己的目标，同时与他人的数据相结合，从而对人类行为产生更深刻的见解。向公众提供开放数据源也是一种公民利用大数据参与自身研究的途径（Halavis，2013）。 152

　　试图控制数据监视的数字战略已然产生，这其中包括能够揭露在线活动的监视方式和个人数据的访问者的应用程序。浏览器和搜索引擎也可以用作不追踪用户查询的互联网帝国公司所提供服务的替代品，加密信息的在线服务和不识别用户地理位置的电话也是如此。阻止广告弹窗和防止广告商收集用户数据的广告拦截工具（ad-blocking tools），正在成为一种流行的浏览器扩展程序。还有一些程序可以为用户提供他们在社交媒体网站和在线服务（如谷歌）上共享信息的快照。他们会为用户发送隐私设置较弱的提醒通知，还会为用户发送网站隐私政策变更的警告提示。一些工具可以向用户显示访问个人信息的公司权限名单，这些信息包括他们的信用卡详细信息、电话号码和电子邮件地址等信息；另一些工具能从互联网收集个人信息的网站上删除个人的公开资料和个人信息。一些人清除了公司用来追踪用户浏览行为的小型文本文件（cookies），或者将他们的设备设置为禁用、阻止或关闭小型文本文件（Dwoskin，2014）。

在更具政治行动主义的层面上，一些批评者和活动家已经开始呼吁人们参与抵制行为，以对抗其他人出于商业或监视目的来收集其活动数据的行动。他们主张数字数据应该提供给公民使用，以造福于他们本身或所属的社群。一些社交媒体学者认为，作为其自身政治行动主义的一部分，亲自参与有关数字媒体的公开辩论同样重要（参见 Ford et al.，2013；Fuchs，2014b；Jenkins，2014）。2014 年 4 月，一批互联网学者、媒体从业者、图书馆员、活动家和媒体政策制定者，包括著名的马克思主义媒介理论家克里斯蒂安·福克斯，发布了《2014 年维也纳信息和言论自由宣言》(*The 2014 Vienna Declaration on Freedom of Information and Expression*)，他们在各种学术论坛上呼吁其他学者签名。该宣言呼吁"公众要保持警惕，捍卫信息和言论自由作为关键的民主权利"，特别是在互联网数据监视以及企业和国家对媒体的控制方面（Avaaz.org，2014）。

"开放"已经成为数字技术的流行语，许多人提倡开源软件、开放数据、开放在线教育和开放获取学术出版物（如本书第四章关于学术研究的部分所述）。术语"开放数据运动"被用来描述一种政治观点，即以政府主体的数据档案具有访问价值。开放数据运动的假设是以政府主体的数据档案能够揭示出其政治低效、财政浪费、不关注公民的切身利益和极度腐败等。在开放数据倡议中，人们聚焦于诸如"透明度""问责制""公民赋权"和"参与"等关键词。有人认为，这种实践不仅涉及更广泛的民主参与，还可能创造新兴产业和创新。有人主张要建立一个全球数据生态系统，世界各地的社群都能够为自身目的而访问该系统（Davies and Bawa，2012）。

"社群信息学"（community informatics）这一术语经常用于描述社群成员从事自己的数据收集和分析，而"公民感知"（citizen sensing）或"参与感知"（participatory sensing）则更具体地用于表示涉及公民获取数据的行动，尤其是使用传感器技术来获取环境相关数据。这些传感器可以通过可穿戴计算设备而被个体佩戴，安装在车辆（包括自行车）上，附着在气球上，或安装在人们的房屋或街道设施上（Kamel Boulos et al., 2011）。支持儿童学习计算机编程并将其作为学校课程内容的呼声也日益高涨，他们认为在当代数字社会中，数字和编程素养与更为传统的素养同样重要。有人主张，数据素养能够帮助儿童和年轻人适应未来必备的工作岗位，并保护自己免受个人数字数据隐私泄漏的危害（Williamson，2013a，2013b）。

各种组织和团体已经发展起来，旨在帮助人们学习创建和使用数字数据。例如，英国的数据与开放数据研究院（School of Data and Open Data Institute）为非商业组织、社会活动家、记者和公民提供课程和活动，指导他们创建、访问和使用数字数据。许多倡议正在实施，以支持数字化的公民科学活动，例如协助人们使用数字技术收集有关地方环境条件的数据，以便他们能够利用这些数据来推动变革。为变革而测绘（The Mapping for Change）这一组织便是一个典型例子。该组织提供地图绘制、地理分析和社区参与服务，包括帮助社区创建在线互动地图，展示有关社区服务或环境污染等特征的地理信息。其中一些测绘活动涉及使用数字传感器和其他数字技术，例如用于生成数据的社交媒体，以便参与者能够收集自己的数据，然后在在线地图上直观地呈现这些数据。"我们是数据"（We the Data）网站（有趣的是，该网站由被其称为"好友""TED 成员""有远见者"的来自计算机巨头英特尔的成员共同创建），概述了为加强公民对其数字数据的访问而开展的一系列活动：平台开放性、数据

154

素养、数字访问和数字信任［其定义是"控制个人数据耗尽（data exhaust），并建立声誉和责任系统的能力"］。

很明显，越来越多的人正在学习使用数字工具，以收集和解释数据。例如，2013 年末，台风"海燕"袭击菲律宾，志愿者们被号召采取行动，利用社交媒体数据为援助工作提供信息。在缺乏偏远地区居民生活状况的信息，再加上台风破坏了固定电话信号的情况下，社交媒体信息——由充气式宽带天线等应急数字技术基础设施提供支持——提供了援助细节信息。工作人员使用 MicroMappers 平台，通过志愿者筛选推文和其他数字媒体的最新信息，记录事件描述和上传的任何图像的内容，从而准确定位人们的求助地点。其他志愿者则使用在线地图工具"开放街道地图"（OpenStreetMap）来创建新版本的数字地图，展示受灾地区的地形变化，以帮助救援人员更好地进入救灾地点（MacKenzie，2013）。在其他发展中国家，公民利用政府公开数据来监督政治家的行动（如加纳），展示政府财政支出浪费（如尼日利亚），并参与旨在改善公共卫生和清洁水资源的政治行动（如印度）（Firth，2013）。

批判性视角

尽管有许多利用社交媒体和其他数字媒体开展政治活动和公民参与的成功例子，但一些批判者提出质疑，认为这些实践效果过于理想化和简单化。批判者认为，新兴数字媒体在促进社会变革、支持解放潜力上具有显著力量的观点，往往是一种将数字媒体的角色过于简单化的看法。一种更复杂的路径指出，数字媒体与传统媒体以及其他形式的信息传播和煽动行为之间的互动关系是复杂和多维

155

度的，它涉及一个异质的行动者集合，包括人类和非人类、新媒体和旧媒体。社群和社会网络概念往往被应用于互联网研究，似乎它们是有界的、单一的，而不是异质的和动态的。波斯蒂尔（Postill，2008）提出了"社会场域"（social field）概念，即社会能动者竞争或合作的空间，包括可能为变革而动员的当地居民和抵抗社会变革的当局。目前，各种各样的人类行动者正在促成数字自由行动主义和民众表达的融合，包括"计算机怪胎"、黑客、专门研究版权和互联网议题的记者和律师，还有其他知识生产者，如学者、社会活动家和公民。而同样多元的行动者可能正在寻求限制、遏制或压制此类活动（Fuchs，2011，2014b；Postill，2013；Tufekci and Freelon，2013）。

人类和非人类行动者共同生产数字数据——开发者、编码者、网络超链接、算法、搜索引擎和互联网本身需要的基础设施工程，建构和限定着人们搜索和查找相关信息，以及上传和操作自己数据的手段（Ruppert and Savage，2011）。有人批判卡斯特的理论忽视了对监视和隐私问题的讨论，并假设所有公民具有平等的网络访问权利（Fuchs，2014a；van Dijk，2010）。正如本书第六章所示，许多人仍然缺乏使用数字技术方面的专业知识，甚至缺乏互联网社群动员的乌托邦式愿景往往会设想的那种访问能力。就出于政治目的而使用数字媒体的技能和专业知识方面，网络上存在巨大的差距。一份备受瞩目的数字文件，往往需要资金支付才能获取。那些能够获取更多资源的团体和组织，能够为技术专家和网站运营支付费用，以获得更大的知名度（Adams，2011；Halford et al.，2013；Mager，2009）。

正如本书第五章所述，不论公民数据倡议如何发展，互联网帝国公司都保留了他们收集和存档的数据。虽然 Web 2.0 文化提倡共享和参与式民主的理想，指出普通民众既可以为数字数据作出贡献，也可以在数字媒体技术的供给中受益，但是，那些创造数据的人却几乎无法从中获取经济利益。能够受益的是谷歌、亚马逊、脸书、推特等公司，它们是数据创造者出售数据的对象。虽然大数据相关论调强调"透明度"话语，但是许多大数据集的收集者并没有披露数据收集的方式和目的。虽然大数据分析被用于生成关于个体的决策和预测，但是这些个体通常不了解决策和预测的形成方式，也未意识到个人正在被挑战（Richards and King，2013）。大型数字公司仍然对其开发的社交媒体网站的公开内容施压。有一个引发持续争论的例子是脸书限制女性上传哺乳的照片，因为这被认为是发布不合适的女性裸体图片。

虽然社交媒体允许社会活动家组织他们的行动，但是它们也是情报机构和警务机构动员处理及其法律指控的数据来源（Werbin，2011）。政府可以采取行动关闭、禁止或审查数字媒体网站。例如，在新加坡（Bell and Dourish，2007）、叙利亚（Richards and King，2013）等国家，政府对传统媒体和互联网网站实施严格审查。虽然这些国家的公民有机会利用互联网作为社会行动的一部分，但是与政府干预较少的国家相比，行动的自由度要低很多。事实上，2013年11月，新加坡因其审查活动被匿名者关注。2014年3月，时任土耳其总理雷杰普·埃尔多安（Recep Erdoğan）在土耳其限制使用推特，试图压制对其政治权力的挑战，这就是压制社交媒体言论自由的一个例子。推特和其他社交媒体平台曾被用来泄露文件和窃听录音，据称这些材料包含埃尔多安的腐败证据。

除了审查社交媒体上的政治行动主义之外，一些政府政权本身也利用互联网对政治活动家和组织者进行监视。他们利用社交媒体数据来识别和逮捕，从而将在线技术的交流和网络功能转变为对言论自由和政治变革的压制（Fuchs，2014a）。

　　批判者还对数字行动主义的理论假设和意识形态开展了进一步批评，主要对其倡导者认为数字行动主义具有持久的生产力和积极性展开批评。几乎没有人质疑这些假设所包含的开放性和参与性的修辞。与传统的政治组织形式相比，社交媒体展示出了生命力和进步性，数字行动主义的言论也主要包括对无政府主义和扁平化组织的偏好，以及对等级制度的厌恶（Kavada，2014）。在这里，数字乌托邦主义（digital utopianism）和技术决定论（technological determinism）的话语论调与人类奋进的其他领域里一样明显。数字行动主义的倡导者倾向于将传统媒体视为过时的、在组织政治活动时效率低下，甚至将其视为"死亡的"和腐烂的；同时，他们将新兴数字媒体定位为进步的和革命性的（Natale and Ballatore，2014）。实际上，有人断言，大众媒体和数字行动主义的特定学术话语，都倾向于将这种行动主义浪漫化（Markham，2014；Natale and Ballatore，2014）。福克斯（Fuchs，2014a）提出，如若不使用数字技术，阿拉伯之春和占领华尔街等事件是否会发生。他认为，这些活动仍然会爆发，只不过会换用不同形式的媒体和活动组织。

　　批判者还指出，产消合一具有不同程度的政治和经济参与，尽管其中一些是微不足道的，但也有一些产生了较大影响。例如，部分行为与单纯分享或点赞他人的社交媒体内容截然不同，这些行为包括在社交媒体平台上传鼓动政治变革的详细内容，积极利用数字媒体网络合作开展政治活动，鼓励成员加入政治团体。在日益商业化的产消合一环境中，部分形式的数字参与是革命性的，并对当前权力模式构成挑战，而其他形式的数字参与则构成了决定性和强有力的机构及其权力支撑。这些机构包括经济实力雄厚的公司，如谷歌、苹果和亚马逊（Fuchs，2011，2014b；Jenkins，2014）。正如詹金斯（Jenkins，2014：10）所说，Web 2.0商业模式寻求"捕捉、商品化和控制公众对有意义参与的渴望"。一些为传播抵抗政治思想或为更加支持边缘群体而建立的网站已经逐渐商业化（Lupton，2014a；Soriano，2014）。

一些评论者挑战了让公民学习收集和运转数字数据或学习计算机编程的理想化假设。有人断言，这些设想可以被解释为鼓励公民在新自由主义政治背景下承担责任，要求他们参与编码、数据收集和数据分析，以实现政治目的（Bates，2012）或服务商业利益（Williamson，2013a）。有人可能会认为，这种乌托邦式的理想往往倾向于忽视了可能会激发公民想去解决的数据混乱、不准确、片面性和不完整性的事实（Davies and Bawa，2012），以及收集数据、编码和数据分析实践本身的困难程度。即使是专业的编程人员，也很难与最新的编程语言、代码包和操作系统保持一致，并且基本上不知道其编程工作的社会和经济后果（Williamson，2013a）。

此外，发布数据集以使其本身"开放"并不是一种解放行动，也不是一种政治上的进步行动。数据开放的条件、数据质量以及数据用途，都构造了"开放"过程的运作和解释方式。贝茨（Bates，2012）对英国开放政府数据倡议（Open Government Data initiative）的分析发现，强大的政治利益集团试图影响发布的数据，并将此过程服务于商业利益，而非用于进步的社会政策。因此，开放数据倡议是重要的社会和政治斗争的场所，试图访问数据的社群有时会为了精英团体的利益而不断地选择和利用这些数据。"发布数据"项目的背后要比台面上承认的内容复杂得多，而且存在政治争议。

有些人担心，面对数据和其他形式的信息累积，人们正面临着"信息过剩"或数据过载（data overload）。在 Web 2.0 时代，观点表达和公民新闻活动成为时代组成部分，有无数种呈现事件和建构现实观点的途径。数字媒体用户需要找到一些方法来筛选这些观点和陈述，并理解它们。有人认为，现在个体接触了大量的数据形式，以至于人们难以评估数据的重要性、价值和准确性。这对那些从大数据中寻求商业价值的创业者和普通市民一视同仁。然而，那些在公司档案库存有数据的群体有权访问这些数据，并有权获取更多的资源来在数据之间建立联系并解释其意义（Andrejevic，2013）。

博伊德和克劳福德（boyd and Crawford，2012）在分析数字数据访问差异中固有的权力关系时，区分了"大数据富有"（big data rich）和"大数据贫穷"（big data poor）。安德烈耶维奇（Andrejevic，2013：34—35）进一步预测了他所说的"两种不同的信息文化"相共存的情景：一种是基于传统信息来源，如个人或他人的经验、新闻媒体和博客，另一种则源于由计算机分析、理解的大数据。他认为，新兴信息文化构建了新型社会、经济和政治劣势。那些拥有较强文化和经济资本的企业能够让大数据为自己服务，而其他主体则无法从大数据中获益。这表明，通常而言，人们对新兴数字知识经济的贡献度、发展正当性及获益性仍然很有限。虽然一些言论表明产消合一平台有助于创造"新型信息的守门人和数据解释者"（Ruppert and Savage，2011：87）（即数字化赋权的公众成员），但是作为理念型的数字参与公民，仍是由占据主导地位的且往往是持续的权力和知识的等级制度来构建的。

一些开放数字数据运动的倡导者开始意识到这些问题，并鼓励人们对大数据现象本身发展出一种批判性方法："批判性公民科学"（critical citizen science）。它超越了公民科学家作为物联网传感器节点的概念（McQuillan，2013）。正如麦奎兰（McQuillan，2012）所言，批判性公民科学涉及人们"检查和质疑在大数据机器中呈现他们世界的事物，以及代表他们偏好的未来进行干预的能力"。他断言，一旦人们开始接触数字数据，他们就会意识到它的"顽固性和物质阻力"（McQuillan，2012）。他们将看到，数字数据在用于支撑数据的假设和判断时，往往因政治目的而带有模糊性和不精确性（数据的"肮脏性"），以及这些信息形式和"真理"并不如它们往往呈现的那样客观中立与完美。他们将能够思考哪种数据最适用于自身目标。麦奎兰（McQuillan，2012）给出了反制图集体（Counter Cartographies Collective）的例子，该团体试图以数据生成者和存档者意想不到的目的来"戏弄"这些大型数字数据集。

公民数字公共参与的负面影响

鼓励公民参与知识创造会对其他公民的隐私和自由带来重大的风险和威胁。现在，逆向监视和景观监视实践是许多用户与数字技术交互中必不可缺的要素。移动和可穿戴计算设备使用户能够不断监测和记录在家庭和公共空间移动时的视听数据，并监测地理位置细节（Mann and Ferenbok，2013；Michael and Clarke，2013）。这些技术用户可以不断地彼此观察、记录，然后使用社交媒体平台与其他人（在某些情况下，能够达到数千甚至数百万人）分享他们的观察。在公共空间中活动的人们，在公共视野中变得模糊不清，这呈现出一种空间、视觉、社会甚至刑事谴责的新构型。这些记录在通过数字媒体平台传播和贴标签时将受到道德阐释的影响（Biresi and Nunn，2003）。

自从 1992 年罗德尼·金（Rodney King）在洛杉矶被警察殴打的非专业视频录像公布开始，记者和活动家为了公共问责的利益可以拍摄照片并传播的观念便日渐流行。在移动计算随处可见的时代，人们成为民事证人的机会成倍增加。现在，使用自己的设备来拍摄照片或视频非常容易，并能够即时上传到社交媒体网站，以供分享和传播（Byrne，2013；Kingsley，2008）。因此，警察和安全官员等权威人士的行为可能会受到个体公民的普遍监督，后者可以在社交媒体网站上发布自己记录的图像或音频文件，并获得广泛的曝光度（Bossewitch and Sinnreich，2013）。

数字媒体提供的监视能力可以净化社会风气和查明不法行为，但也可以用于骚扰、操纵、跟踪、偷窥、暴行、不法惩罚或社会排斥。从事这些活动的人参与了公开羞辱行动，那些被认为越过道德行为界限的个体或团体将受到惩罚和指责。有时，这可能会迅速演变为私刑行动，这有时会在缺乏确凿证据时攻击个体存在犯罪行为或其他应受谴责的行为（Byrne，2013；Kingsley，2008）。

2013 年 4 月波士顿马拉松爆炸案发生后，便发生了此种案例。一位在记录中失踪一个多月的大学生苏尼尔·特里帕蒂（Sunil Tripathi）被误认为是嫌疑犯，这使他的家人伤痛欲绝。同时，社交书签网站 Reddit 的一名成员通过网上可用的安全摄像头的模糊图像来梳理照片，以识别此次爆炸案的袭击者。他认定特里帕蒂和犯罪嫌疑人中的一人很像。很快，这种所谓的身份识别被记者和其他用户通过推特等社交媒体网站传播开来，特里帕蒂也因此声名狼藉。特里帕蒂的家人在脸书上创建的"帮助我们找到苏尼尔·特里帕蒂"小组主页，被愤怒的 Reddit 用户诽谤，这迫使其家人关闭小组。最终，特里帕蒂的尸体被发现（据推测，他是在波士顿爆炸案发生前几天自杀的），爆炸案的真正犯人也被确认。

传统上，新闻媒体通过"点名羞辱"(naming and shaming) 的方式，来对因犯罪行为而出庭受审或因不法行为而受到公众关注的人行使规训权力。如今，许多报纸都以数字方式发布新闻报道，这使轻微的过失、违法和不当行为，都有可能在网上被报道，从信息源开始传播，并以数字格式永久保留。一旦某一个体的名字在数字网络上多次与犯罪或反社会行为相联系，这种联系就不可能根除。这些人的名字被输入搜索引擎时，便会立即与引起社交媒体关注的事件联系起来，即使它发生在几年前，或者这些人名被错误地识别（Waller and Hess，2014）。

通过社交媒体传播的羞辱行为也放大了轻微的社交失礼（social faux pas）（Kingsley，2008；Waller and Hess，2014）。这种情况经常发生在反社会行为中，例如种族主义侮辱或在公共场所小便，这种行为的记录和数字分享有时会导致当事人被警察逮捕。当社交媒体认定某人行为不端或有犯罪行为时，这就会引发推特上的火爆讨论，此人随后会遭到强烈的斥责和羞辱。我在本书第四章提到了美国学者杰弗里·米勒，他在推特上对肥胖学生缺乏自控能力的问题发表了不当的攻击性言论。他的言论被大量转发，并附带了对其的负面评价。他在互联网上被称为"肥胖羞辱教授"。还有无数其他的例子，包括我在本章前面所描述的针对广播员艾伦·琼斯的"摧毁联结"运动。

正如苏尼尔·特里帕蒂的案例所表明的，社交媒体网站不仅传播错误的"新闻"，还参与制造明显的"爆炸新闻"（breaking news）。在主流新闻机构工作的记者非常重视在社交媒体网站上传播的信息，他们常在自己的推文和在线"爆炸新闻"报道中不断传播谣言。制造欺诈性内容以企图延续骗局或构成营销宣传，可能会阻碍新闻采编和人道主义的努力。这里，我们再次以波士顿马拉松爆炸案为例，在这起事件发生后不久，推特上就出现了数以千计的伪造信息和抹黑推文，这些推文中存在大量的谣言和虚假内容。有人伪造慈善账户，散布关于爆炸受害者的不正确信息，包括关于遇难儿童的不正确说法和他们的虚假照片（Gupta et al.，2013）。

2012 年末，在飓风"桑迪"经过纽约市时，也出现了这种虚假

162

信息和谣言的传播。人们使用数字图像处理工具，或从在推特和脸书上广泛分享的电影片段和艺术装置等虚构材料中，以及从纽约市或其他城市的早期飓风事件的真实场景图像中，获取各种虚假图像。这些虚假图像包括 2004 年电影《后天》(The Day after Tomorrow) 中被巨浪包围的自由女神像，2011 年出现的威胁城市上空的风暴云，以及一张鲨鱼在城市洪水中游泳的数字虚拟图像 (Colbert, 2012)。

有关各种名人死亡的报道也通过推特迅速传播，这经常迫使名人自己公开声明说，现在说他们的去世消息为时过早。为了政治宣传或诽谤政治人物，有人创建了虚假的推特账户，并将虚假图像和视频上传到社交媒体网站 (Silverman, 2012)。维基百科词条以被编辑操纵而闻名，这些编辑试图进行恶作剧或获取政治利益。愚人节是维基百科恶作剧的高峰日期 (参见 Wikipedia, 2013)。人们对名人身份的常见用途就是制造其虚假色情图片。有人利用 Photoshop 对（大多数）女性名人的图片进行数字处理，使其以虚假的色情姿势出现，然后将这些图片发布到网上。

一些作者借鉴了卡斯特的网络社会概念，使用"网络（化）新闻业"[network (ed) journalism] 一词来表示新闻工作者使用社交媒体和其他数字媒体来创作新闻报道 (Heinrich, 2012)。记者们日渐使用推特、YouTube、Flickr 和 Instagram 等资源来收集爆炸新闻的素材，随后又要快速评估这些网站信息的有效性和真实性。来自公民或群众的新闻报道和目击者的叙述为拓展新闻收集范围提供了很大的可能性，但是它们也带来了重大隐患，以及上文提到的来自社交媒体和博客的信息流量和速度日益增长等治理困境 (Heinrich, 2012)。现在，对社会媒体来源和公民新闻的审核是新闻工作的重要组成部分，一些主流新闻机构聘请了专门的记者团队来完成这项工作。如今，记者可以被其他人追究责任，人们可以通过展示自己的

163

信息并将其发布到网上，来更容易地揭露报道中的任何捏造或不准确之处（Silverman，2012）。以此视角来看，新闻报道的受众不再是新闻的被动接受者，而是一种主动创作者，有时还是新闻破坏者，因为他们本身就是权威性的来源。这需要记者在编写新闻报道时进行管理（Harrington and McNair，2012）。

我在这一章中指出，数字监视、数字行动主义、公民数字公共参与以及开放的修辞和战略具有复杂性。数字行动主义，以及公民通过数字媒体参与建构知识，能够实现某些特定的目标。但是，在强有力的商业和国家利益背景下，限定公民言论和行动自由的情况时有发生。公民有机会利用数字媒体来实施自己的监视战略，创造和传播知识，也可能助长虚假性和误导性信息的再生产、社会羞辱、私刑行动、社会歧视和仇恨言论。我进一步认为，实现数据"开放性"的项目并不像最初看起来那样毫无问题。在这里，一种批判性的、自反性的社会学方法对于调查问题的多重性是至关重要的，这些问题超越了对增强公民参与数字知识创造和数字隐私保护的简单呼吁。

第八章　数字化的身体/自我

人们开发了各种数字技术来将自我或身体数字化。其中包括社交媒体平台的照片分享、公开资料、博客和社交媒体用户撰写的评论，以及用来监测日常生活的方方面面并将其转化为数据的自我跟踪设备。这些技术促进了信息和情感的收集、分享和传播，而这些信息和情感在过去被认为是高度个人化的，包括疾病、手术或亲人逝世的经历，个体情绪或身体功能的信息，关系破裂及工作困难，等等。

数字社会学家和其他数字媒体研究人员已经认识到，数字技术和数字社交网络能呈现和构建人类具身化与自我的概念。对于开展研究和建立理论来说，重要的不仅仅是通过数字技术生产的数据或图像，还有这些客体本身——比如智能手机、平板电脑、游戏技术和可穿戴设备——在实践中的应用。本章介绍了社会计算、数字人类学、媒体研究、文化研究和社会学等不同学科的理论和研究，以回顾数字技术在一系列不同语境下融入日常生活的方式。

亲密计算

正如我在本书第二章中所指出的，在计算机技术理论化的早期盛行的赛博格概念，如今已经过时。对数字媒体感兴趣的新一代学者中，似乎少有人参考关于赛博格的文献，这可能是因为它们不再具有相关性。然而，我认为人们在考虑新兴数字技术的普遍性和便携性特征时，潜在地将赛博格的身体视角引入数字设备之中。在此，我并不是指科幻作品中的赛博格——那种以终结者或机械战警为代表的、具有男子气概和攻击性的亚人类。相反，我引入了"数字赛博格集合"（digital cyborg assemblage）的概念，我认为它是更具流动性和复杂性的概念。数字赛博格集合是指通过佩戴、携带或植入身体的数字技术来增强、强化或以其他方式构建的身体，它能以动态的方式与这些技术持续互动。这一概念借鉴了哈拉维对赛博格概念的修正，她超越了杂合体概念，强调人类与非人类实体互动时需要重视人类具身化和身份认同的不断变化的多重性（见本书第二章）。

我们比以往任何时候都更像赛博格，大部分人随身携带可移动和可穿戴的技术设备，到晚上就将其放至枕边，甚至穿戴设备入睡（如生物特征自我跟踪设备，详见下文）。我们是哈拉维作品所描述的字面和隐喻意义上的赛博格。事实上，我们与数字技术的融合，它们与我们身体的结合，已经变得如此习惯，以至于我们不再认为自己是赛博格。我们的身体不断地与数字设备进行物理接触，或者通过数字技术转化为数字格式。在本体论层面上，我们的自我感觉和具身化与数字技术高度相关。我们在清醒时（有时在睡觉时）都与数字纠缠在一起。随着数字设备日益小型化和隐形化，它们作为身体/自我的独立客体的重要性也在日益下降。就可穿戴计算设备而言，这些设备可以佩戴在身体上，如谷歌眼镜、发带、手镯、夹式耳环和珠宝。一些医疗数字技术甚至以更不易察觉的方式融入身体，比如胰岛素泵和植入微芯片的可摄入药片，这种芯片可以从体内发送无线信号。

这就是我们与数字技术的亲密关系程度，以至于我们经常对设备本身以及设备所包含及创造的内容作出情感反应。数字设备和软件界面的设计对用户体验非常重要。以 iPhone 为代表的设备，经常被描述为高度情感化和美学化的人工造物："美丽的"玩具，"光彩夺目"的欲望之物，甚至是"秀色可餐"的。iPhone 和其他苹果设备的广告，往往聚焦于激发顾客对其美感和魔法能力的孩童般的愿景（Cannon and Barker，2012）。对物质客体的情感反应，是它们对其拥有者的传记意义及其对亲密关系的参与的组成部分。（那些）关注物质文化和情感方面的作者，已经关注到身体/自我与物理客体的纠缠，以及人工制品如何作为身体/自我的延伸或义肢而正在成为人格的标志。客体因其与特定的人和空间的联系而具有情感价值，并因此从匿名的、大规模生产的物品变成刻入个人传记意义的人工制品。随着人的使用和时间的推移，这些最初无名的客体变成了自我的个性化义肢，个体情感价值取代了它们纯粹的功能地位和货币价值（Miller，2008；Turkle，2007）。

在 1995 年，我与其他研究者研究了人类在将电脑私人化和驯化的过程中试图建立的情绪关系（affective relationship）。这项学术研究分析了此类客体被人们思考的方式、它们融入自我和具身化的方式、它们的情感意义和共鸣，以及它们对自我的心理投入。我在 20世纪 90 年代的研究表明，个人电脑被定义为朋友、工作同事甚至伴侣，常被其用户设置名字和性别。它们通常被描绘成拟人化的客体，

166

191

温暖、温柔且友好，并且像人类一样会经历出生和死亡，也会有肥胖或病毒感染的困扰（Lupton，1995；Lupton and Noble，1997）。

在 21 世纪初，在社交媒体出现和普适计算技术扩张之前，贝尔（Bell，2004）便使用术语"亲密计算"(intimate computing）来描述数字技术如何作为回忆和亲密关系的储存库，以及（通过网站）在线交流个人思想和信仰的手段。她还点评了使用以个人助理或伴侣为代表的电子设备，它们能够帮助用户管理和构建日常生活。贝尔讨论了用户与移动设备的新型亲近性，以及它们与许多人产生的情感和个人共鸣。她进一步评论说，数字设备变得日益"了解"用户及其生活，因为它们收集了用户的亲密数据并预测用户的品位和偏好。

在贝尔发表这篇文章的后十年中，数字设备的所有这些维度得到了强化。这些易于携带、可随身携带或穿戴的设备的出现，意味着一种更为强烈的身体亲密感。此外，这些设备不仅可以轻松地交融于身体移动，还能够通过社交媒体与朋友和家人网络相联系。与那些老式笨重的台式电脑不同，移动数字设备的用户几乎能够在白天或晚上的任何时间、在他们旅行的任何地点相互连接，从而可以随时随地与亲朋好友联系。这种易连入性和跟踪移动的能力，体现出设备融入日常生活方式的重大变化。

自我与他者、人类与机器、身体与技术的边界已经日益模糊。在最新的 iPhone 广告中，苹果公司推出了 Siri，这是一项内置于手机技术中的功能，允许用户与手机"交谈"。广告中的 Siri 被描述为："一位帮助你的智能助手……Siri 能听懂并理解你的语言。"广告展示了人们正在忙碌地从事多种活动——慢跑、开车、做饭——并与他们的手机交流，而回答他们问题的是一个有风度且沉稳的女性声音。我们被告知"要像跟人说话一样跟 Siri 说话……实际上你是在与你的 iPhone 对话"。iPhone 的新型功能介绍表明了一种人类与设备的关系，这种关系不仅是具身化的，而且是情感化的，它将手机定位为一种拟人的媒介，能够回应任何请求或需求，同时保持乐于助人和友好的态度。

斯派克·琼斯（Spike Jonze）的电影《她》（*Her*，2013）展示并扩展了这一概念。这部电影结合了科幻和浪漫喜剧元素。在影片中，由华金·菲尼克斯（Joaquin Phoenix）饰演的孤独中年男子西奥多·托姆布雷（Theodore Twombly），与他的那个类似 Siri 的女性声音/人格的智能手机［斯嘉丽·约翰逊（Scarlett Johansson）饰］发展出了亲密关系。他的电脑操作系统名为萨曼莎（Samantha）。萨曼莎的声音传达着睿智的洞察力和温暖的情感。西奥多和萨曼莎的关系非常亲密，以至于他觉得自己已与"她"坠入爱河。

虽然我们与设备或操作系统的亲密感可能还没有达到这种程度，但不可否认的是，技术使用者日益将技术视为身体的延伸。在芬兰和德国，手机被亲切地称为"小手"。这种故事性的语言选择，表明它们被视为身体的延伸而被使用（Paasonen，2009：19）。这些设备触摸着我们的身体，反过来，我们同样也每天要触碰它们数次。这些设备放置于我们的皮肤上，或我们主动触摸它们，当我们在与社交媒体交互、拨打电话或撰写文档时，我们会在键盘上滑动、按压并打字。新款 iPhone 5s 使用指纹而不是密码，这直接反馈了用户独特的身体构型。正如巴尔萨摩（Balsamo，2012：252）评价她的 iPhone 时所言："它不仅仅像麦克卢汉（McLuhan）所说的那样，是我耳朵的延伸，它就是我。我的身体/自我——我的 iPhone/自我。我成为了梦想中的赛博格。"当我们使用数字设备时，我们的身体会以特定的方式被塑造和移动：打字、滑动、握持、凝视。设备的设计限制了我们的身体活动，反过来，我们的身体会在设备上留下痕

168

迹——汗水、身体油脂、食物残渣，以及我们摔落或划伤设备时意外损坏的痕迹。

身体／技术／空间

　　数字技术使用与互动的新兴方式，从根本上改变了我们对在线互动和体验的"空间"的思考方式。在当今数字化世界中，虚拟现实（virtual reality）几乎是一个荒诞的术语。计算的普遍性、它对日常生活的众多领域的渗透，以及它的便携性，意味着几乎所有的"现实"在今天都是虚拟的，因此我们无需在此领域进行概念化。众多数字技术始终与互联网相连，因此我们不再"在线"或"离线"。我们不再需要使用传统的连接方式，从特定地点"进入赛博空间"，而只需简单地使用设备，并在我们所处的任何地方查阅电子邮件和更新社交媒体状态（Paasonen，2009）。

　　新兴定位技术意味着当我们使用数字设备时，我们远不会进入赛博空间或虚拟现实，而是更加确切地被识别出我们实际居住的地点与空间。地理定位软件（geo-locational software）可以定位用户，并为其量身定制可以访问的内容（在某些情况下也可以屏蔽用户），这挑战了非地理或无地域的赛博空间观念。人们在网上进行匿名互动并采用新的身份已经日益困难。现在，互联网知道你的住处。它还知道你是谁。它不仅知道你的经历，还知道你在数字社交网络上的好友和粉丝（Rogers，2013）。

　　无处不在的计算将数字设备从桌面带到公共空间。这些公共空间由人口稠密的异质行动者栖居，这些行动者可能会增强或削弱设备的连通性。因此，这不仅提出了数字基础设施的文化影响因素

问题，还提出了设备使用空间的私人性和公共性问题。技术是一种
文化构型，空间也是，两者的互动是复杂的、不稳定的和动态的
（Dourish and Bell，2007）。米勒和霍斯特（Miller and Horst，2012：
25）提出的"数字语境"（digital context）也是物质性的：场所、空
间和人类是数字技术使用环境的构成部分。

除了 Web 2.0 技术的参与可供性（participatory affordance）外，
"智能"设备还能随时随地连接互联网；同时，这些设备中测量身体
移动和地理位置的微芯片，提供了监测和量化身体、识别身体在空
间中的活动轨迹的新方式。基钦和道奇（Kitchin and Dodge，2011）
提出了"代码/空间"（code/space）的概念，它体现了计算机代码与
空间性相互建构的性质。正如他们所主张的，在数字社会中，计算
机软件程序日益用于设计和监控空间。任何依赖于软件以实现预期
功能的空间，都可以被视为"代码/空间"。他们以现代超市为例，
现代超市依赖于数字扫描仪和收银机来处理顾客购买的商品，而这
些设备生产的数据会告知商家物品的受欢迎程度以及商品进货需求。
通过由数字化结账系统运作的顾客忠诚卡，超市老板能够监测个体
的购买习惯。如果系统崩溃，超市就失去了超市的运转功能。人类
身体（收银员、商品补货员、供货卡车司机和消费者）与计算机程
序产生交互作用，生产出超市的代码集合（或者说代码/空间）。

作为当代虚拟现实的替代选择，人们提出了"增强现实"
（augmented reality）概念。它被公认为是用来延伸（增强）日常生
活的技术，如数字设备和软件。这里没有在线的或数字的"第二
自我"（second self），通过数字构建的自我已然是自我的组成部分
（Jurgenson，2012）。与这个术语相关的是"增强共存"（augmented
co-presence），指的是社交媒体网络上的社交关系和物理位置的分散
性本质。使用诸如地理位置精确信息和所处空间图像等功能，社交

170

媒体用户可以建立一种新型的地方感,这是一种物理和虚拟共存的杂合体(Hjorth and Pink,2014)。

数字设备的使用也会模糊用户的空间界限。在将物质客体(如智能手机或平板电脑等设备)与在这些客体和储存库(如数字档案和储存库)之间流动的信息结合起来时,以及在连接私人空间和公共空间时(如个体在家使用设备,但这样是为了与这一家庭空间之外的人连接),移动媒体居存于跨越界限的空间(Beer,2012b;Schneider,2012)。以 iPhone 为代表的智能手机,不仅在其触觉和视觉上极具物质性,还具有非物质性,这模糊了客体在二者间的边界。现在,我们难以在硬件和软件之间作出明确区分。在这些设备中,触觉、视觉和知识的非物质客体(数字数据客体)是一致的(Schneider,2012)。同样,人们在公共场所时,需要将设备连接到宽带网络,并要找到足够强的信号,避免蚕食其他用户的无线连接。这将数字技术的可见性和不可见性相结合,凸显了"虚拟的物质性"(Dourish and Bell,2007:424)。

在开展关于位置的媒体项目时,用户可以栖居于特定的物理空间,同时与其他地点的其他人进行互动。他们通过同时进行社交、移动、定位和摄影等实践来建立共同存在(Hjorth and Pink,2014)。在使用移动数字设备时,个体可能位于被他人("在场的他人")环绕的特定物质空间,但也可以"离开"该空间,并与该空间之外的"缺场的他人"相联系(Enriquez,2012:60)。观察公共交通用户时,我们很容易就可以发现数字设备在公共空间中被用来进入私人世界的现实。当你走进任何一列火车或一辆公共汽车时,都能看到同行乘客在用移动数字设备打发时间,并与物质空间之外的"缺场的他人"对话。此类应用使乘客在公共空间中实现私人行动,而避免与共享物质空间的"在场的他人"进行互动(Enriquez,2012)。

最近的研究聚焦于新兴数字媒体技术及其使用的具身的习惯性实践。例如，平克和莱德·麦克利（Pink and Leder Mackley，2013）使用视频民族志探索数字媒体对家庭生活的日常感官性、情感性具身化实践的构成意义。他们认为这些媒体有助于参与者形成家庭环境"感觉正确"（feeling right）的概念，或在他们的家庭环境中营造适当的气氛和质地。研究人员手持摄像机，在参与者家中四处走动，记录参与者对家庭生活习惯的解释。他们特别感兴趣的是参与者关于能源使用和节约的日常活动，比如每晚关掉电子设备或给它们充电。

171

这项研究汇集了数字媒体行为的三种相关分析"棱镜"：环境/地方、移动/实践和感知/感官的具身体验。基于他们的民族志研究，平克和莱德·麦克利（Pink and Leder Mackley，2013）认为，人们已经意识到数字媒体和其他媒体渗透入生活的程度，但这种认知通常是具身化和感性的，而非能简单地用语言解释（回到在特定时段中家庭空间"感觉正确"的概念）。通过使用民族志观察记录人们与媒体交互的方式（这样参与者就可以展示他们的实践，而不是简单地谈论它们），我们能够观察到一些潜在维度。如果人们的闹钟在每天早上适当的时间叫醒他们，如果他们在惯例时间看电视并在入睡前关掉电视，如果他们在睡前的最后一件事是在智能手机上查阅电子邮件和短信等待办事项，等等，那么他们可能会"感觉正确"。

身体／自我的在线呈现

作为社交媒体应用的一部分，人们不断讨论并在视觉上呈现自己（和他人）的身体。如今，数字网络和平台上呈现出的身体类型日益精细化。以 YouTube、Tumblr、Pinterest、Instagram 和 Flickr 为代表的社交媒体网站，专注于上传、管理和分享图像，其中就包括许多身体的照片。脸书和推特也为用户提供了分享自己的身体照片的机会。身体是数字关注的焦点之一，尤其是那些名人的身体，但对普通人的身体的关注也日益增长。其中，女明星是狗仔队和粉丝持续数字可视化的对象，社交媒体和新闻网站也在不断评论她们身材的完美度和吸引力（Gorton and Garde-Hansen，2013）。

172

由于存在大量致力于人体解剖学的在线平台和应用程序，人体内部器官和运作机制已经从医学院学生和外科医生的专业范畴转向对所有人开放。现在，在线技术允许任何人通过计算机查看人体内部的高度精细的视觉图片。虽然这些图片可能是为医学院学生、医疗从业者和其他医护人员制作的，但是公众也可以随时获取它们。在搜索"人体解剖学"（human anatomy）时，苹果 App Store 和 Google Play 会出现许多提供此类信息的应用程序，许多网站也提供人体的图形影像。"视觉人类计划"（The Visual Human Project）使用计算机技术来精细地描绘男性和女性尸体的解剖结构，工作人员使用核磁共振成像、计算机断层扫描和解剖图像技术，拍摄每具尸体从头到脚的横切面，再将剖面图上传到计算机网站上，这些图片影像也可以在华盛顿特区的国家卫生与医学博物馆（National Museum of Health and Medicine）中查看。

人们可以在网络上观看各种身材和大小的活人身体。有很多网站支持人们进行节食和催吐［比如所谓的"支持厌食症"（pro-ana）和"瘦灵感"（thinspiration）网站］，有网站推销整容手术，但也有网站被肥胖活动家用来积极呈现肥胖身体以抵抗肥胖羞辱，为自残行为者或健美爱好者而设，为变性人、文身者或人体穿孔爱好者而设，更不用说形形色色的色情和性癖网站。所有这些网站都陈列了类型丰富的身体图像，以及进行合规和越轨行为的身体。此外，还有一些网站展示了正在接受各种形式的医疗程序的身体（YouTube 上有许多手术视频），提供逼真的图像或描述身体经受的疾病或病痛。

社交媒体和其他数字媒体促进了对人类生命各种形式的图片描述和分享，包括人类发育的雏形阶段。我们在互联网上可以看到大量胚胎和胎儿的图像，甚至是人类卵子与精子结合成为受精卵的瞬间。YouTube 中有关受孕和胚胎发育的视频等媒体，以及"人类胚胎计划"等网站，提供了胎儿发育各个阶段的详细图像和描述，这让人们可以观察和了解未出生的胎儿。如今，自豪的父母们经常在社交媒体上发布未出生胎儿的产科超声图像，以宣布怀孕消息。一些经历过流产或死产的父母使用纪念网站或制作视频，在 YouTube 上发布超声图像、死产胎儿的手掌或脚印，甚至胎儿尸体的图像。因此，如今通过数字媒体，未出生的人类实体比过去任何时候都具有可见性（Lupton，2013a）。

173

在人类寿命的另一终点，逝者也正在实现一种在线永生。就像在线悼念未出生死者一样，一个人的死亡可以通过大量在线媒体进行宣布和纪念。我们使用这些技术可以实现数字来世。例如，现在脸书主页经常用于纪念逝者。逝者的个人脸书页面可能被其他人用来交流他们对逝者的哀悼，或者他们可能会建立专门的脸书小组来分享对逝者的哀悼和纪念（Bollmer，2013；Brubaker et al.，2013）。

一些提供"来世在线服务"（afterlife online services）的商业网站也如雨后春笋般建立起来。正如其中一家名为"数字彼岸"（Digital Beyond）的网站所说，它旨在帮助人们"为自己的数字死亡和来世制定计划，或者纪念亲人"。他们鼓励逝者家属提交逝者的照片和故事，或者提供一个在线网站，供人们在预见到自己的死亡时存储自己的生活大事记或重要文件，保留或发送遗言，策划自己的葬礼，并提供自己死后如何处理自己的社交媒体资料等细节。"数字遗产"

(digital estate）和"数字资产"(digital assets）等术语，被用来表示已转换成数字格式的、在某人死后以数字媒介存储和分发的重要文件、图像和其他信息。一些服务为人们提供了在死亡后最长 60 年内发送电子邮件、图像和音频或视频记录的服务。LifeNaut 平台就允许人们创建一个"思维文件"：个体图像档案、生活时间线、文件、走过的地点以及其他个人信息，还有一个将以他们的信仰、态度和行为方式作出反应和回应的化身。该公司还提供了保存个人 DNA 材料的存储设施。所有这些数据都是为了子孙后代的利益而保存的。

艺术家亚当·纳什（Adam Nash）的合作艺术项目"自视"(Autoscopia project）突出了人们日益数字化的表现方式。在这个项目中，可供个体使用的在线图像来源于网络搜索并被构建成新型、重组的个人画像（任何人都可以使用自己或他人的名字来尝试）。随后，这些数字化画像通过推文链接进入互联网，从而递归地反馈到最新版本的画像中。在该项目中，"作为数据的数据"(data-as-data，由"自视"计算机程序从互联网不同部分中挖掘出来的数字化图像数据）根据艺术项目需要被再调制为不同类型的图像，一种由许多图像组成的图像。

这个艺术项目提出了一些有趣的问题，即如何构建和再构建（或者用纳什的术语说即是调制和再调制）数字数据形式。这对数字数据构建其具身化的能力具有更广泛的影响。例如，显示某些传染病暴发的地理位置情况的数字化地图 [由健康地图（Health Map）平台制作]，是对输入该平台的各种类型数据的调制，这些数据要么从社交媒体挖掘而来，要么来自患病用户的自我上报。这些可视化是虚拟身体的碎片，呈现着他们身体的各种感觉和体征，它们被重新解释为症状，并以地理位置的形式呈现出来。在这种制图技术中，身体本身被呈现为疾病形式，它们的肉身现实被剥离成其症状。通过这些技术，传染病也被重新解释为数字客体。它们被新数据的输入不断再调制，就像"自视"项目产生的数字画像不断地重构个体面部"现实"一样。

数字技术实践生产了新的、持续变化的数字化赛博格集合的形式。当参与数字技术时，身体和自我以特定的方式变得碎片化，这是因为关于我们自我和身体的各种类型的数据正沿着特定的路径传输，然后以新的形式结合在一起（Enriquez，2012）。通过这些个体身体数据的积累，身体从肉身延伸到数字数据档案。如是构建的数据集合与它们所呈现的肉身具有独立但相互纠缠的生命（Bollmer，2013）。

那些来自我们在数字交互中生产的不同形式数据的数字集合，会随着新数据的加入而不断转换和变化。数据分身将信息反馈给用户，旨在鼓励用户的身体以特定的方式行动。当个体所发布的身体图像或信息得到社交媒体好友和粉丝的正向评论或点赞时，这可能会鼓励他们继续在这个平台发布其具身化的内容（无论是发型、服装、化妆品还是健身或减肥计划）。如果相关评论是负面的或不表态的，用户可能会呈现不同实践的身体或参与作为回应。因此，信息流动不是单向或静态的，它是身体相关数据的生产及对其反馈的连续循环的构成部分。数字数据分身支持对身体的自反性、自我监测性的意识，进而将身体置于显著位置。它们是数字赛博格集合的增强现实的组成部分。

社交媒体和自我塑造

我在前几章已经介绍了数字化监视的运作方式，这些手段可能

175

具有强制性、隐蔽性、歧视性或排斥性。当人们身体和自我的各个方面逐渐数字化，更细致的监视的可能性变得不足为奇。事实上，身体／自我的数字化，可能包括了本书第二章中所描述的所有监视形式。然而，在目前的讨论中，我聚焦于自愿观看实践（voluntary watching practices），它们是在运用数字设备的社交媒体参与和自我跟踪策略中进行的。作为社会监视和参与式监视的一部分，许多数字技术用户自愿加入相互观看或自我监视。对于许多形式的数字参与，特别是社交媒体平台的使用，总有一群潜在的观众。这些观看行为通常是相互的：人们希望别人关注并评论他们的内容，同时也为在社交媒体网络上关注的人或好友采取同样的行动（Marwick，2012）。

我在本书第二章提到了福柯关于自我实践的概念，并提到一些数字媒体研究者将社交媒体参与作为这种实践的新兴形式。用户能通过社交媒体从事伦理自我塑造的实践。特雷莎·索特（T. Sauter，2013）将脸书状态更新中关于自我的写作定位为悠久历史的最新实践，这段历史从古希腊和罗马的自我反思起，到基督教的忏悔书、浪漫主义时期的自传和启蒙运动时期的越轨式自我写作，再到现代通过精神分析的、强调开放和自我表达重要性的话语来诠释个体思想和经历的趋向。然而，社交媒体不同于以往时代和自我写作及自我塑造技术的一个特点是自我表达的潜在公共性、他人反馈的即时性以及内容类型的永久性。

有些人认为他们在脸书等网站上打造个人生活的内容，是在发展"个人品牌"（personal brand）。这包括在网站上发布关于个人身体的图片或简介，而这些内容往往是精挑细选的。塑造个人的角色形象可能是一件困难的事情，因为其好友或粉丝可能来自不同的生活领域，其发布的内容还有可能挑战其期望呈现的"品牌形象"。对上传的内容进行自我监控或审查，是在社交媒体上呈现理想身体／自

202

我的一部分。用户面对不同观众、在不同的生命阶段，具有"不同的在线身体"。因此，处理这一点可能会变成一项复杂的任务，特别是当脸书时间线功能将他们所有的状态更新按时间顺序保存，以便任何脸书好友查看。这一功能将脸书用户置于特定的身体叙事中，而用户后来可能会后悔如此或希望改变（Goodings and Tucker，2014）。然而，对于一些脸书用户来说，时间线功能提供了其思考、外观和与他人互动的愉快记录。一位澳大利亚用户评论道："视觉日记真的吸引了我。脸书的时间线功能也非常诱人。我曾写过日记，但现在我将日记公开发表在（计算）云中。"（Hjorth and Pink，2014：49）

2014 年 2 月，在脸书成立十周年之际，个人用户档案中记录的记忆和过往事件被脸书平台塑造得尤为明显。脸书用户（此时已经超过 10 亿人）被邀前往浏览个性化的"回顾"总结视频（"Look Back" compilation videos），视频选择了自他们首次加入脸书平台以来最受欢迎的状态更新和发布的图片，并伴有背景音乐。用户可以将此视频与脸书好友分享。但问题是，用户没有所选视频内容的控制权：这一切都由脸书算法完成，它会为每位视频需求者自动选择"个性化亮点"。

自拍现象（上传用数字设备拍摄的自拍照）已经成为在线论坛中身体／自我的典型呈现。自拍（至少在某些社会群体中）的流行表明，有些人喜欢在网络论坛上塑造自己的身体形象，这样他们就能完全控制个人形象的外观和出现场合。这还说明了公共论坛中"普通人"身体的数字化程度的加强趋势。许多名人利用自拍作为自我宣传的工具，一些世界领导人和高级政治家也是如此［例如巴拉克·奥巴马（Barack Obama）、克林顿夫妇、大卫·卡梅伦和教皇方济各］。自拍的人经常被指责为自恋或虚荣。然而，自拍也是一种日常行为，通常会拍摄出一张平凡的肖像，展示主体当下行为、进行

177

个性化的问候或分享经历（Wortham，2013）。

在流行的社交媒体图片分享网站上拍摄和发布自拍，既是一种极度个人化的实践，以呈现身体/自我，也是一种公共实践，展示出谁应参与这一实践、他们应当如何呈现自己的文化规范。这一点在 Selfiecity 网站上得到了证实。该网站是列夫·曼诺维奇（Lev Manovich）主导的研究项目的内容之一，旨在调查不同文化和地理位置的自拍特征。该项目在 Instagram 上随机抽样，涉及曼谷、柏林、莫斯科、纽约和圣保罗这三大洲五座城市的数千张自拍照。研究人员同时使用数据挖掘、算法软件以及人类判断（来自亚马逊 Mechanical Turk 众包平台的劳动力），对每张图片的元素进行编码，如年龄、性别、情绪/情感表达、眼睛、鼻子和嘴的位置以及头部倾斜角度。他们的研究结果显示，在所有城市中，女性的自拍人数多于男性，尤其是在莫斯科；在 Instagram 上发布自拍的青年群体多于老年群体（年龄中位数为 23 岁）；在曼谷和圣保罗，自拍时微笑的人多于其他三个城市。

虽然监视技术先于数字时代而存在，但是数字化带来了参与式监视的新兴形式。社交媒体网站为用户提供了上传自拍照等图片和文字信息的机会，这使其他人可以关注并评论这些材料。在这些网站上发生的自我反思和自我塑造的全部意义，是让他人来审视这些内容并给予主体回应。这些设备和平台迎合了人们日益增长的"窥视癖"需求——渴望被看到的需求，这推动了信息共享和自我观察（Lyon and Bauman，2013）。此类活动和由此产生的内容的可见性可以是享受性的，因为它们能够创造和支持亲密感、娱乐和友谊。当人们想要与他人分享自己的数据时，他人的观看就变得有价值。这些实践会引发其他用户的回应（Bucher，2012；Marwick，2012）。如果其他用户点赞了脸书的状态更新或照片，收藏或转发一条推文，或阅读某人的博文，那么这些都是衡量社交媒体网络成功的尺度。事实上，对社交媒体用户来说，缺乏或失去曝光度可能会被认为是有问题的，因为这意味着其状态更新或发布的帖子缺乏人气、重要性或兴趣。在这种情况下，"曝光度是一种奖励，而不是惩罚"（Bucher，2012：1174）。

正如上文所言，包括政治家和王室成员在内的名人，无论何时 178 出现在公共空间（有时是私人领域），都会受到严密监视。监视者不仅有专业狗仔队，还有挥舞其移动设备的人。这是一种参与式的、概观性的逆向监视模式。名人经常自愿性地参与社交媒体，将社交媒体作为营销其"品牌"、与其粉丝联系、激发亲密感并发布最新活动新闻的手段（Marwick and boyd，2011）。他们在脸书上的好友数量或在推特上的粉丝数量，可以作为衡量其在全球受欢迎度的尺度（在撰写本书时，Lady Gaga 与贾斯汀·比伯在竞争这一成功和名气的尺度）。许多政界人士和世界领导人也利用社交媒体网站来获得支持和传播新闻。奥巴马总统和教皇都有推特账户（奥巴马宣布2012年连任的推文占据史上最高转推量榜的第二位）。奥巴马在选举和连任竞选中的成功，很大程度上归功于他的竞选经理明智地选用社交媒体来获得选举和财政支持（Zavattaro，2010）。

在社交媒体上，名人可以高度控制其生产和传播的内容。然而，作为被他人凝视的对象，他们也经常作为逆向监视和景观监视的构成部分而受到密切关注，并且能够在社交媒体上引起轩然大波（Marwick and boyd，2011）。名人在社交媒体上发表的错误或不恰当评论，通常会被"病毒式传播"，并在社交媒体网站上获得高度关注，随后被新闻媒体加以转载，并进一步发酵为大新闻。此时，曝光度作为衡量受欢迎程度的重要尺度，往往很快就会成为大众的攻击对象和笑柄。

社交媒体网站的用户在抉择发布内容时可能会进行自我检视，以保持或呈现期待中的自我，并保护自己的隐私（Goodings and Tucker，2014；Marwick，2012）。当"公共"和"私人"概念失去了空间边界，众多社交网络平台用户正在努力适应新型的隐私定义方式。以脸书和推特为代表的社交媒体网站上的自白，正在挑战传统的亲密、孤独、私人、秘密的概念，这些平台用户的内心想法和私人行为常被暴露给大量的好友和粉丝，且此类现象可能在一天中发生多次。这种现象被称为"公共的私人化和私人的公共化"（the privatization of the public and publicization of the private）（van Manen，2010：1026）。

当代的数字设备和软件比以往任何时候都更有可能成为个人传记的组成部分，因为它们有能力记录和存档用户生活中的大量个人信息。对自己所在的地点自拍或拍照，可以成为推动社交和加强与他人关系的一种手段。这种做法也为场所赋予了个体意义，增加了社会、情感、心理和美学维度。地理位置细节和图片的分享，正在创造一种新型亲密形式（Hjorth and Pink，2014）。除了照片，个人书面文件，社交媒体状态更新，喜欢的音乐、报纸和书籍，电话号码和电子邮件通讯录等，都可以存储在数字设备及其相关平台上。

我在本书第五章指出，这种公开匿名的特征，如在个人数字设备上的搜索引擎历史记录，可以深刻地反映出搜索者的习惯、品位、偏好、所处生命周期阶段和社会群体成员身份（如果用户登录在线色情或性聊天网站，则还包括其性倾向）。巴尔萨摩（Balsamo，2012）声称，她在使用 iPhone 时留下了自己的痕迹，她的自我成为了网络记录的集合。她的 iPhone 所提供的数据，反映了她自己的品位、观点、社交互动、访问记录（包括物质空间和在线网站），成为了"我最亲密的个人数字伴侣"（Balsamo，2012：253）。

现在，许多个人信息都可以在互联网中被他人开放获取。Web 2.0 的产消合一时代，具有参与式和自白式的文化。人们经常谈论自己的生活细节，揭示他们以前可能保密的思想和行为内容，并对他人的自我揭露发表评论。因此，数字设备可以被概念化为进入个体数据和资料领域的"门户"或"入口"，例如个人的数字音乐收藏或个人照片（Beer，2008：79）。比尔（Beer，2012b：366）进一步指出，鉴于移动数字设备既是物质客体又是个体数据存储库的双重性质，我们难以区分客体的哪些维度创造了情感关系。它是给关系亲密者拨打电话或发送信息时手握的智能手机这一客体，还是电话或短信的内容本身？换句话说，我们喜欢的是手机的硬件，还是其数字内容，或者（更有可能）是两者的某种结合？

一项针对使用数字技术来整理音乐收藏的澳大利亚青年群体的访谈研究发现，数字化音乐的"非物质性"并不会降低维持音乐收藏兴趣的愉悦感，也不会削弱音乐收藏在构建个体身份认同中的作用。无论是传统的物质形式（如唱片、磁带或 CD）还是纯数字形式，音乐收藏对其所属者都具有强烈的情感和传记意义。事实上，在数字音乐收藏工具的众多功能中，用户能够根据自己的心境或环境，来为在线音乐收藏创建个人精选的播放列表，并能够轻松地与他人在线分享其收藏，这可以赋予音乐情感意义、象征意义、社会意义和个人意义（Kibby，2009）。

当以脸书为代表的平台突然变更其隐私设置或改变个体数据的显示或记录方式时，用户可能会觉得个人隐私受到了侵犯。这是因为以往未被强调的后台信息在一瞬间被转移至前台（正如 2006 年脸书推出"消息来源"功能时的情况）。那些过往以舒适状态来处理个人数据的人在面对这种变化时，往往感觉面临着"公共"和"私人"之间的新型关系（boyd，2008）。一个人对某一特定技术的依赖

180

程度越高，该技术便愈加融入其日常生活、主体性和具身化，他就越能感受到与技术的情感联系，越有可能产生与技术间的暧昧情形（Lupton，1995）。一项采访社交媒体网站用户的研究发现，在这些网站中，侵犯隐私是常见之事，尤其是其他用户泄露受访者的信息。受访者描述了这样的经历：男朋友在他们的公共主页上与其脸书好友分享恋爱的详细信息，闺蜜与共同好友分享敏感的财务信息，好友使用个人脸书主页谈论着受访者过去难以启齿的经历。这些侵犯隐私的行为，激发了个体的痛苦、愤怒和震惊情绪，尤其是在朋友或前任伴侣背叛其信任时（Houghton and Joinson，2010）。

自我跟踪和量化自我

181   没有什么能比自我跟踪、生活记录或量化自我（quantifying the self）的话语和实践，更能体现"自愿接受的数字监视"(self-imposed digital veillance) 这个概念了。前三个概念指的是定期收集自我数据，然后记录和分析这些数据，从而构建一个与身体功能和日常习惯相关的统计数据和其他数据（如图像）。一些自我跟踪者只收集他们生活的单个或两个维度的数据，而且只收集短时数据。其他人可能长时间观察大量自身现象，此类个体经常自称为"身体黑客"(body hackers) 或"自我实验者"(self-experimenters)，他们利用数字技术或其他技术来更多地了解其身体和自我。从事这类实践的人，通常会在社交媒体上分享其收集到的个人数据，但也可能倾向于保护数据隐私，或只与医生、护理人员或其他亲密者分享。

    就像练习自我写作一样，跟踪分析自我和身体的多重层次，并不是什么新鲜事。几个世纪以来，人们一直在记录生活习惯和健康指标，以作为自我反思和自我完善的一种尝试。毫无疑问，"量化自我"一词及其相关运动包括以该词命名的专门网站、周期性会议与论坛，以及近年来发展出的利用数字技术进行自我跟踪的新兴方法。一些自我监视技术可以佩戴在身上或随身携带：通过智能手机，用户可以快速并轻松地为其所吃的食物或所参观的地方自拍或拍照，也可以输入或口述关于日常经历的评论，并将这些内容上传至社交媒体上；一些生活记录者每天将小型相机挂在脖子上，下意识地拍摄数百张照片；一系列"智能物体"——如牙刷、耳塞、鞋子、衣服、家具和珠宝——现在都可以通过其内置的传感器和微处理器来监测自我和身体的各个层面。

　　可穿戴数字设备的数量和种类正在迅速增长。据估算，2014年初，当前市场上共有181种可穿戴设备，其中医疗用43种，健身用86种，游戏用13种，工业用10种，生活用121种，娱乐用28种（有些设备属于多种类型）（Vandrico Inc., 2014）。医疗设备通常将数据无线传输至医护人员，这允许慢性疾病患者在家中进行自我监测。这些设备和健身自我跟踪设备，还能让身体健康的个体监测其身体机能，如体能活动、血压、心率、体重、血糖水平、大脑活动和肺功能。有些设备能够从多个来源中收集、综合数据。索尼智能手环SWR 10就是其中之一，这是一款被设计为日夜佩戴的数字生活记录腕带，它能够无线连接至智能手机和索尼的生活轨迹（Lifelog）软件，这允许用户访问脸书等应用程序和平台，还能够访问其电话经过的地方、听过的音乐、互动的朋友、游戏以及睡眠和锻炼活动等人体生物特征。它可以通过震动来通知用户来电和信息，并连接到一个摄像头，以供用户记录其日常活动的视觉内容。

　　从事各种数字游戏和体育活动的人们也可以使用可穿戴设备来跟踪活动。现在的数字游戏技术经常包含可以监测用户身体的传感

182

209

器。数字头盔可以用于娱乐目的，识别佩戴者的脑电信号。任天堂 Wii 游戏机则直接通过该设备开展健身和体育活动。其 Wii Fit 游戏程序能够监测和记录身体运动，可以记录、测量和计算体能活动和身体特征，如体重、身体质量指数、身体控制、体能指标和平衡。这款游戏的最新版本 Wii Fit Plus 还允许定制训练计划，计算其训练强度和卡路里消耗量，并计算个体的"Wii Fit 年龄"。因此，这项技术在构建健康概念、标准体重和健康水平方面起着主导和突出作用，为改善和规范这些个人特征提供了具体建议（Miah and Rich，2008；Millington，2009）。

虽然术语"量化自我"和"量化的自我"始于量化自我的官方组织和网站，但它们现在已然扩散至潮流文化中，表示着更为普遍的自我跟踪实践（Lupton，2013c）。自我实践的概念在数字量化自我或生活记录的话语中重新得到体现。使用数字设备生成自我的详细数据，是极为难得的优点，是自我探索精神的一部分。使用自我跟踪设备收集数据的部分理念是，强大的自我认知将使个人得以最大限度地控制自己的命运。这些人认为数据和认知将帮助他们实现更健康的状态、更高的睡眠质量、更好的情绪波动控制能力、更好的慢性疾病管理、更少的压力、更高的工作效率和更好的人际关系等等（Lupton，2013c）。为自我跟踪而从数字设备中收集的数据，被人们描述为提供确定性，而身体的感知则被描述为不可靠、不精确、通过人类经验错误传递而非客观。在这些表述中，技术及其生成的数据被视为能为身体运转提供独特见解的工具，这是个体无中介的触觉（身体感觉）所不能企及的。

在对量化自我的讨论中，数据价值化本身就是更大的数据乌托邦话语的一部分，特别是讨论大数字数据的好处的话语。与显然匿名和机械化聚合的大型数字数据集不同，量化自我生成的数据，通常被认为是人工的和定制的，由数据收集者的个性化决策和个人目标加工而成。量化自我者致力于生成自己的数据集合，以作为自我的构成元素。他们所追寻的部分目标，是控制自身数据以及与他人分享数据的方式和程度，而当前的大数据经济并没有提供这些。

这些个体已然成为了负责任、富有企业家精神的公民主体，因为在新自由主义的治理术中，这是寻求采取行动来改善自身生活和潜力的特权。安东尼·埃利奥特（Elliott，2013）认为，我们正处于一个自我与身体得到再发明的时代。再发明（reinvention）的概念和实践，已经成为私人生活和组织的核心，而且人们普遍认为这是重要的尝试。再发明是为了个人成长、成就、事业成功、健康或幸福而开展的转型。埃利奥特（Eliott，2013：11）认为，目前对再发明的关注是"新个人主义"（new individualism）的一部分，这在发达国家中尤为明显。这种新个人主义涉及自我关注，排斥社会群体、组织或共同体。作为新个人主义的一部分，自我反思和批判性的自我审视受到鼓励，它们被视为通过治疗性话语和实践来提升自我的方法。自我跟踪实践经常被描述为实现再发明的途径。它们既符合属于再发明范式的自我工作和自我完善的概念，也符合新个人主义以自我为焦点的特征。

赛博格中的接缝

贝尔和多罗希（Bell and Dourish，2011）提到了普适计算的迷思（myths of ubiquitous computing）和混乱。他们所说的迷思是指用来理解和呈现这些技术的文化故事、价值和意义。围绕新兴数字技术的迷思，往往聚焦于其本身的新奇性、与传统技术的明显差异及其

184

问题解决能力。数字技术的混乱，源于对技术迷思的挑战，技术迷思表明数字技术是绝对正确的，并能为任何问题提供理想的解决方案：日常使用数字技术这一"实践现实"（Bell and Dourish，2011：4）。当数字技术如我们所期望的那样运作时，我们会觉得技术成为我们身体和自我的组成部分。然而，不可避免的是，我们也会有这样的时刻，即意识到自身对技术的依赖，或发觉它们令人讨厌或难以使用，或对它们失去兴趣。技术可能会出现故障，不能正常工作；基础设施和政府规范可能不支持其运转；使用者可能会对它们感到厌倦，他们的身体可能会反抗，或产生过度使用的症状。个体或组织可能会抵制这些技术的使用，并对其意义和价值产生争论（Lupton，1995；Miller and Horst，2012）。

弗罗因德（Freund，2004：273）使用术语"技术惯习"（technological habitus）来描述个体在技术环境中运作时所需的"内在化控制"（internalised control）和各种意识，这些技术环境包括当前西方社会提供的技术环境。他认为，人类/机器实体并不是无缝的，反而存在着分离——或者正如他所言，存在着"赛博格中的接缝"（seams in the cyborg）。在这里，肉身和机器并不能完美交融，这可能会导致不适感、压迫感或权力丧失。例如，睡眠模式、繁重任务、通勤时间的延长以及休闲时间的减少，可能会被技术应用扰乱，从而导致疲劳、压力和疾病。我们的身体可能会开始提醒我们，这些影响我们具身化的客体是物质性的：过度使用这些设备，会导致眼睛疲劳，也会致使头部、手部、颈部、背部疼痛（Lupton，1995）。

人们可能会因为数字设备传递海量数据、需要实时追踪社交网络更新而感到不知所措。对脸书等社交媒体平台的分析表明，用户不仅意识到他们为了维护社交网络而对社交媒体的依赖程度，还有可能不满于这种依赖及自己在社交媒体上浪费的时间，甚至担心自己可能已经"上瘾"(Davis，2012)。用户可能因数据量的大幅过载而感受到自身被"侵蚀"，这可能与使用社交网站、难以关闭移动设备，以及难以从移动设备的时间中抽离等原因相关 (boyd，2008)。

技术开发人员一直致力于将数字设备融入身体和日常生活，以使它们不再那么突兀，甚至直接成为我们身体和自我的组成部分。正如谷歌眼镜项目的技术负责人和经理所称："将技术和计算更**贴近**身体，实际上可以改善交流和注意力——让技术进一步摆脱束缚"(Starner，2013，强调为原文所加)。他断言，通过缩小设备、使其更加易于携带，它们将进一步遁入后台，而不是主导用户注意力（目前流行的智能手机和平板电脑对用户注意力的主导十分明显）。尽管作出了这些努力，谷歌眼镜的佩戴者还是不断受到其他人的持续关注，这些关注往往是负面的，而且都基于这样的假设：此设备太明显、不时尚、没有吸引力，或者佩戴者是不尊重他人隐私的富豪计算机呆子。据报道，当有人在公共场合佩戴谷歌眼镜时，会受到他人的愤怒回应，甚至有人把眼镜从他们脸上扯下，或者要求他们离开现场 (Gross，2014)。因此，数字设备的设计不仅会引起用户本身的情绪反应，还会引起旁观者的情绪反应。

一些人发现，可穿戴自我跟踪设备可能不够时尚，可能防水能力不足，可能太笨重，也可能穿戴舒适度不足。当用户忘记把它们从衣服中取出时，它们可能在洗衣机中被毁坏。一名设计师 (Darmour，2013) 认为，如果这些技术过于明显，将这些设备"绑"在我们的身体上，将"分散注意力、扰乱我们，并最终使我们脱离他人，继而降低我们作为人类的体验"。她断言，这些客体反而需要被设计得更加精细，这样它们才能融入"我们的生活结构"。她建议的途径有：令它们变得美观，形如珠宝（如胸针、项链、手镯、戒指）；与时尚服装相融合；令它们边缘化但有意义，如使用颜色或震

185

213

感，而非数字来显示设备数据。

创造性劳动（creative labour）和体力劳动（physical labour）也是人类技术活动之物质性的不可分割的维度。我在本书第二章中提到了与产消合一相关的智力和创造性劳动，并指出这种基本无偿的劳动是分享主体和参与式民主理想的组成部分。尽管产消者没有因该劳动获得报酬，但他们上传内容的平台的开发人员往往能够从创建的数据中获得可观的收入。产消合一在很大程度上是无薪的，而有偿工人在亚马逊 Mechanical Turk 和 Freelancer.com 等在线平台上申请到的自由职业工作的报酬极低，工作不稳定，且工作福利不如其他工作岗位（Philip et al.，2012；Scholz，2013）。

体力劳动同样是数字知识经济的一部分。数字设备的实体生产仍需要大量的劳动力：仅苹果公司的两座工厂就雇佣了 50 万人。这些工人带薪工作，但薪资不高，通常在较差、受剥削的条件下工作。许多数字技术制造业工人的身体都受到了体力劳动的影响。如前所述，数字基础设施（如服务器、硬盘和数据存储系统）是位于地理空间中的物质客体，需要人类行动者的持续维护。那些在矿山生产所需矿物和在工厂中制造数字技术的劳动者，往往在不理想的条件下工作，他们可能会暴露在有毒化学物质中。数字的物质性是无处不在的（Parikka，2013；Philip et al.，2012）。

许多富有的计算机制造巨头被指控剥削其工厂中的工人。据称，这些公司曾压制或抵制工人加入工会的企图，给他们提供低工资，强迫工人长时间劳动，并使其面临持续的经济不安全感。工人们不得不从事疲惫不堪的重复性工作，暴露在化学品中；他们所在的宿舍亦拥挤不堪，安全保护措施不足。一些公司被指控在工厂中雇佣童工；在一些工厂中，还出现了工人自杀的新闻报道，包括生产苹果 iPad 的年轻工人。这引起了人们对这些工人所忍受的低标准工作条件的关注（Chamberlain，2011；Chen，2013）。

　　正如帕里卡（Parikka，2013）所观察到的，尽管人们都在关注当代数字设备的轻便性和可移动性，但它们的"硬度"，或者生产此类设备的条件受到了隐蔽。他认为存在一种"硬件地缘政治"（geopolitics of hardware），在这种情况下，那些为前往更优越地区而在矿山和工厂中为人们制造数字设备的工人的工作条件，往往从那些只看到光鲜亮丽的最终成品的群体视线中消失了。身体在生产这些机器时，也为此受苦；这些身体"在肺、大脑、神经系统等等中记录了信息技术生产的物质性以及舍弃的物质性。它们的确是'硬件持久性'（persistence of hardware）的写入系统"（Parikka，2013）。这些观察结果强调了硬件的双重含义：它们既是有形的、可触摸的设备，又是制造者辛勤劳动的产物。

　　在这一章中，我认为数字设备及其相关软件和平台已然融入具身化和自我的本体论及实践中。人类通过数字实现的具身化拥有四个主要维度：第一，数字媒体技术通过视觉图像和语言表达来描绘人类身体，这出现在医疗手术、网站、社交媒体平台、应用程序和新闻网站上；第二，人们触摸和观看数字设备，并在随身携带或佩戴；第三，人类身体的运动和活动通过数字设备进行监测和跟踪，这些数字设备能够持续向应用程序和平台上传数据，这包括利用全球定位系统在空间中定位人体的技术，以及使用嵌入式加速计和陀螺仪感知运动并收集精准的生物特征数据的技术；第四，人类身体通过智力劳动和体力劳动，制造数字设备和数字数据。

第九章　结论

最后，我来对本书的主要内容作一个简要总结。

为什么社会学家应该对数字技术的理论和研究感兴趣？

- 数字技术日益成为许多人在日常生活中不可或缺的一部分，无论他们是否意识到或同意这一点。
- 社会生活是通过数字技术构建的，也是与数字技术共同构建的。
- 数字技术在构建自我、社会关系、具身化、人类与非人类的关系以及空间地点等概念方面发挥着越来越重要的作用。
- 所谓的"社会"正在日渐通过数字技术实现。
- 数字技术的使用和实践是通过社会类别来构建的，这包括性别、社会阶层、地理位置、教育、种族／民族和年龄等。
- 数字技术是当代社会网络和社会制度的组成部分，这包括家庭、工作场所、教育系统、医疗保健系统、大众媒体和经济。
- 数字技术为实践社会学提供了可替代的方法。

● 数字技术对"公共社会学"（与学术界以外的人接触）和
"私人社会学"（作为社会学家的个人身份和实践）都很重要。

数字社会学家给出的重要启示包括：

● 数字技术和数字数据客体是社会文化的产物。

● 数字技术和数字数据客体是人类和非人类行动者的共同产物。

● 数字技术已经生产出一种新型知识经济，在这种经济中，
思想已经被物化、大众化和商品化。

● 数字数据客体在档案之外有自己的社会生活，它们在不
同的论坛中流动，并呈现出新的形式和价值。

● 数字技术创造了新型政治关系和权力关系。

● 数字技术用户逐渐成为自己生活的观察者和记录者，他
们既消费数据，又创造数字数据。

● 人类通过与数字技术进行互动，被构建为动态的数字数
据集合。

● 数字技术产生出新形式的社会研究设备。

● 数字技术构建了新的监视形式。

● 数字媒体技术有助于发展出社会学的创新方式，并产生
一种不同类型的社会学敏锐性的愿景。

我引用了一些社会学家的观点来为这本书开篇，他们认为大型
数字数据集和社会研究在不同行动者之间日益分散的性质，挑战了
社会学家作为卓越社会研究者的角色。我认为，社会学并没有受到
这些变革的威胁，而是有了新的机会来证明社会学家可以提供有价
值的技能和见解，并扩大他们在社会研究中的权威。社会学家可能

不会垄断数据的收集和分析，但他们训练有素，能够与关于数字技术及其数据积累的好处的简单化假设保持批判性的距离。社会学家能够退后一步，以一种启发式的方法来识别和提出问题。面对那些提倡详细分析大数据的人，一个既能反映大数据的社会含义，又能赋予这些数据意义的视角至关重要。

190

综上所述，数字社会学这一新兴领域，远远超出了对数字的考察，它提出了关于当代社会学研究和理论的重点及方法的问题。因此，社会学家撰写关于数字技术的著述，能够为社会学的未来、该学科如何在应对社会新发展变革时保持生命力、创造力和回应性等问题作出重要贡献。

191

问题讨论

- 大数据为社会提供了什么？大数据的局限性和伦理思考是什么？大数据现象对社会学家有什么影响？

- 针对产消合一现象，如何比较马克思主义/政治经济学观点和福柯的观点？两种理论视角在阐释产消合一现象的方式有何不同？两种理论阐释是否有相同之处？

- 请列出个体在一天中可能被数字监视技术跟踪的方式。该个体可能会使用哪些设备？这些设备可以收集他的哪些数据？他如何知道数据收集的内容？他在多大程度上能够拒绝或抵制这些数据监视实践？

- 请列出各种数字监视形式的积极和消极方面。每种监视形式能为个体或社会带来什么好处？它们对个人或特定社会群体的潜在局限性或有害影响是什么？

● 随着数字技术和数据监视的发展，隐私概念发生了怎样的变革？未来的隐私概念会如何呈现？在数字时代，我们需要重新思考隐私吗？

● 算法权力或权威有哪些表现方式？举例说明这种权力 / 权威是如何运作的。

● 数字技术和数字数据客体在哪些层面可以被认为是非物质性的，在哪些方面又是物质产物？

● 请选择一种数字媒体实践，并讨论它对自我、身体或社会群体成员身份认同概念的贡献方式，例如自拍、自我跟踪设备、博客、推文、脸书、在线游戏、在 YouTube 上制作视频。

● 数字社会学能为社会学学科提供什么？它在哪些方面可能无法对学科作出贡献？它的优势和不足是什么？

附录1 "学术界"社交媒体
使用调查简介

    我利用常用的在线调查工具 SurveyMonkey 构建了一份关于学者使用社交媒体的简短问卷。该调查包括固定选择题和开放式问题，并允许受访者填写其答案。该调查始于 2014 年 1 月 1 日，并于四周后结束。在此期间，我利用各种社交媒体进行宣传，包括推特、脸书页面、领英以及我所属的列表服务器。我发布的调查推文得到了大量转发，尽管我不能确定完成调查的受访者的来源，但我估计许多人是通过推特网络看到的。

    这项调查没有代表性，它依靠的是通过社交媒体网络了解并选择完成此调查的志愿者，而不是使用概率抽样。鉴于这种收集方法，调查结果中的受访学者可能比普通学者更倾向于将社交媒体用于职业目的，并且比随机抽样的代表性样本更倾向于这样使用。因此，我的调研结果不能涵盖整个学术界。然而，它们确实提供了一些有趣的见解，让我们了解到学者们在高等教育工作中使用社交媒体有哪些实用、有趣、有挑战性或对抗性的问题现象。开放式问题的答复尤其如此。

　　本次调查共涉及711名学者，其中三分之二是女性。就地理区域而言，受访者最多来自英国（37%），其次是澳大利亚/新西兰（25%）、美国（20%）、欧洲大陆（10%）和加拿大（5%）。其余3%的受访者来自爱尔兰、加勒比地区以及非洲、亚洲和南美洲国家。就职位而言，大多数受访者的职位相对较低：33%的受访者为青年学者，27%为研究生，中年学者占受访者的24%，只有15%的受访者将自己描述为资深学者，1%的受访者将自己认定为退休或荣休学者。近一半的受访者（47%）从事社会科学领域，19%在医学、公共卫生或联合医疗领域，16%在人文学科，12%的受访者从事科学、技术或工程领域，剩下的6%从事教育、商业、创作表演艺术、法律、图书馆学和考古学，或者称自己为"跨学科"。

193

　　报告全文参见：www.canberra.edu.au/faculties/arts-design/attachments/pdf/n-and-mrc/feeling-better-connected-report-final.pdf。

附录2　参考文献

Ackerman, L. (2013): *Mobile Health and Fitness Applications and Information Privacy*. San Diego, CA: Privacy Rights Clearing House.

Ackland, R. (2013): *Web Social Science: Concepts, Data and Tools for Social Scientists in the Digital Age*. London: Sage.

Adams, S. (2011): "Sourcing the crowd for health services improvement: the reflexive patient and 'share-your-experience' websites." *Social Science & Medicine*, 72 (7), 1069—1076.

Adema, J. (2013): "Practise what you preach: engaging in humanities research through critical praxis." *International Journal of Cultural Studies*, 16 (5), 491—505.

Adkins, L. and Lury, C. (2011): "Introduction: special measures." *The Sociological Review*, 59 (S2), 5—23.

Ahrens, J. (2013): "Between 'me-time' and household duty: male and female home internet use." *Media International Australia*, 146, 60—68.

Aipperspach, R., Rattenbury, T., Woodruff, A., Anderson, K., Canny, J. and Aoki, P. (2006): "Ethno-mining: integrating numbers and words from the ground up." Technical report, Department Electrical Engineering and Computer Sciences, University of California, Berkeley.

Ajana，B.（2013）：*Governing through Biometrics：The Biopolitics of Identity*. Basingstoke：Palgrave Macmillan.

Allen，M.（2013）："What was Web 2.0? Versions as the dominant mode of internet history." *New Media & Society*，15（2），260—275.

American Association of University Professors（2013）：*Academic Freedom and Electronic Communications Draft Report*. Accessed 30 May 2014. Available from http：//www.aaup.org/report/academic-freedom-and-electroniccommunications-2014.

Anderson，K.，Nafus，D.，Rattenbury，T. and Aipperspach，R.（2009）："Numbers have qualities too：experiences with ethno-mining." *Ethnographic Praxis in Industry Conference Proceedings*，123—140.

Andrejevic，M.（2013）：*Infoglut：How too Much Information is Changing the Way We Think and Know*. New York：Routledge.

Angwin，J.（2014）："How I quit Google." *Time*，Accessed 27 February 2014. Available from http：//ideas.time.com/2014/02/24/how-i-quit-google/? iid=ent-articlemostpop2

Angwin，J. and Valentino-Devries，J.（2012）："New tracking frontier：your license plates." *Wall Street Journal*. Accessed 19 March 2014. Available from http：//online.wsj.com/news/articles/SB10000872396390443995604578004723603576296

Anonymous（2013）："Why marketers should care about the quantified self." *Ad Age*. Accessed 9 December 2013. Available from http：//adage.com/article/glossarydata-defined/marketers-care-quantified/243840

Anonymous（2014）："Power to the people（editorial）." *Nature*，261. Accessed 18 March 2014. Available from http：//www.nature.com/news/power-to-the-people-1.14505? WT.ec_id-ATURE-20140116

Aslinger，B. and Huntemann，N.（2013）："Digital media studies futures." *Media，Culture & Society*，35（1），9—12.

Avaaz.org（2014）：*2014 Vienna Declaration on Freedom of Information and Expression*. Accessed 5 April 2014. Available from https：//secure.avaaz.org/en/petition/The_2014_Vienna_Declaration_on_Freedom_of_Information_and_Expression_Petition/

Back，L.（2012）："Live sociology：social research and its futures." *The Sociological Review*，60（S1），18—39.

Back, L. and Puwar, N. (2012): "A manifesto for live methods: provocations and capacities." *The Sociological Review*, 60 (S1), 6—17.

Bailey, J., Steeves, V., Burkell, J. and Regan, P. (2013): "Negotiating with gender stereotypes on social networking sites: from 'bicycle face' to Facebook." *Journal of Communication Inquiry*, 37 (2), 91—112.

Ball, J. (2014): "Angry Birds and 'leaky' phone apps targeted by NSA and GCHQ for user data." *Guardian*. Accessed 26 February 2014. Available from http://www.theguardian.com/world/2014/jan/27/nsa-gchq-smartphone-app-angry-birdspersonal-data

Ball, K. and Murakami Wood, D. (2013): "Political economies of surveillance." *Surveillance & Society*, 11 (1/2), 1—3.

Balsamo, A. (2012): "I phone, I learn." In P. Snickars and P. Vonderau (eds.): *Moving Data: The iPhone and the Future of Media*. New York: Columbia University Press, 251—264.

Barbour, K. and Marshall, D. (2012): "The academic online: constructing persona through the World Wide Web." *First Monday*, 9. Accessed 27 September 2013. Available from http://firstmonday.org/ojs/index.php/fm/article/view/3969/3292

Barrett, M., Humblet, O., Hiatt, R. and Adler, N. (2013): "Big data and disease prevention: from quantified self to quantified communities." *Big Data*, 1 (3), 168—175.

Bates, J. (2012): "'This is what modern deregulation looks like': co-option and contestation in the shaping of the UK's Open Government Data initiative." *Journal of Community Informatics*, 2. Accessed 16 November 2012. Available from http://ci-journal.net/index.php/ciej/article/view/845/916

Baym, N. (2013): "Data not seen: the uses and shortcomings of social media metrics." *First Monday*, 10. Accessed 8 October 2013. Available from http://firstmonday.org/ojs/index.php/fm/article/view/4873/3752

Beard, M. (2013): "Internet fury: or having your online anatomy dissected online." *The Times Literary Supplement*. Accessed 3 August 2013. Available from http://timesonline.typepad.com/dons_life/2013/01/internet-fury.html#more

Beer, D. (2008): "The iconic interface and the veneer of simplicity: MP3 players and the reconfiguration of music collecting and reproduction practices in the digital age." *Information, Communication & Society*, 11 (1), 71—88.

—— (2009): "Power through the algorithm? Participatory web cultures and the technological unconscious." *New Media & Society*, 11 (6), 985—1002.

—— (2012a): "Open access and academic publishing: some lessons from music culture." *Political Geography*, 31 (8), 479—480.

——(2012b): "The comfort of mobile media: uncovering personal attachments with everyday devices." *Convergence*, 18 (4), 361—367.

—— (2012c): "Using social media aggregators to do social research." *Sociological Research Online*, 3. Accessed 12 February 2013. Available from http://www.socresonline.org.uk/17/3/10.html

—— (2013a): *Popular Culture and New Media: The Politics of Circulation*. Houndmills: Palgrave Macmillan.

—— (2013b): "Public geography and the politics of circulation." *Dialogues in Human Geography*, 3 (1), 92—95.

—— (2014): *Punk Sociology*. Houndmills: Palgrave Macmillan.

Beer, D. and Burrows, R. (2010): "Consumption, prosumption and participatory web cultures: an introduction." *Journal of Consumer Culture*, 10 (1), 3—12.

—— (2013): "Popular culture, digital archives and the new social life of data." *Theory, Culture & Society*, 30 (4), 47—71.

Beer, D. and Taylor, M. (2013): "The hidden dimensions of the musical field and the potential of the new social data." *Sociological Research Online*, 2. Accessed 3 January 2014. Available from http://www.socresonline.org.uk/18/2/14.html

Bell, D. (2007): "Cybercultures rewriter." In D. Bell and B. Kennedy (eds.): *The Cybercultures Reader*. London: Routledge, 1—9.

Bell, D. and Kennedy, B. (eds.) (2000): *The Cybercultures Reader*. London: Routledge.

—— (2004): "Intimate computing?" *IEEE Internet Computing*, 8 (6), 91—93.

—— (2006a): "'Satu keluarga, satu komputer' (one home, one computer): cultural accounts of ICTs in South and Southeast Asia." *Design Issues*, 22 (2), 35—55.

—— (2006b)："The age of the thumb: a cultural reading of mobile technologies from Asia." *Philosophy & Technology*, 19 (2), 41.

—— (2011)："Life, death, and the iPad: cultural symbols and Steve Jobs." *Communications of the ACM*, 54 (12), 24—25.

Bell, G. and Dourish, P. (2007)："Yesterday's tomorrows: notes on ubiquitous computing's dominant vision." *Personal and Ubiquitous Computing*, 11 (2), 133—143.

—— (2011): *Divining a Digital Future: Mess and Mythology in Ubiquitous Computing*. Cambridge, MA: The MIT Press.

Best, K. (2010)："Living in the control society: surveillance, users and digital screen technologies." *International Journal of Cultural Studies*, 13 (1), 5—24.

Bird, S.E. (2011)："Are we all produsers now?" *Cultural Studies*, 25 (4/5), 502—516.

Biressi, A. and Nunn, H. (2003)："Video justice: crimes of violence in social/media space." *Space and Culture*, 6 (3), 276—291.

Boase, J. (2013)："Implications of software-based mobile media for social research." *Mobile Media & Communication*, 1 (1), 57—62.

Bobkowski, P. and Smith, J. (2013)："Social media divide: characteristics of emerging adults who do not use social network websites." *Media, Culture & Society*, 35 (6), 771—781.

Boehner, K., Gaver, W. and Boucher, A. (2012)："Probes." In C. Lury and N. Wakeford (eds.): *Inventive Methods: The Happening of the Social*. London: Routledge, 185—201.

Boellstorff, T. (2013)："Making big data, in theory." *First Monday*, 10. Accessed 8 October 2013. Available from http://firstmonday.org/ojs/index.php/fm/article/view/4869/3750

Bollmer, G. (2013)："Millions now living will never die: cultural anxieties about the afterlife of information." *The Information Society*, 29 (3), 142—151.

Bossewitch, J. and Sinnreich, A. (2013)："The end of forgetting: strategic agency beyond the panopticon." *New Media & Society*, 15 (2), 224—242.

boyd, d. (2008)："Facebook's privacy trainwreck: exposure, invasion, and social convergence." *Convergence*, 14 (1), 13—20.

—— (2012): "Networked privacy." *Surveillance & Society*, 10 (3/4), 348—350.

boyd, d. and Crawford, K. (2012): "Critical questions for big data: provocations for a cultural, technological, and scholarly phenomenon." *Information, Communication & Society*, 15 (5), 662—679.

Bracetti, A. (2012): "The 10 most racist smartphone apps ever created." *Complex Tech.* Accessed 18 January 2012. Available from http://www.complex.com/tech/2012/01/the-10-most-racist-smartphone-apps-ever-created#1

Breslow, H. and Mousoutzanis, A. (2012): "Introduction." In H. Breslow and A. Mousoutzanis (eds.): *Cybercultures: Mediations of Community, Culture, Politics.* Amsterdam: Rodopi, vii—xx.

Breur, T. (2011): "Data analysis across various media: data fusion, direct marketing, clickstream data and social media." *Journal of Direct, Data and Digital Marketing Practice*, 13 (2), 95.

Brignall, T. (2002): "The new panopticon: the internet viewed as a structure of social control." *Theory and Science*, 1. Accessed 15 January 2014. Available from http://theoryandscience.icaap.org/content/vol003.001/brignall.html

Brophy, J. (2010): "Developing a corporeal cyberfeminism: beyond cyberutopia." *New Media & Society*, 12 (6), 929—945.

Brubaker, J., Hayes, G. and Dourish, P. (2013): "Beyond the grave: Facebook as a site for the expansion of death and mourning." *The Information Society*, 29 (3), 152—163.

Bruns, A. (2012): "How long is a tweet? Mapping dynamic conversation networks on Twitter using Gawk and Gephi." *Information, Communication & Society*, 15 (9), 1323.

—— (2013): "Faster than the speed of print: reconciling 'big data' social media analysis and academic scholarship." *First Monday*, 10. Accessed 27 October 2013. Available from http://firstmonday.org/ojs/index.php/fm/article/view/4879/3756

Bruns, A., Highfield, T. and Burgess, J. (2013): "The Arab Spring and social media audiences: English and Arabic Twitter users and their networks." *American Behavioral Scientist*, 57 (7), 871—898.

Bucher, T. (2012). "Want to be on the top? Algorithmic power and the threat of invisibility on Facebook." *New Media & Society*, 14 (7), 1164—1180.

Bunge, J. (2014). "Big data comes to the farm, sowing mistrust." *Wall Street Journal*. Accessed 17 March 2014. Available from http://online.wsj.com/news/articles/SB10001424052702304450904579369283869192124

Burawoy, M. (2005). "For public sociology." *American Sociological Review*, 70 (1), 4—28.

Burgess, J. and Bruns, A. (2012). "Twitter archives and the challenges of 'big social data' for media and communication research." *M/C Journal*, 5. Accessed 27 October 2013. Available from http://journal.media-culture.org.au/index.php/mcjournal/article/viewArticle/561

Burrows, R. (2012). "Living with the h-index? Metric assemblages in the contemporary academy." *The Sociological Review*, 60 (2), 355—372.

Butler, P. (2012). "How the Spartacus welfare cuts campaign went viral." *Guardian*. Accessed 18 January 2012. Available from http://www.theguardian.com/society/2012/jan/17/disability-spartacus-welfare-cuts-campaign-viral?guni=Article

Byrne, D. (2013). "419 digilantes and the frontier of radical justice online." *Radical History Review*, 2013 (117), 70—82.

Cammaerts, B. (2013). "Networked resistance: the case of WikiLeaks." *Journal of Computer-Mediated Communication*, 18 (4), 420—436.

Cannon, K. and Barker, J. (2012). "Hard candy." In P. Snickars and P. Vonderau (eds.): *Moving Data: The iPhone and the Future of Medicine*. New York: Columbia University Press, 73—88.

Caplan, P. (2013). "Software tunnels through the rags 'n refuse: object oriented software studes and platform politics." *Culture Machine*. Accessed 8 August 2013. Available from http://www.culturemachine.net/index.php/cm/issue/current

Carrigan, M. (2013). "Continuous publishing and being an open-source academic." Digital Sociology. Accessed 22 December 2013. Available from http://digitalsociology.org.uk/?paged=2

Casilli, A. (2012). "By leveraging social media for impact, academics can create broader support for our intellectual work and profession." LSE Impact of the Social Sciences. Accessed 25 January 2012. Available from http://blogs.lse.ac.uk/impa

ctofsocialsciences/2012/01/25/leveraging-social-media-impact

Castells, M. (2000a): "Materials for an exploratory theory of the network society." *British Journal of Sociology*, 51 (1), 5—24.

—— (2000b): *The Rise of the Network Society.* Vol. 1. Malden, MA: Blackwell.

——(2012): *Networks of Outrage and Hope: Social Movements in the Internet Age.* New York: Wiley.

Center for Media Justice, Color of Change, Sum of Us (2013): *Consumers, Big Data, and Online Tracking in the Retail Industry: A Case Study of Walmart.* Accessed 18 May 2014. Available from http://centerformediajustice.org/wp-content/ files/WALMART_PRIVACY_.pdf

Chamberlain, G. (2011): "Apple factories accused of exploiting Chinese workers." *Guardian.* Accessed 27 March 2014. Available from http://www.theguardian. com/technology/2011/apr/30/apple-chinese-factory-workers-suicideshumiliation

Chapman, S. (2012): "Hate mail and cyber trolls: the view from inside public health." *The Conversation.* Accessed 3 August 2013. Available from https:// theconversation.com/hate-mail-and-cyber-trolls-the-view-from-inside-public-health-9329

Chen, M. (2013): "Exploitation remains the name of the game at Dell's Chinese factories." *The World Post.* Accessed 27 March 2014. Available from http:// www.huffingtonpost.com/michelle-chen/exploitation-remains_b_4243246.html

Cheney-Lippold, J. (2011): "A new algorithmic identity: soft biopolitics and the modulation of control." *Theory, Culture & Society*, 28 (6), 164—181.

Christie, M. and Verran, H. (2013): "Digital lives in postcolonial Aboriginal Australia." *Journal of Material Culture*, 18 (3), 299—317.

Citron, D.K. (2009): "Law's expressive value in combating cyber gender harassment." *Michigan Law Review*, 108 (3), 373—415.

Citron, D.K. and Norton, H. (2011): "Intermediaries and hate speech: fostering digital citizenship for our information age." *Boston University Law Review*, 91 (4), 1435—1484.

Colbert, A. (2012): "7 fake Hurricane Sandy photos you're sharing on social media." Mashable. Accessed 30 October 2012. Available from http://mashable. com/2012/10/29/fake-hurricane-sandy-photos

Copeland, P., Romano, R., Zhang, T., Hecht, G., Zigmond, D. and

Stefansen, C. (2013) *Google Disease Trends: An Update*. Accessed 22 February 2014. Available from http://static.googleusercontent.com/external_content/untrusted_dlcp/research.google.com/en/us/pubs/archive/41763.pdf

Cottom McMillan, T. (2012): "Risk and ethics in public scholarship. University of Venus." Accessed 4 August 2013. Available from http://www.insidehighered.com/blogs/university-venus/risk-and-ethics-public-scholarship

Cozza, M. (2011): "Bridging gender gaps, networking in computer science." *Gender, Technology and Development*, 15 (2), 319—337.

Crawford, K. (2014): "When big data marketing becomes stalking." *Scientific American*. Accessed 19 March 2014. Available from http://www.scientificamerican.com/article/when-big-data-marketing-becomes-stalking

Crawford, K. and Schultz, J. (2014): "Big data and due process: toward a framework to redress predictive privacy harms." *Boston College Law Review*, 55 (1), 93—128.

Curran, G. and Gibson, M. (2013): "WikiLeaks, anarchism and technologies of dissent." *Antipode*, 45 (2), 294—314.

Daniels, J. (2009a): "Cloaked websites: propaganda, cyber-racism and epistemology in the digital era." *New Media & Society*, 11 (5), 659—683.

—— (2009b): "Rethinking cyberfeminism (s): race, gender, and embodiment." *Women's Studies Quarterly*, 37 (1/2), 101—124.

—— (2013a): "From tweet to blog post to peer-reviewed article: how to be a scholar now." LSE Impact of the Social Sciences. Accessed 11 December 2013. Available from http://blogs.lse.ac.uk/impactofsocialsciences/2013/09/25/how-to-be-a-scholar-daniels

—— (2013b): "Race and racism in Internet studies: a review and critique." *New Media & Society*, 15 (5), 695—719.

Daniels, J. and Feagin, J. (2011): "The (coming) social media revolution in the academy." *Fast Capitalism*, 2. Accessed 12 March 2013. Available from http://www.uta.edu/huma/agger/fastcapitalism/8_2/Daniels8_2.html

Darmour, J. (2013): "3 ways to make wearable tech actually wearable." Co. Design. Accessed 15 March 2013. Available from http://www.fastcodesign.com/1672107/3-ways-to-make-wearable-tech-actually-wearable

Davenport, T. and Patil, D. (2013): "Data scientist: the sexiest job of the 21st century." *Harvard Business Review Magazine*. Accessed 4 December 2013. Available from http://hbr.org/2012/10/data-scientist-the-sexiest-job-of-the-21st-century

Davies, T. and Bawa, Z.A. (2012): "The promises and perils of open government data (OGD)." *Journal of Community Informatics*, 8. Accessed 16 November 2012. Available from http://ci-journal.net/index.php/ciej/article/view/929/955

Davis, J. (2012): "Social media and experiential ambivalence." *Future Internet*, 4 (4), 955—970.

de Almeida, A.N., Delicado, A., de Almeida Alves, N. and Carvalho, T. (2014): "Internet, children and space: revisiting generational attributes and boundaries." *New Media & Society*. Accessed 30 May 2014. Available from http://nms.sagepub.com/content/early/2014/03/24/1461444814528293.abstract

DeLanda, M. (1991): *War in the Age of Intelligent Machines*. New York: Zone.

DiMaggio, P., Hargittai, E., Neuman, W.R. and Robinson, J. (2001): "Social implications of the internet." *Annual Review of Sociology*, 27 (1), 307—336.

Doyle, A. (2011): "Revisiting the synopticon: reconsidering Mathiesen's 'the viewer society' in the age of Web 2.0." *Theoretical Criminology*, 15 (3), 283—299.

Dredge, S. (2013): "Yes, those free health apps are sharing your data with other companies." *Guardian*. Accessed 4 September 2013. Available from http://www.theguardian.com/technology/appsblog/2013/sep/03/fitness-health-apps-sharingdata-insurance

Drucker, J. (2014): "Pixel dust: illusions of innovation in scholarly publishing." *Los Angeles Review of Books*. Accessed 13 February 2014. Available from http://lareviewofbooks.org/essay/pixel-dust-illusions-innovation-scholarly-publishing/#.Ut2S9g7Doyk.email

Duggan, M. and Smith, A. (2013): "Social media update 2013." Pew Research Center. Accessed 31 December 2013. Available from http://pewinternet.org/Reports/2013/Social-Media-Update/Main-Findings/Demographics-of-keysocial-networking-platforms.aspx

Duhigg, C. (2012): "How companies learn your secrets." *New York Times Magazine*. Accessed 16 February 2012. Available from http://www.nytimes.

com/2012/02/19/magazine/shopping-habits.html? pagewanted=1&_r=2&hp

Dumbill, E. (2013): "Making sense of big data." *Big Data*, 1 (1), 1—2.

Dunbar-Hester, C. (2010): "Beyond 'Dudecore'? Challenging gendered and 'raced' technologies through media activism." *Journal of Broadcasting & Electronic Media*, 54 (1), 121—135.

Dunleavy, P. (2014): "Why do academics choose useless titles for articles and chapters? Four steps to getting a better title." LSE Impact of the Social Sciences. Accessed 9 February 2014. Available from http://blogs.lse.ac.uk/impactofsocialscience s/2014/02/05/academics-choose-useless-titles

Dutton, W.H. and Blank, G. (2013): *Cultures of the Internet: The Internet in Britain.* Oxford: Oxford Internet Institute.

Dwoskin, E. (2014): "Give me back my online privacy." *Wall Street Journal.* Accessed 25 March 2014. Available from http://online.wsj.com/news/articles/SB1000 14240527023047045045794328234964040570? mod=ITP_journalreport

Edwards, A., Housley, W., Williams, M., Sloan, L. and Williams, M. (2013): "Digital social research, social media and the sociological imagination: surrogacy, augmentation and re-orientation." *International Journal of Social Research Methodology*, 16 (3), 245—260.

Elliott, A. (2013): *Reinvention.* London: Routledge.

Ellis, K. and Goggin, G. (2014): "Disability and social media." In J. Hunsinger and T. Senft (eds.): *The Social Media Handbook.* New York: Routledge, 126—143.

Elmer, G. (2003): "A diagram of panoptic surveillance." *New Media & Society*, 5 (2), 231—247.

Enriquez, J.G. (2012): "Bodily aware in cyber-research." In H. Breslow and A. Mousoutzanis (eds.): *Cybercultures: Mediations of Community, Culture, Politics.* Amsterdam: Rodopi, 59—72.

Estes, H. (2012): "Blogging and academic identity." *Literature Compass*, 9 (12), 974—982.

Eubanks, V. (2014): "Want to predict the future of surveillance ? Ask poor communities." *Prospect.* Accessed 26 February 2014. Available from http://prospect. org/article/want-predict-future-surveillance-ask-poor-communities

Eysenbach, G. (2011): "Can tweets predict citations? Metrics of social impact based on Twitter and correlation with traditional metrics of scientific impact." *Journal of Medical Internet Research*, 4. Accessed 25 June 2013. Available from http://www.jmir.org/2011/4/e123

Farrell, D. and Petersen, J.C. (2010): "The growth of internet research methods and the reluctant sociologist." *Sociological Inquiry*, 80 (1), 114—125.

Featherstone, M. (2009): "Ubiquitous media: an introduction." *Theory, Culture & Society*, 26 (2/3), 1—22.

Fenwick, T. and Edwards, R. (2011): "Considering materiality in educational policy: messy objects and multiple reals." *Educational Theory*, 61 (6), 709—726.

Firth, N. (2013): "How open data empowers citizens of poorer nations." *New Scientist*, 2943. Accessed 16 November 2013. Available from http://www.newscientist.com/article/mg22029434.400-how-open-data-empowers-citizens-of-poorer-nations.html#.Uoa3cflmhca

Ford, S., Jenkins, H. and Green, J. (2013): *Spreadable Media: Creating Value and Meaning in a Networked Culture*. New York: New York University Press.

Foucault, M. (1979): *The History of Sexuality*. Vol.1. London: Penguin.

—— (1988): "Technologies of the self." In L. Martin, H. Gutman and P. Hutton (eds.): *Technologies of the Self: A Seminar with Michel Foucault*. London: Tavistock, 16—49.

—— (1995): *Discipline and Punish: The Birth of the Prison*. Translated by A. Sheridan. 2nd edn. New York: Vintage Books.

Fox, S. and Boyles, J.L. (2012): *Disability in the Digital Age*. Washington, DC: Pew Research Center.

Fox, S. and Duggan, M. (2013): *The Diagnosis Difference*. Washington, DC: Pew Research Center.

Fraser, V. (2010): "Queer closets and rainbow hyperlinks: the construction and constraint of queer subjectivities online." *Sexuality Research and Social Policy*, 7 (1), 30—36.

Freund, P. (2004): "Civilised bodies redux: seams in the cyborg." *Social Theory & Health*, 2 (3), 273—289.

Friedman, E. J. (2007): "Lesbians in (cyber) space: the politics of the internet in Latin American on-and off-line communities." *Media*, *Culture & Society*, 29 (5), 790—811.

Fuchs, C. (2011): "Web 2.0, prosumption, and surveillance." *Surveillance & Society*, 8 (3), 288—309.

—— (2012): "The political economy of privacy on Facebook." *Television & New Media*, 13 (2), 139—159.

—— (2014a): "Book review: Manuel Castells, *Networks of Outrage and Hope: Social Movements in the Internet Age.*" *Media*, *Culture & Society*, 36 (1), 122—124.

—— (2014b): *Social Media: A Critical Introduction.* London: Sage.

Fuchs, C. and Dyer-Witheford, N. (2013): "Karl Marx @ Internet Studies." *New Media & Society*, 15 (5), 782—796.

Fuller, M. (2008): "Introduction, the stuff of software." In M. Fuller (ed.): *Software Studies: A Lexicon.* Cambridge, MA: The MIT Press, 1—13.

Gabrys, J. (2011): *Digital Rubbish: A Natural History of Electronics.* Ann Arbor: University of Michigan Press.

Gajjala, R. (2003): "South Asian digital diasporas and cyberfeminist webs: negotiating globalization, nation, gender and information technology design." *Contemporary South Asia*, 12 (1), 41—56.

Galligan, F. and Dyas-Correia, S. (2013): "Altmetrics: rethinking the way we measure." *Serials Review*, 39 (1), 56—61.

Ganascia, J.-G. (2010): "The generalized sousveillance society." *Social Science Information*, 49 (3), 489—507.

Gane, N. and Back, L. (2012): "C. Wright Mills 50 years on: the promise and craft of sociology revisited." *Theory*, *Culture & Society*, 29 (7/8), 399—421.

Garrety, K., McLoughlin, I., Wilson, R., Zelle, G. and Martin, M. (2014): "National electronic health records and the digital disruption of moral orders." *Social Science & Medicine*, 101, 70—77.

Gill, R. (2010): "Breaking the silence: the hidden injuries of neoliberal academia." In R. Flood and R. Gill (eds.): *Secrecy and Silence in the Research Process: Feminist Reflections.* London: Routledge, 228—244.

Ginsburg, F. (2012): "Disability in the digital age." In H. Horst and D. Miller (eds.)：*Digital Anthropology*. London：Berg，101—126.

Gitelman，L.（ed.）（2013）：*"Raw Data" is an Oxymoron*. Cambridge，MA：The MIT Press.

Gitelman，L. and Jackson，V.（2013）："Introduction." In L. Gitelman（ed.）：*"Raw Data" is an Oxymoron*. Cambridge，MA：The MIT Press，1—14.

Gleason，B.（2013）："#Occupy Wall Street：exploring informal learning about a social movement on Twitter." *American Behavioral Scientist*，57（7），966—982.

Goggin，G. and McLelland，M.（2009）："Internationalizing internet studies：beyond anglophone paradigms." In G. Goggin and M. McLelland（eds.）：*Internationalizing Internet Studies：Beyond Anglophone Paradigms*. London：Routledge，3—17.

Gooding，P.（2013）："Mass digitization and the garbage dump：the conflicting needs of quantitative and qualitative methods." *Literary and Linguistic Computing*，28（3），425—431.

Goodings，L. and Tucker，I.（2014）："Social media and the co-production of bodies online：Bergson，Serres and Facebook's Timeline." *Media，Culture & Society*，36（1），37—51.

Gorton，K. and Garde-Hansen，J.（2013）："From old media whore to new media troll：the online negotiation of Madonna's ageing body." *Feminist Media Studies*，13（2），288.

Graham，C.，Laurier，E.，O'Brien，V. and Rouncefield，M.（2011）："New visual technologies：shifting boundaries，shared moments." *Visual Studies*，26（2），87—91.

Grant，L.（2013）："Understanding education through big data." DMLCentral. Accessed 25 October 2013. Available from http：//dmlcentral.net/blog/lyndsay-grant/understanding-education-through-big-data

Greenwald，G.（2014）："How covert agents infiltrate the internet to manipulate，deceive，and destroy reputations." *The Intercept*. Accessed 26 February 2014. Available from https：//firstlook.org/theintercept/2014/02/24/jtrig-manipulation

Greenwald，G. and Gallagher，R.（2014）："Snowden documents reveal covert surveillance and pressure tactics aimed at WikiLeaks and its supporters." *The*

Intercept. Accessed 18 February 2014. Available from https：//firstlook.org/theintercept/article/2014/02/18/snowden-docs-reveal-covert-surveillance-and-pressuretactics-aimed-at-wikileaks-and-its-supporters

Gregg, M. （2006）："Feeling ordinary: blogging as conversational scholarship." *Continuum*, 20（2）, 147—160.

—— （2009）："Banal bohemia: blogging from the ivory tower hot-desk." *Convergence*, 15（4）, 470—483.

—— （2011）*Work's Intimacy.* Cambridge：Polity.

Griffith, C., Heydon, G., Lamb, D., Lefort, L., Taylor, K. and Trotter, M. （2013）：*Smart Farming: Leveraging the Impact of Broadband and the Digital Economy.* CSIRO and the University of New England. Accessed 22 March 2014.

Gross, A. （2014）："What's the problem with Google Glass? *The New Yorker.*" Accessed 28 March 2014. Available from http://www.newyorker.com/online/blogs/currency/2014/03/whats-the-problem-with-google-glass.html

Gupta, A., Lamba, H. and Kumaraguru, P. （2013）："$1.00 per RT #BostonMarathon #PrayforBoston: analyzing fake content on Twitter." Paper delivered at the IEEE APWG eCrime Research Summit, San Francisco, 16—19 September.

Haggerty, K. and Ericson, R. （2000）："The surveillant assemblage." *British Journal of Sociology*, 51（4）, 605—622.

Hakkarainen, P. （2012）："'No good for shovelling snow and carrying firewood': social representations of computers and the internet by elderly Finnish non-users." *New Media & Society*, 14（7）, 1198—1215.

Halavais, A. （2013）："Home made big data? Challenges and opportunities for participatory social research." *First Monday*, 10. Accessed 8 October 2013. Available from http://firstmonday.org/ojs/index.php/fm/article/view/4876/3754

Halford, S. and Savage, M. （2010）："Reconceptualizing digital social inequality." *Information, Communication & Society*, 13（7）, 937—955.

Halford, S., Pope, C. and Weal, M. （2013）："Digital futures? Sociological challenges and opportunities in the emergent Semantic Web." *Sociology*, 47（1）, 173—189.

Hall, G. （2013a）：*About Media Gifts.* Accessed 7 August 2013. Available from http://garyhall.squarespace.com/about

—— (2013b) *Media Gifts.* Accessed 7 August 2013. Available from http://www.garyhall.info/open-book

—— (2013c): "The unbound book: academic publishing in the age of the infinite archive." *Journal of Visual Culture*, 12 (3), 490—507.

Hall, G. and Birchall, C. (2006): "New cultural studies: adventures in theory (some comments, clarifications, explanations, observations, recommendations, remarks, statements and suggestions)." In G. Hall and C. Birchall (eds.): *New Cultural Studies: Adventures in Theory.* Edinburgh: Edinburgh University Press, 1—28.

Hands, J. (2013): "Introduction: politics, power and 'platformativity'." *Culture Machine.* Accessed 5 February 2014. Available from http://www.culturemachine.net/index.php/cm/issue/current

Haraway, D. (1985): "Manifesto for cyborgs: science, technology, and socialist feminism in the 1980s." *Socialist Review*, 80, 65—108.

—— (2012): "Awash in urine: DES and Premarin® in multispecies responseability." *WSQ: Women's Studies Quarterly*, 40 (1), 301—316.

Hargittai, E. and Hinnant, A. (2008): "Digital inequality: differences in young adults' use of the internet." *Communication Research*, 35 (5), 602—621.

Harrington, S. and McNair, B. (2012): "The 'new' news." *Media International Australia*, 144, 49—51.

Hartmann, M. (2013): "From domestication to mediated mobilism." *Mobile Media & Communication*, 1 (1), 42—49.

Hay, S., George, D., Moyes, C. and Brownstein, J. (2013): "Big data opportunities for global infectious disease surveillance." *PLoS Medicine*, 4. Accessed 3 December 2013. Available from http://www.plosmedicine.org/article/info

Heinrich, A. (2012): "What is 'network journalism'?" *Media International Australia*, 144, 60—67.

Helmond, A. (2013): "The algorithmization of the hyperlink." *Computational Culture*, 3. Accessed 12 November 2013. Available from http://computationalculture.net/article/the-algorithmization-of-the-hyperlink

Hill, K. (2012): "'Google Now's' terrifying, spine-tingling, bone-chilling insights into its users." *Forbes.* Accessed 26 August 2013. Available from http://www.forbes.com/sites/kashmirhill/2012/07/03/google-nows-terrifying-spine-tinglingbonechilling-insights-into-its-users

Hintjens, H. (2013): "Screening in or out? Selective non-surveillance of unwanted humanity in EU cities." *Surveillance & Society*, 11 (1/2), 87—105.

Hjorth, L. and Pink, S. (2014): "New visualities and the digital wayfarer: reconceptualizing camera phone photography and locative media." *Mobile Media & Communication*, 2 (1), 40—57.

Hochman, N. and Manovich, L. (2013): "Zooming into an Instagram city: reading the local through social media." *First Monday*, 7. Accessed 10 March 2014. Available from http://firstmonday.org/ojs/index.php/fm/article/view/4711/3698

Holmwood, J. (2007): "Sociology as public discourse and professional practice: a critique of Michael Burawoy." *Sociological Theory*, 25 (1), 46—66.

—— (2010): "Sociology's misfortune: disciplines, interdisciplinarity and the impact of audit culture." *British Journal of Sociology*, 61 (4), 639—658.

—— (2011): "Sociology after Fordism: prospects and problems." *European Journal of Social Theory*, 14 (4), 537—556.

Horning, R. (2013): "Safe in our archives." The New Inquiry. Accessed 24 May 2013. Available from http://thenewinquiry.com/blogs/marginal-utility/safe-in-ourarchives

Horst, H., Hjorth, L. and Tacchi, J. (2012): "Rethinking ethnography: an introduction." *Media International Australia, Incorporating Culture & Policy*, 145, 86—93.

Houghton, D. and Joinson, A. (2010): "Privacy, social network sites, and social relations." *Journal of Technology in Human Services*, 28 (1/2), 74—94.

Howard, P. and Hussain, M. (2011): "The upheavals in Egypt and Tunisia: the role of digital media." *Journal of Democracy*, 22 (3), 35—48.

Hughey, M. and Daniels, J. (2013): "Racist comments at online news sites: a methodological dilemma for discourse analysis." *Media, Culture & Society*, 35 (3), 332—347.

Humphreys, S. and Vered, K.O. (2014): "Reflecting on gender and digital networked media." *Television & New Media*, 15 (1), 3—13.

Humphry, J. (2011): "Making an impact: cultural studies, media and contemporary work." *M/C Journal*, 6. Accessed 10 March 2014. Available from http://www.journal.media-culture.org.au/index.php/mcjournal/article/viewArticle/440

Hurwitz, J., Nugent, A., Halper, F. and Kaufman, M. (2013): *Big Data for Dummies.* Hoboken, NJ: John Wiley & Sons.

Ingeno, L. (2013): "That wasn't research." *Inside Higher Ed.* Accessed 3 July 2013. Available from http://www.insidehighered.com/news/2013/07/03/reviewboard-finds-professors-tweet-was-not-research

IntelPR (2013): "Future of technology may be determined by millennial malaise, female fans and affluent data altruists." *Intel Newsroom.* Accessed 18 October 2013. Available from http://newsroom.intel.com/community/intel_newsroom/blog/2013/10/17/future-of-technology-may-be-determined-by-millennial-malaise-female-fans-and-affluent-data-altruists

International Telecommunication Union (2013): *Measuring the Information Society.* Accessed 15 January 2014. Available from http://www.itu.int/en/ITU-D/Statistics/Documents/publications/mis2013/MIS2013_without_Annex_4.pdf

Jagoda, P. (2013): "Gamification and other forms of play." *Boundary 2*, 40 (2), 113.

Jarrett, K. (2014): "The relevance of 'women's work': social reproduction and immaterial labor in digital media." *Television & New Media*, 15 (1), 14—29.

Jenkins, H. (2014): "Rethinking 'rethinking convergence/culture'." *Cultural Studies*, 28 (2), 267—297.

John, N. (2013): "Sharing and Web 2.0: the emergence of a keyword." *New Media & Society*, 15 (2), 167—182.

Joiner, R., Gavin, J., Brosnan, M., Cromby, J., Gregory, H., Guiller, J., Maras, P. and Moon, A. (2012): "Gender, internet experience, internet identification, and internet anxiety: a ten-year followup." *Cyberpsychology, Behavior and Social Networking*, 15 (7), 370—372.

Jurgenson, N. (2012): "When atoms meet bits: social media, the mobile web and augmented revolution." *Future Internet*, 4 (1), 83—91.

Kamel Boulos, M., Resch, B., Crowley, D., Breslin, J., Sohn, G., Burtner, R., Pike, W., Jezierski, E. and Chuang, K.-Y.S. (2011): "Crowdsourcing, citizen sensing and sensor web technologies for public and environmental health surveillance and crisis management: trends, OGC standards and application examples." *International Journal of Health Geographics*, 1. Accessed 30

May 2013. Available from http://www.ij-healthgeographics.com/content/10/1/67

Kavada, A. (2014): "Introduction." *Media, Culture & Society*, 36 (1), 87—88.

Kelly, A. and Burrows, R. (2011): "Measuring the value of sociology ? Some notes on performative metricization in the contemporary academy." *The Sociological Review*, 59 (S2), 130—150.

Kendall, L. (2011): "'White and nerdy': computers, race, and the nerd stereotype." *Journal of Popular Culture*, 44 (3), 505—524.

Kibby, M. (2009): "Collect yourself: negotiating personal music archives." *Information, Communication & Society*, 12 (3), 428—443.

Kingsley, D. (2008): "Keeping a close watch-the rise of self-surveillance and the threat of digital exposure." *The Sociological Review*, 56 (3), 347.

Kinman, G. and Wray, S. (2013): *Higher Stress: A Survey of Stress and Well-being among Staff in Higher Education*. University and College Union. Accessed 22 November 2013. Available from http://www.ucu.org.uk/media/pdf/4/5/HE_stress_report_July_2013.pdf

Kirkpatrick, R. (2011): "Data philanthropy: public and private sector data sharing for global resilience." Global Pulse. Accessed 28 May 2013. Available from http://www.unglobalpulse.org/blog/data-philanthropy-public-private-sector-datasharing-global-resilience

Kirkup, G. (2010): "Academic blogging: academic practice and academic identity." *London Review of Education*, 8 (1), 75—84.

Kitchin, R. (2014): "Engaging publics: writing as praxis." *Cultural Geographies*, 21 (1), 153—157.

Kitchin, R. and Dodge, M. (2011): *Code/Space: Software and Everyday Life*. Cambridge, MA: The MIT Press.

Kitchin, R., Linehan, D., O'Callaghan, C. and Lawton, P. (2013): "Public geographies through social media." *Dialogues in Human Geography*, 3 (1), 56—72.

Lambert, A. (2013): *Intimacy and Friendship on Facebook*. Houndmills: Palgrave Macmillan.

Langois, G. and Elmer, G. (2013): "The research politics of social media platforms." *Culture Machine.* Accessed 8 August 2013. Available from http://www.culturemachine.net/index.php/cm/issue/current

Lapenta, F. (2011): "Locative media and the digital visualisation of space, place and information." *Visual Studies*, 26 (1), 1—3.

Laplante, P. (2013): "Who's afraid of big data?" *IT Professional*, 15 (5), 6—7.

Lash, S. (2005): "Lebenssoziologie: Georg Simmel in the information age." *Theory, Culture & Society*, 22 (3), 1—23.

—— (2006): "Life (Vitalism)." *Theory, Culture & Society*, 23 (2/3), 323—329.

—— (2007): "Power after hegemony: cultural studies in mutation?" *Theory, Culture & Society*, 24 (3), 55—78.

Latour, B. (1987): *Science in Action.* Cambridge, MA: Harvard University Press.

—— (2005): *Reassembling the Social: An Introduction to Actor-Network-Theory.* Oxford: Clarendon.

Latour, B., Jensen, P., Venturini, T., Grauwin, S. and Boullier, D. (2012): "'The whole is always smaller than its parts'— a digital test of Gabriel Tarde's monads." *British Journal of Sociology*, 63 (4), 590—615.

Law, J. and Ruppert, E. (2013): "The social life of methods: devices." *Journal of Cultural Economy*, 6 (3), 229—240.

Lazer, D., Kennedy, R., King, G. and Vespignani, A. (2014): "The parable of Google Flu: traps in big data analysis." *Science*, 343 (6176), 1203—1205.

Leetaru, K. (2011): "Culturomics 2.0: forecasting large-scale human behavior using global news media tone in time and space." *First Monday*, 9. Accessed 10 September 2013. Available from http://firstmonday.org/ojs/index.php/fm/article/view/3663/3040

Lesk, M. (2013): "Big data, Big Brother, big money." *IEEE Security & Privacy*, 11 (4), 85—89.

Letouze, E. (2012): *Big Data for Development: Challenges and Opportunities.* New York: UN Global Pulse.

Liu, J. and Adie, E. (2013): "New perspectives on article-level metrics: developing ways to assess research uptake and impact online." *Insights*, 26 (2),

153—158.

Lofgren, O. (2014): "Routinising research: academic skills in analogue and digital worlds." *International Journal of Social Research Methodology*, 17 (1), 73—86.

LSE Public Policy Group (2013): *Open Access Perspectives in the Humanities and Social Sciences.* Accessed 27 December 2013. Available at http://blogs.lse.ac.uk/impactofsocialsciences/files/2013/10/Open-Access-HSS-eCollection.pdf

Luckman, S. (1999): "(En) gendering the digital body: feminism and the internet." *Hecate*, 25 (2), 36—47.

Lupton, D. (1994): "Panic computing: the viral metaphor and computer technology." *Cultural Studies*, 8 (3), 556—568.

—— (1995): "The embodied computer/user." *Body & Society*, 1 (3/4), 97—112.

—— (2012): "M-health and health promotion: the digital cyborg and surveillance society." *Social Theory & Health*, 10 (3), 229—244.

—— (2013a): *The Social Worlds of the Unborn.* Houndmills: Palgrave Macmillan.

—— (ed.) (2013b): *The Unborn Human.* Open Humanities Press. Available from http://www.livingbooksaboutlife.org/books/The_Unborn_Human

—— (2013c): "Understanding the human machine." *IEEE Technology & Society Magazine*, 32 (4), 25—30.

—— (2014a): "The commodification of patient opinion: the digital patient experience economy in the age of big data." *Sociology of Health & Illness.* Available from http://onlinelibrary.wiley.com/doi/10.1111/1467-9566.12109/full

—— (2014b): "Quantified sex: self-tracking sexual and reproductive embodiment via digital technologies." *Culture, Health & Sexuality.* Available from http://www.tandfonline.com/doi/abs/10.1080/13691058

Lupton, D. and Noble, G. (1997): "Just a machine? Dehumanizing strategies in personal computer use." *Body & Society*, 3 (2), 83—101.

—— (2002): "Mine/not mine: appropriating personal computers in the academic workplace." *Journal of Sociology*, 38 (1), 5—23.

Lupton, D. and Seymour, W. (2000): "Technology, selfhood and physical disability." *Social Science & Medicine*, 50 (12), 1851—1862.

——W.（2003）："'I am normal on the net': disability, computerized communication technologies and the embodied self." In J. Coupland and R. Gwyn (eds.): *Discourse, the Body, and Identity.* Houndmills: Palgrave Macmillan, 246—265.

Lury, C. and Wakeford, N. (2012a): "Introduction: a perpetual inventory." In C. Lury and N. Wakeford (eds.): *Inventive Methods: The Happening of the Social.* London: Routledge, 1—24.

—— (eds.) (2012b): *Inventive Methods: The Happening of the Social.* London: Routledge.

Lyon, D. and Bauman, Z. (2013): *Liquid Surveillance: A Conversation.* Oxford: Wiley.

Mackenzie, A. (2005): "The performativity of code: software and cultures of circulation." *Theory, Culture & Society*, 22 (1), 71—92.

Mackenzie, A. and McNally, R. (2013): "Living multiples: how large-scale scientific data-mining pursues identity and differences." *Theory, Culture & Society*, 30 (4), 72—91.

Mackenzie, A. and Vurdubakis, T. (2011): "Codes and codings in crisis: signification, performativity and excess." *Theory, Culture & Society*, 28 (6), 3—23.

MacKenzie, D. (2013): "Social media helps aid efforts after Typhoon Haiyan." *New Scientist.* Accessed 12 November 2013. Available from http://www.newscientist. com/article/dn24565-social-media-helps-aid-efforts-after-typhoon-haiyan.html? cmpid=RSS NSNS 2012-GLOBAL online-news#.UoKUCflmhcZ

Madden, S. (2012): "From databases to big data." *IEEE Internet Computing*, 16 (3), 4—6.

Madianou, M. and Miller, D. (2012): *Migration and New Media: Transnational Families and Polymedia.* London: Routledge.

Mager, A. (2009): "Mediated health: sociotechnical practices of providing and using online health information." *New Media & Society*, 11 (7), 1123—1142.

Mahrt, M. and Scharkow, M. (2013): "The value of big data in digital media research." *Journal of Broadcasting & Electronic Media*, 57 (1), 20—33.

Maitzen, R. (2012): "Scholarship 2.0: blogging and/as academic practice." *Journal of Victorian Culture*, 17 (3), 348—354.

Mann, S. and Ferenbok, J. (2013): "New media and the power politics of sousveillance in a surveillance-dominated world." *Surveillance & Society*, 11 (1/2), 18—34.

Manovich, L. (2012) "Trending: the promises and challenges of big social data." In M. Gold (ed.): *Debates in the Digital Humanities*. Minneapolis: University of Minnesota Press, 460—475.

—— (2013a): *Software Takes Command*. London: Bloomsbury.

—— (2013b): "The algorithms of our lives." *The Chronicle of Higher Education*. Accessed 17 December 2013. Available from http://chronicle.com/article/The-Algorithms-of-Our-Lives-/143557

Manyika, J., Chui, M., Brown, B., Bughin, J., Dobbs, R., Roxburgh, C. and Byers, A.H. (2011): *Big Data: The Next Frontier for Innovation, Competition, and Productivity*. McKinsey Global Institute. Accessed 15 January 2014. http://www.mckinsey.com/insights/business_technology/big_data_the_next_frontier_for_innovation

Marcus, G. (2006): "Assemblage." *Theory, Culture & Society*, 23 (2/3), 101—106.

Markham, A. (2013): "Undermining 'data': a critical examination of a core term in scientific inquiry." *First Monday*, 10. Accessed 8 October 2013. Available from http://firstmonday.org/ojs/index.php/fm/article/view/4868/3749

Markham, T. (2014): "Social media, protest cultures and political subjectivities of the Arab Spring." *Media, Culture & Society*, 36 (1), 89—104.

Marres, N. (2012): "The redistribution of methods: on intervention in digital social research, broadly conceived." *The Sociological Review*, 60 (S1), 139—165.

Marres, N. and Weltevrede, E. (2013): "Scraping the social? Issues in live social research." *Journal of Cultural Economy*, 6 (3), 313—335.

Martin, H. (2011): "Digital gender divide or technologically empowered women in developing countries? A typical case of lies, damned lies, and statistics." *Women's Studies International Forum*, 34 (6), 479—489.

Marwick, A. (2012): "The public domain: social surveillance in everyday life." *Surveillance & Society*, 9 (4), 378—393.

—— (2014): "How your data are being deeply mined." *New York Review of*

Books. Accessed 9 January 2014. Available from http：//www.nybooks.com/articles/archives/2014/jan/09/how-your-data-are-being-deeply-mined

Marwick, A. and boyd, d. (2011)： "To see and be seen： celebrity practice on Twitter." *Convergence*, 17 (2), 139—158.

Mayer-Schonberger, V. and Cukier, K. (2013)： *Big Data： A Revolution That Will Transform How We Live, Work, and Think.* New York： Houghton Mifflin Harcourt.

McCarthy, M. (2013)： "Experts warn on data security in health and fitness apps." *British Medical Journal*, f5600. Accessed 27 February 2014. Available from http：//www.bmj.com/content/347/bmj.f5600

McCormick, T. (2013)： "Gamification： anthropology of an idea." *Foreign Policy*, 201, 26—27.

McCowen, D. (2013)： "Concerns over Big Brother insurance." *Sydney Morning Herald*, 21 September, 11.

McFedries, P. (2013)： "Tracking the quantifi ed self." *IEEE Spectrum*, 50 (8), 24.

McQuillan, D. (2012)： "Big data capabilities and citizen glitching." *Internet. artizans.* Accessed 15 November 2012. Available from http：//www.internetartizans. co.uk/bigdatacapability

—— (2013)： "Open sensor networks and critical citizen science." *Storify.* Accessed 29 November 2013. Available from http：//storify.com/danmcquillan/ opentech-2013-sensor-networks-and-citizen-science

Meleo-Erwin, Z.C. (2011)： "'A beautiful show of strength'： weight loss and the fat activist self." *Health*, 15 (2), 188—205.

Merithew, C. (2004)： "Women of the (cyber) world： the case of Mexican feminist NGOs." *Journal of Interdisciplinary Gender Studies*, 8 (1/2), 87—102.

Mewburn, I. and Thomson, P. (2013)： "Why do academics blog? An analysis of audiences, purposes and challenges." *Studies in Higher Education*, 38 (8), 1105—1119.

Miah, A. and Rich, E. (2008)： *The Medicalization of Cyberspace.* London： Routledge.

Michael, K. and Clarke, R. (2013)： "Location and tracking of mobile devices： uberveillance stalks the streets." *Computer Law & Security Report*, 29 (3),

216—228.

Michael, K. and Michael, M.G. (2013): "The future prospects of embedded microchips in humans as unique identifiers: the risks versus the rewards." *Media, Culture & Society*, 35 (1), 78—86.

Michael, M. (2012): "De-signing the object of sociology: toward an 'idiotic' methodology." *The Sociological Review*, 60 (S1), 166—183.

Michael, M. and Gaver, W. (2009): "Home beyond home: dwelling with threshold devices." *Space and Culture*, 12 (3), 359—370.

Michel, J.-B., Shen, Y.K., Aiden, A.P., Veres, A., Gray, M., Pickett, J., Hoiberg, D., Clancy, D., Norvig, P., Orwant, J., Pinker, S., Nowak, M. and Aiden, E.L. (2011): "Quantitative analysis of culture using millions of digitized books." *Science*, 331 (6014), 176—182.

Miller, D. (2008): *The Comfort of Things*. Cambridge: Polity Press.

—— (2011): *Tales from Facebook*. Malden, MA: Polity Press.

Miller, D. and Horst, H. (2012): "The digital and the human: a prospectus for digital anthropology." In H. Horst and D. Miller (eds.): *Digital Anthropology*. London: Berg, 3—35.

Millington, B. (2009): "Wii has never been modern: 'active' video games and the 'conduct of conduct'." *New Media & Society*, 11 (4), 621—640.

Mitchell, A. (2013): "Take back the net: institutions must develop collective strategies to tackle online abuse aimed at female academics." LSE Impact of the Social Sciences. Accessed 8 August 2013. Available from http://blogs.lse.ac.uk/impactofsocia lsciences/2013/07/24/take-back-the-net-female-academics-online-abuse

Mitchell, P. (2000): "Internet addiction: genuine diagnosis or not?" *Lancet*, 355 (9204), 632.

Moreno, M., Goniu, N., Moreno, P.S. and Diekema, D. (2013): "Ethics of social media research: common concerns and practical considerations." *Cyberpsychology, Behavior and Social Networking*, 16 (9), 708—713.

Muller, B. (2008): "Securing the political imagination: popular culture, the security dispositif and the biometric state." *Security Dialogue*, 39 (2/3), 199—220.

Murdoch, T.B. and Detsky, A.S. (2013): "The inevitable application of big data to health care." *Journal of the American Medical Association*, 309 (13), 1351.

Murthy, D. (2013): *Twitter: Social Communication in the Twitter Age.* Oxford: Wiley.

Natale, S. and Ballatore, A. (2014): "The web will kill them all: new media, digital utopia, and political struggle in the Italian 5-Star Movement." *Media, Culture & Society*, 36 (1), 105—121.

Neal, D. (ed.) (2012): *Social Media for Academics: A Practical Guide.* Oxford: Chandos.

Newell, C. and Goggin, G. (2003): *Digital Disability: The Social Construction of Disability in New Media.* Lanham, MD: Rowman & Littlefield.

Newsom, V. and Lengel, L. (2012): Arab women, social media, and the Arab Spring: applying the framework of digital reflexivity to analyze gender and online activism. *Journal of International Women's Studies*, 13 (5), 31—45.

Nichols, L. (2009): "Toward a renewed sociology of mass media and popular culture." *American Sociologist*, 40, 147—148.

Nippert-Eng, C. (1996): *Home and Work: Negotiating Boundaries through Everyday Life.* Chicago, IL: University of Chicago Press.

Noble, G. and Lupton, D. (1998): "Consuming work: computers, subjectivity and appropriation in the university workplace." *The Sociological Review*, 46 (4), 803—827.

Olphert, W. and Damodaran, L. (2013): "Older people and digital disengagement: a fourth digital divide?" *Gerontology*, 59 (6), 564—570.

Olson, P. (2013): "Teenagers say goodbye to Facebook and hello to messenger apps." *Guardian.* Accessed 10 November 2013. Available from http://www.theguardian.com/technology/2013/nov/10/teenagers-messenger-apps-facebook-exodus

Orton-Johnson, K. and Prior, N. (eds.) (2013): *Digital Sociology: Critical Perspectives.* Houndmills: Palgrave Macmillan.

Oxford Internet Institute (2013): *Age of Internet Empires.* Accessed 7 October 2013. Available from http://geography.oii.ox.ac.uk

Paasonen, S. (2009): "What cyberspace? Traveling concepts in internet research." In G. Goggin and M. McLelland (eds.): *Internationalizing Internet Studies: Beyond Anglophone Paradigms.* New York: Routledge, 18—31.

Paasonen, S. (2011): "Revisiting cyberfeminism." *Communications*, 36 (3),

335—352.

Palmas, K. (2011): "Predicting what you'll do tomorrow: panspectric surveillance and the contemporary corporation." *Surveillance & Society*, 8 (3), 338.

Parikka, J. (2013): "Dust and exhaustion: the labor of media materialism." *CTheory*. Accessed 2 November 2013. Available from http://www.ctheory.net/articles. aspx? id=726

Pavone, V. and Esposti, S.D. (2012): "Public assessment of new surveillance-oriented security technologies: beyond the trade-off between privacy and security." *Public Understanding of Science*, 21 (5), 556—572.

Payne, R. (2012): "Virality 2.0: networked promiscuity and the sharing subject." *Cultural Studies*, 27 (4), 540—560.

Penley, C., Ross, A. and Haraway, D. (1991): "Cyborgs at large: interview with Donna Haraway." In C. Penley and A. Ross (eds.): *Technoculture*. Minneapolis: University of Minnesota Press, 1—26.

Pew Research Center (2014): *The Web at 25 in the US*. Washington, DC: Pew Research Center.

Philip, K., Irani, L. and Dourish, P. (2012): "Postcolonial computing: a tactical survey." *Science, Technology, & Human Values*, 37 (1), 3—29.

Pinder, D. (2013): "Dis-locative arts: mobile media and the politics of global positioning." *Continuum*, 27 (4), 523—541.

Pink, S. (2009): *Doing Sensory Ethnography*. London: Sage.

Pink, S. and Leder Mackley, K. (2013): "Saturated and situated: expanding the meaning of media in the routines of everyday life." *Media, Culture & Society*, 35 (6), 677—691.

Polonetsky, J. and Tene, O. (2013): "Privacy and big data: making ends meet." *Stanford Law Review*. Accessed 4 September 2013. Available from http://www.stanfordlawreview.org/online/privacy-and-big-data/privacy-and-big-data

Pooley, J. and Katz, E. (2008): "Further notes on why American sociology abandoned mass communication research." *Journal of Communication*, 58 (4), 767—786.

Postill, J. (2008): "Localizing the internet beyond communities and networks." *New Media & Society*, 10 (3), 413—431.

—— (2013) : "The uneven convergence of digital freedom activism and popular protest." Unpublished paper.

Postill, J. and Pink, S. (2012) : "Social media ethnography: the digital researcher in a messy web." *Media International Australia*, 145, 123—134.

Procter, R., Vis, F. and Voss, A. (2013) : "Reading the riots on Twitter: methodological innovation for the analysis of big data." *International Journal of Social Research Methodology*, 16 (3), 197—214.

Public Administration Select Committee (2014) : *Statistics and Open Data: Harvesting Unused Knowledge, Empowering Citizens and Improving Public Services.* London: House of Commons.

Rainie, L. and Madden, M. (2013) : "5 findings about privacy." Pew Research Center. Accessed 24 December 2013. Available from http://networked. pewinternet.org/2013/12/23/5-findings-about-privacy

Rapp, L., Button, D., Fleury-Steiner, B. and Fleury-Steiner, R. (2010) : "The internet as a tool for black feminist activism: lessons from an online antirape protest." *Feminist Criminology*, 5 (3), 244—262.

Rasanen, M. and Nyce, J.M. (2013) : "The raw is cooked: data in intelligence practice." *Science, Technology & Human Values*, 38 (5), 655—677.

Richardson, H.J. (2009) : "A 'smart house' is not a home: the domestication of ICTs." *Information Systems Frontiers*, 11 (5), 599—608.

Ritzer, G. (2014) : "Prosumption: evolution, revolution, or eternal return of the same?" *Journal of Consumer Culture*, 14 (1), 3—24.

Ritzer, G., Dean, P. and Jurgenson, N. (2012) : "The coming of age of the prosumer." *American Behavioral Scientist*, 56 (4), 379—398.

Robinson, L. (2009) : "A taste for the necessary: a Bourdieuian approach to digital inequality." *Information, Communication & Society*, 12 (4), 488—507.

Rogers, R. (2013) : *Digital Methods.* Cambridge, MA: The MIT Press.

Rose, J., Mackey-Kallis, S., Shyles, L., Barry, K., Biagini, D., Hart, C. and Jack, L. (2012) : "Face it: the impact of gender on social media images." *Communication Quarterly*, 60 (5), 588—607.

Rosen, J. (2012) : "The right to be forgotten." *Stanford Law Review.* Accessed 21 November 2013. Available from http://www.stanfordlawreview.org/online/privacyparadox/right-to-be-forgotten

Rosenzweig, P. (2012): "Whither privacy?" *Surveillance & Society*, 10 (3/4), 344—347.

Ruppert, E. (2011): "Population objects: interpassive subjects." *Sociology*, 45 (2), 218—233.

—— (2012): "The governmental topologies of database devices." *Theory, Culture & Society*, 29 (4/5), 116—136.

—— (2013): "Rethinking empirical social sciences." *Dialogues in Human Geography*, 3 (3), 268—273.

Ruppert, E. and Savage, M. (2011): "Transactional politics." *The Sociological Review*, 59 (S2), 73—92.

Ruppert, E., Law, J. and Savage, M. (2013): "Reassembling social science methods: the challenge of digital devices." *Theory, Culture & Society*, 30 (4), 22—46.

Salovaara, A., Helfenstein, S. and Oulasvirta, A. (2011): "Everyday appropriations of information technology: a study of creative uses of digital cameras." *Journal of the American Society for Information Science and Technology*, 62 (12), 2347—2363.

Sauter, M. (2013): "'LOIC will tear us apart': the impact of tool design and media portrayals in the success of activist DDOS attacks." *American Behavioral Scientist*, 57 (7), 983—1007.

Sauter, T. (2013): "'What's on your mind?' Writing on Facebook as a tool for selfformation." *New Media & Society*. Accessed 30 May 2014. Available from http://nms.sagepub.com/content/early/2013/07/05/1461444813495160.abstract

Savage, M. (2010): "Unpicking sociology's misfortunes." *British Journal of Sociology*, 61 (4), 659—665.

—— (2013): "The 'social life of methods': a critical introduction." *Theory, Culture & Society*, 30 (4), 3—21.

Savage, M. and Burrows, R. (2007): "The coming crisis of empirical sociology." *Sociology*, 41 (5), 885—899.

——(2009): "Some further reflections on the coming crisis of empirical sociology." *Sociology*, 43 (4), 762—772.

Savage, M., Devine, F., Cunningham, N., Taylor, M., Li, Y., Hjellbrekke, J., Le Roux, B., Friedman, S. and Miles, A. (2013): "A new model of social class? Findings from the BBC's Great British Class Survey experiment." *Sociology*, 47 (2), 219—250.

Schneider, A. (2012): "The iPhone as an object of knowledge." In P. Snickars and P. Vonderau (eds.): *Moving Data: The iPhone and the Future of Media*. New York: Columbia University Press, 49—60.

Scholz, T. (2013): "Introduction: why does digital labor matter now?" In T. Scholz (ed.): *Digital Labor: The Internet as Playground and Factory*. New York: Routledge, 1—9.

Seymour, W. and Lupton, D. (2004): "Holding the line online: exploring wired relationships for people with disabilities." *Disability & Society*, 19 (4), 291—305.

Shahani, A. (2012): "Who could be watching you watching your figure? Your boss." All Tech Considered. Accessed 29 January 2013. Available from http://www.npr.org/blogs/alltechconsidered/2012/12/26/167970303/who-could-be-watching-you-watching-your-figure-your-boss?

Shepard, M. (2013): "Minor urbanism: everyday entanglements of technology and urban life." *Continuum*, 27 (4), 483.

Silverman, C. (2012): "A new age for truth." *Nieman Reports*, Summer. Accessed 13 November 2011. Available from http://www.nieman.harvard.edu/reports/article/102762/A-New-Age-for-Truth.aspx

Singer, N. (2013): "On campus, a faculty uprising over personal data." *New York Times*. Accessed 14 September 2013. Available from http://www.nytimes.com/2013/09/15/business/on-campus-a-faculty-uprising-over-personal-data.html?smid=tw-nytimeshealth&seid=auto&_r=0

Smith, K. and Jeffery, D. (2013): "Critical pedagogies in the neoliberal university: what happens when they go digital?" *Canadian Geographer*, 57 (3), 372—380.

Smith, M. (2013): "Theses on the philosophy of history: the work of research in the age of digital searchability and distributability." *Journal of Visual Culture*, 12 (3), 375—403.

Soriano, C.R.R. (2014): "Constructing collectivity in diversity: online political mobilization of a national LGBT political party." *Media, Culture & Society*, 36 (1), 20—36.

Starner, T. (2013): "Google Glass lead: how wearing tech on our bodies actually helps it get *out* of our way." *Wired.* Accessed 23 December 2013. Available from http://www.wired.com/opinion/2013/12/the-paradox-of-wearables-close-to-yourbody-but-keeping-tech-far-away

Sutherland, T. (2013): "Liquid networks and the metaphysics of flux: ontologies of flow in an age of speed and mobility." *Theory, Culture & Society*, 30 (5), 3—23.

Sutrop, M. and Laas-Mikko, K. (2012): "From identity verification to behavior prediction: ethical implications of second generation biometrics." *Review of Policy Research*, 29 (1), 21—36.

Swan, M. (2013): "The quantified self: fundamental disruption in big data science and biological discovery." *Big Data*, 2. Accessed 2 March 2014. Available from http://online.liebertpub.com/doi/abs/10.1089/big.2012.0002

Terras, M. (2012): "The verdict: is blogging or tweeting about research papers worth it?" LSE Impact of the Social Sciences. Accessed 3 May 2013. Available from http://blogs.lse.ac.uk/impactofsocialsciences/2012/04/19/blog-tweeting-papers-worth-it

Thomas, S. (2013): *Technobiophilia: Nature and Cyberspace.* London: Bloomsbury.

Thomson, P. (2014): "Coles reveals sharing of customers' data." *Sun-Herald.* Accessed 9 March 2014. Available from http://www.smh.com.au/national/coles-shares-personal-flybuys-and-online-data-20140308-34efw.html

Thrift, N. (2005): *Knowing Capitalism.* London: Sage.

——(2006): "Re-inventing invention: new tendencies in capitalist commodification." *Economy and Society*, 35 (2), 279—306.

Tufekci, Z. and Freelon, D. (2013): "Introduction to the special issue on new media and social unrest." *American Behavioral Scientist*, 57 (7), 843—847.

Turkle, S. (2007): *Evocative Objects: Things We Think with.* Cambridge, MA: The MIT Press.

UN Women (2013): "UN Women ad series reveals widespread sexism." Accessed 21 October 2013. Available from http://www.unwomen.org/en/news/stories/2013/10/women-should-ads

Ungerleider, N. (2013): "Colleges are using big data to predict which students will do well—before they accept them." *Fast Company*. Accessed 21 October 2013. Available from http://www.fastcoexist.com/3019859/futurist-forum/colleges-are-using-big-data-to-predict-which-students-will-do-well-before-the

Uprichard, E. (2012): "Being stuck in (live) time: the sticky sociological imagination." *The Sociological Review*, 60 (S1), 124—138.

—— (2013): "Big data, little questions?" *Discover Society*, 1. Accessed 28 October 2013. Available from http://www.discoversociety.org/focus-big-datalittle-questions

Urban, J., Hoofnagle, C. and Li, S. (2012): "Mobile phones and privacy." Unpublished paper. Berkeley Centre for Law and Technology Research Paper Series.

Vaidhyanathan, S. (2011): *The Googilization of Everything (and Why We Should Worry)*. Berkeley: University of California Press.

van Deursen, A. and van Dijk, J. (2014): "The digital divide shifts to differences in usage." *New Media & Society*, 16 (3), 507—526.

van Dijk, J. (2010): "Book review: Castells, M., *Communication Power*." *Communications*, 35 (4), 485—489.

van Dijk, J. and Hacker, K. (2003): "The digital divide as a complex and dynamic phenomenon." *The Information Society*, 19 (4), 315—326.

van Manen, M. (2010): "The pedagogy of Momus technologies: Facebook, privacy and online intimacy." *Qualitative Health Research*, 20 (8), 1023—1032.

Vandrico Inc. (2014): "Wearable tech market insights." Accessed 27 March 2014. Available from http://vandrico.com/database

Vaughn, J. (2013): "As big data use explodes, Verizon strategist explores the 'data self'." *TechTarget*. Accessed 8 August 2013. Available from http://searchdatamanagement.techtarget.com/feature/As-big-data-use-explodes-Verizon-strategist-explores-the-data-self

Ventura, P. (2012): *Neoliberal Culture: Living with American Neoliberalism*. Farnham: Ashgate.

Verran, H. (2012): "Number." In C. Lury and N. Wakeford (eds.): *Inventive Methods: The Happening of the Social*. London: Routledge, 110—124.

Vis, F. (2013): "A critical reflection on big data: considering APIs, researchers and tools as data makers." *First Monday*, 10. Accessed 27 October 2013. Available from http://firstmonday.org/ojs/index.php/fm/article/view/4878/3755

Wade, L. and Sharp, G. (2013): "Sociological images: blogging as public sociology." *Social Science Computer Review*, 31 (2), 221—228.

Wajcman, J. (2004): *TechnoFeminism*. New York: Wiley.

Wallace, N. and Whyte, S. (2013): "Supermarket spies." *The Sun-Herald*, 15 September, 3.

Waller, L. and Hess, K. (2014): "The digital pillory: the shaming of 'ordinary' people for minor crimes." *Continuum*, 28 (1), 101—111.

Waterman, K. and Hendler, J. (2013): "Getting the dirt on big data." *Big Data*, 1 (3), 137—140.

Watson, S. (2013): "You are your data and you should demand the right to use it." *Slate*. Accessed 13 December 2013. Available from http://www.slate.com/articles/technology/future_tense/2013/11/quantified_self_self_tracking_data_we_need_a_right_to_use_it.html

Weaver, S. (2011): "Jokes, rhetoric and embodied racism: a rhetorical discourse analysis of the logics of racist jokes on the internet." *Ethnicities*, 11 (4), 413—435.

Webster, F. (2005): "Making sense of the information age." *Information, Communication & Society*, 8 (4), 439—458.

Wellcome Trust (2013): *Summary Report of Qualitative Research into Public Attitudes to Personal Data and Linking Personal Data*. Accessed 3 March 2014. http://www.wellcome.ac.uk/stellent/groups/corporatesite/@msh_grants/documents/web_document/wtp053205.pdf

Weller, M. (2011): *The Digital Scholar: How Technology is Transforming Scholarly Practice*. London: Bloomsbury Academic.

—— (2013): "The battle for open: a perspective." *Journal of Interactive Media in Education*. Accessed 23 December 2013. Available from http://jime.open.ac.uk/jime/article/view/2013-15

Werbin, K. (2011): "Spookipedia: intelligence, social media and biopolitics." *Media, Culture & Society*, 33 (8), 1254—1265.

West, E. (2014): "Consumer subjectivity and US health care reform." *Health Communication*, 29 (3), 299—308.

Wikipedia (2013): "List of hoaxes on Wikipedia." Accessed 13 November 2013. Available from http://en.wikipedia.org/wiki/Wikipedia

Williams, L. (2013): "Academic blogging: a risk worth taking?" *Guardian.* Accessed 13 December 2013. Available from http://www.theguardian.com/higher-education-network/blog/2013/dec/04/academic-blogging-newspaper-research-plagiarism

Williamson, B. (2013a): "Programming power? Does learning to code empower kids?" *DMLCentral.* Accessed 14 November 2013. Available from http://dmlcentral.net/blog/ben-williamson/programming-power-does-learning-code-empowerkids

—— (2013b): *The Future of the Curriculum: School Knowledge in the Digital Age.* The John D. and Catherine T. MacArthur Foundation Reports on Digital Media and Learning. Cambridge, MA: MacArthur Foundation.

World Economic Forum (2011): *Personal Data: The Emergence of a New Asset Class.* Accessed 2 July 2013. Available from http://www3.weforum.org/docs/WEF_ITTC_PersonalDataNewAsset_Report_2011.pdf

Wortham, J. (2013): "My selfie, myself." *New York Times.* Accessed 27 March 2014. Available from http://www.nytimes.com/2013/10/20/sunday-review/my-selfie-myself.html?pagewanted=1&_r=0&smid=pl-share

Wynn, J. (2009): "Digital sociology: emergent technologies in the field and the classroom." *Sociological Forum*, 24 (2), 448—456.

Zavattaro, S. (2010): "Brand Obama: the implications of a branded president." *Administrative Theory & Praxis*, 32 (1), 123—128.

Zickuhr, K. (2013): *Who's Not Online and Why.* Washington, DC: Pew Research Center.

附录3　网络资源

Autoscopia：http：//www.autoscopia.net/about.html

BSA Digital Sociology：http：//digitalsociology.org.uk

Computational Culture（在线开放期刊）：http：//computationalculture.net

Culture Digitally blog：http：//culturedigitally.org

Cyborgology blog：http：//thesocietypages.org/cyborgology

Data.gov：http：//www.data.gov

Digital Methods Initiative（在线课程和媒介分析工具汇总）：https：//www.digitalmethods.net/Digitalmethods/WebHome

Digitize Me，Visualize Me，Search Me（由加里·霍尔编辑的在线开放图书）：http：//www.livingbooksaboutlife.org/books/Digitize_Me，_Visualize_Me，_Search_Me#World_of_Data

DMLCentral（Digital Media and Learning）：http：//dmlcentral.net/about

Every Minute of Every Day：http：//everyminuteofeveryday.org.uk

Fibreculture Journal（在线开放期刊）：http：//fibreculturejournal.org

First Monday（在线开放期刊）：http：//firstmonday.org/ojs/index.

php/fm/index

Global Pulse：http：//www.unglobalpulse.org/about-new

Hybrid Pedagogy：*A Digital Journal of Learning*，*Teaching*，*and Technology*：http：//www.hybridpedagogy.com/

Internet.artizans：http：//www.internetartizans.co.uk

ISTC Social（英特尔社会计算科技中心）：http：//socialcomputing.uci.edu

LSE Impact of the Social Sciences blog：http：//blogs.lse.ac.uk/impactofsocialsciences

Media Gifts：http：//www.garyhall.info/journal

Our Mobile Planet：http：//www.thinkwithgoogle.com/mobileplanet/en

Oxford Internet Institute：http：//www.oii.ox.ac.uk

Pew Research Center：http：//www.pewinternet.org

Phototrails：http：//phototrails.net

Quantified Self：http：//quantifiedself.com

Scrutiny blog（Tarleton Gillespie）：http：//tarletongillespie.org/scrutiny

Selfiecity：http：//selfi ecity.net/#

Social Media Collective Research blog：http：//socialmediacollective.org

Software Studies Initiative：http：//lab.softwarestudies.com

Surveillance Studies network（包括在线开放期刊 *Surveillance Studies*）：http：//www.surveillance-studies.net

The Digital Beyond：http：//www.thedigitalbeyond.com/online-services-list

The Digital Self（本书作者的 Scoop.it 页面）：http：//www.scoop.it/t/thedigital-self

The Digitised Academic（本书作者的 Bundlr 页面）：http：//bundlr.

com/b/thedigitised-academic

The Social Life of Big Data and Algorithms（本书作者的 Bundlr 页面）：http：//bundlr.com/b/the-social-life-of-algorithms

The Sociology of the Digital（本书作者的 Bundlr 页面）：http://bundlr.com/b/the-sociology-of-the-digital

The Sociology of the Quantified Self（本书作者的 Scoop.it 页面）：http：//www.scoop.it/t/the-sociology-of-the-quantified-self

Thinking Culture blog（David Beer）：http：//thinkingculture.wordpress.com

This Sociological Life（本书作者的博客）：http：//simplysociology.wordpress.com

Triple C（在线开放期刊）：http：//www.triple-c.at/index.php/tripleC/index

Visible Human project：http：//www.nlm.nih.gov/research/visible/visible_human.html

We the Data：http：//wethedata.org/#home

索 引

（页码为本书边码）

419eater.com 138

2014 Vienna Declaration on Freedom of Information and Expression《2014 年 维也纳信息和言论自由宣言》 152

Academia.edu 70，80

academic blogging 学术博客 70，71—72，76，77，89—90

academic journals 学术期刊 80，89

academics 学术研究 15，16，18—19，66—92；digital public sociology 学术研究中的数字公共社会学 66—72；gift economy 学术研究中的礼物经济 77—79；metric assemblages and audit culture 学术研究中的计量集合与审计文化 79—83；new forms of publishing 学术研究中的新型出版形式 68，77—79，90—92；openness and circulation of knowledges 学术研究中的知识开放与传播 83—92；research on the digitised academic 学术研究中的数字化学术 72—77；survey on use of social media 学术研究中的社交媒体应用调查 73—75，77，192—193

access to digital technologies 数字技术访问权限 118，123—124，134—135，155

activism，digital 行动主义，数字行动主义 19，148—150；critical perspectives 数字行动主义的批判性视角 154—159；use of social media 数字行动主义中的社交媒体应用 133，134

actor network theory 行动者网络理论 23，46

ad-blocking tools 广告拦截工具 152

adigitals 反数字派 122

Adkins，Lisa 丽莎·阿德金斯 106

affective labour 情绪劳动 131—132

affective relationship 情绪关系 166—167

afterlife online services 来世在线服务 173

age 年龄 120，125—126

agriculture 农业 98

Ahrens，Julia 朱莉娅·阿伦斯 131

Aipperspach，Ryan 瑞安·艾珀斯帕赫 52—53

algorithmic authority 算法权威 49—50，100—105，112

algorithmic identities 算法身份 103—105

algorithmic veillance 算法监视 36

algorithms 算法 11，26，88—89，100—105

altmetrics 替代计量学 80

Amazon 亚马逊 11

American Sociological Association 美国社会学会 14

Amsterdam Real-Time project 阿姆斯特丹实时项目 52

Anderson，Ken 肯·安德森 52

Andrejevic，Mark 马克·安德烈耶维奇 158—159

Angwin，Julia 朱莉娅·安格温 116

anonymity 匿名性 144—145

Anonymous 匿名者 148，156

Apple 苹果 166，186；iPhone 166，167，168，179

application program interfaces（APIs）应用程序接口 60—61

appropriation 挪用 38—39

apps 应用程序 109，113，114；racist 应用程序中的种族主义 138—139；sales of information from 来源于应用程序的信息销售 97—98；young people and use of 青年群体及应用程序应用 126

Arab Spring 阿拉伯之春 133，156，157

archetypes 典型 129—130

archives 档案 31—33

Asian countries 亚洲国家 135—136

assemblages 集合 23—24，25，26；and algorithmic authority 集合与算法权威 100—105；digital cyborg 数字赛博格集合 165，174—175；metric 计量集合 26，79—83；in research 集合研究 48—49；surveillant 监视集合 26，34，35

attacks，verbal 攻击，语言攻击 85—86，137—140

audit culture 审计文化 79—83

augmented co-presence 增强共存 169—170

augmented reality 增强现实 169

Australia 澳大利亚 13，14

Australian Sociological Association 澳大利亚社会学会 14

Autoscopia project "自视" 项目 173—174

Acxiom 安客诚 96

Back，Les 莱斯·巴克 46—47，53

bad data 坏数据 113

Bailey，Jane 简·贝利 132

Balsamo，Anne 安妮·巴尔萨摩 168，179

ban-optic surveillance 禁光监视 36，144

Bauman，Zygmunt 齐格蒙特·鲍曼 34—35

Baym，Nancy 南希·贝姆 111

BBC 英国广播公司 61

Beer，David 大卫·比尔 31—32，47—48，59，90—91，179

Bell，David 大卫·贝尔 13

Bell，Genevieve 吉纳维芙·贝尔 134，135，136，166—167，183—184

big data 大数据 3，5，17，19，45，60，93—116，189；anxieties 大数据焦虑 105—110；assemblages and algorithmic authority 大数据集合和算法权威 100—105；ethics 大数据伦理 113—116；limitations of 大数据的局限性 60—64；phenomenon 大数据现象 94—100；politics of privacy 大数据的隐私政治 147—148；rotted data 大数据中的腐烂数据 110—113

big data hubris 大数据傲慢 110—113

biometric surveillance 生物特征监视 144

biopolitics 生物政治 35，104—105

biopower 生物权力 35，104—105

Birchall，Clare 克莱尔·伯查尔 78

black box recorders 黑匣子 98

blogging，academic 博客，学术博客 70，71—72，76，77，89—90

Bobkowski，Piotr 彼得·波布考斯基 125

bodies/technologies/spaces 身体/技术/空间 168—171

body see embodiment 身体，见具身化

body hackers 身体黑客 181

Boehner, Kirsten 克尔斯滕·博纳 53—54

Boellstorff, Tom 汤姆·波尔斯托夫 110—111

Boston Marathon bombings 波士顿爆炸 160—161，162

boundaries 边界：blurring of spatialboundaries 空间边界模糊 170；private/professional 私人/职业空间边界模糊 84；work/ home 工作/家庭空间边界模糊 75—76

boyd, danah 丹娜·博伊德 145—146

British Sociological Association 英国社会学会 14

Bruns, Axel 阿克塞尔·布伦斯 58, 61—62

Burawoy, Michael 迈克尔·布洛维 67

Burrows, Roger 罗杰·伯罗斯 31—32, 81

capitalism 资本主义 21, 30—31

care.data initiative 健康·数据倡议 99, 114—115

Castells, Manuel 曼纽尔·卡斯特 20— 21, 148, 155

cat's cradle metaphor 翻绳戏隐喻 41

CCTV cameras 闭路电视摄像头 3, 35

celebrities 名人 162, 171, 178

censorship 审查 156

Cheney-Lippold, John. 约翰·切尼-利波尔德 104—105

Christie, Michael 迈克尔·克里斯蒂 136

circulation 传播 107；of knowledges 知识转播 83—92

citation counts 被引量 83

citizen journalists 公民记者 4, 160

citizen public engagement 公民公共参与 19, 141—163；critical perspectives 公民公共参与中的批判性视角 154— 159；digital activism 公民公共参与中的数字行动主义 19, 133, 134, 148—150；negative side 公民公共参与的负面影响 159—163；open data and data protection 公民公共参与中的开放数据和数据保护 150—154

citizen sensing 公民感知 153

classification practices（tagging）分类实践 （贴标签） 10—11, 31, 88—89, 145

clean data 干净数据 110

cloaked websites 伪装性网站 138

code/space 代码/空间 169

coded assemblages 代码集合 25

coding 编码 153, 157—158

Cole, Juan 胡安·科尔 84—85

Coles 科尔斯 97

Commonwealth Scientific and Industrial Research Organisation（CSIRO）英联邦科学与工业研究组织 98

communicative capitalism 传播资本主义 30

community informatics 社群信息学 153

computational social science 计算社会科学 45

computer viruses 计算机病毒 6, 108— 109

computing skills 计算机技能 45—46, 129—130, 155

conferences, academic 会议, 学术会议 71

confession 忏悔, 自白 28—29, 178— 179

consumption 消费 38—39, 96；see also prosumption 另见产消合一

cooked data 熟数据 101

cookies 小型文本文件 152

corrupted data 损坏数据 62, 110—113

costs of publishing 出版成本 92

Counter Cartographies Collective 反制图集体 159

covert surveillance 秘密监视 142—143

Crawford, Kate 凯特·克劳福德 115—116

creative labour 创造性劳动 30—31, 185—186

credibility 信度 84

Criado-Perez, Caroline 卡罗琳·克利亚多-佩雷斯 139

crime prevention 犯罪防治 147

critical citizen science 批判性公民科学 159

critical digital sociology 批判性数字社会

学 16，17—18

critical reflexive perspective 批判性的自反
立场 64—65，72—73

crowdsourcing archive 众包档案 32

Cukier，Kenneth 肯尼思·库克耶 94

cultural contexts 文化语境 133—136

cultural studies 文化研究 12—13

Culture Machine《文化机器》 78

curricula vitae 学术履历 79

customer loyalty schemes 顾客忠诚度计划
96—97，169

customisation 定制化 104

cyber bullying 网络霸凌 85—86，137—140

cyber theory 赛博理论 39—40

cyberculture 赛博文化 13

cyberfeminist perspective 赛博女权主义视
角 127—133

cyber-moderates 网络温和派 122

cyber-savvies 网络精用派 122

cyberspace 赛博空间 39，57，128—129

cyborgs 赛博格 40—41，57，127—128，
129，165

Daniels，Jessie 杰西·丹尼尔斯 76

Darmour，J. J. 达莫 185

data brokering 数据经纪 95

data doubles 数据分身 35，174—175

data envy 数据眼红 5

data ethnography 数据民族志 58—59

data fusion 数据融合 96

Data.gov website（US）美国政府开放数
据平台 95

data harvesting 数据获取 55—60，95，146

data intersectionality 数据交叉性 31

data overload 数据过载 107，113，158，184

data philanthropy 数据慈善 151

data protection initiatives 数据保护倡议
150—154

data security 数据安全 113—116

databases 数据库：cultural appropriateness
文化挪用性数据库 136；government
政府数据库 114—115

dataveillance 数据监视 36；resistance to
抵抗数据监视 152

De Almeida，Ana Nunes 安娜·努内斯·
德·阿尔梅达 131

dead sociology 沉寂的社会学 47

death 死亡 173

deep data 深度数据 112

deep web 深层网络 138

De Landa，Manuel 曼纽尔·德·兰达 36

destination viewing 特别关注 29

Destroy the Joint campaign 摧毁联结运动
149，161

developing countries 发 展 中 国 家 118，
119，133，154

digital analysis divide 数字分析鸿沟 45—46

digital anthropologists 数字人类学 50—
53，133—136

Digital Beyond 数字彼岸 173

digital cyborg assemblages 数字赛博格集
合 165，174—175

digital data 数 字 数 据 8；archives 数
字 数 据 档 案 馆 31—33；generated
unobtrusively 平 常 地 生 成 数 字 数
据 44；sociomaterial perspective 数
字 数 据 的 社 会 物 质 视 角 23—27；
storage 数字数据存储 27

digital data analysis 数字数据分析 16，
17；*see also* research 另见研究

digital data objects 数 字 数 据 客 体 24，
44—45，49—50；characteristics 数 字
数据客体特征 50

digital divide 数字鸿沟 117，123

digital estate 数字遗产 173

digital fingerprinting 数字指纹 144—145

digital human rights 数字人权 144—145

Digital Methods Initiative website 数 字 方
法倡议网站 55

digital natives 数字原住民 125

digital nervous system 数 字 神 经 系 统
108—109

digital social inequalities 数字社会不平等
123—127

digital society 数字社会　1—4

digital technology use 数字技术使用　16—17, 19, 117—140; digital social inequalities 数字技术使用中的数字社会不平等　123—127; discrimination on websites 数字技术使用中的网络歧视　137—140; ethnographies of 数字技术使用的民族志　133—136; gender and 性别与数字技术使用　127—133; global overview 数字技术使用的全球概览　117—123

digital utopianism 数字乌托邦主义　157—158

digital veillance 数字监视　33—38

digital waste 数字废物　26—27

digitisation of materials 资料数字化　63

digitised data objects 数字化数据客体　44

dirty data 脏数据　110

disabilities, people with 残疾, 残疾人　121, 126—127

disability activism 残疾行动主义　150

disability living allowance 残疾人生活补贴　150

disaster relief 灾难援助　99, 154

discrediting 诋毁　143

discrimination 歧视　137—140

Dodge, Martin 马丁·道奇　169

domestic environment 家庭环境　52—53, 53—55, 170—171

Domestic Probes project 家庭探测器　53—54

domestication 驯化　38—39

Dourish, Paul 保罗·多罗希　136, 183—184

Dunbar-Hester, Christina 克里斯蒂娜·邓巴-赫斯特　124

early career academics 青年学者　86—87

education 教育　24, 100; level of 教育水平　124

Edwards, Richard 理查德·爱德华　24

electricity supplies 电力供应　27

Elliott, Anthony 安东尼·埃洛奥特　183

Ellis, Katie 凯蒂·埃利斯　127

Elmer, Greg 格雷格·埃尔默　50

embodied computer/user 具身的计算机/用户　6—7

embodiment 具身化　19, 164—187; bodies/technologies/spaces 身体/技术/空间的具身化　168—171; digitised 数字化的具身化　38—41; intimate computing 亲密计算中的具身化　165—168; online representations of the body 身体在线呈现的具身化　171—175

e-mersives 电子沉浸派　122

emotional relationship 情感关系　166—167

entanglement metaphor 纠缠隐喻　41

Erdogan, R. R. 埃尔多安　156

ethics 伦理: big data 大数据伦理　113—116; research 伦理研究　63—64

ethnographic place 民族志场地　51

ethnographic research 民族志研究　43, 50—51, 170—171; digital technology use 数字技术应用的民族志研究　133—136

ethno-mining 民族志挖掘　52—53

Every Minute of Every Day project 每一天的每一分钟项目　53

everyday, archive of the 日常, 日常档案　32

exclusion 排斥　35—36

exploitation of labour 劳动剥削　30—31, 185—187

Facebook 脸书　28, 156, 176; gender and 性别与脸书　132; memorialisation pages 脸书中的纪念主页　173; privacy 脸书中的隐私　146; Timeline feature 脸书中的时间线功能　176; use 脸书应用　119, 122, 126

false information creation 制造虚假信息　143

Farrell, Dan 丹·法雷尔　12

fat activism 肥胖行动主义　150

Federal Bureau of Investigation (FBI) 美国联邦调查局　100

feminist activism 女权行动主义　149; see also cyberfeminist perspective 另见赛博女权主义视角

Fenwick, Tara 塔拉·芬威克　24

'Five Eyes Alliance' "五眼联盟" 143

flow 流动 23，106—107

flux 流通 23，106—107

foetuses 胎儿 172—173

Foucault，Michel 米歇尔·福柯 28，35

freedom of expression 言论自由 84—85

Freelon，Deen 迪恩·弗里龙 148

Freund，Peter 彼得·弗罗因德 184

'friending' students "加好友" 的学生 84

Fry，Stephen 史蒂芬·弗莱 150

Fuchs，Christian 克里斯蒂安·福克斯 30，152，157

gamification 游戏化 81—82

gaming the system 戏弄系统 62

gaming technologies 游戏技术 8，182

Gaver，William 威廉·盖弗 54—55

geeks 怪胎 129—130

gender 性别：and internet use 性别和互联网使用 127—133；verbal abuse of women 互联网使用中的谩骂女性 85—86，139—140

geo-locational software 地理定位软件 168—169

geopolitics of hardware 硬件地缘政治 186—187

Gephi 58

gift economy 礼物经济 77—79

Gillard，Julia 朱莉娅·吉拉德 149

Ginsburg，Faye 费伊·金斯伯格 126—127

global information economy 全球信息经济 20—23，27，33—34

Global Pulse 全球脉动 99，151

global surveillance economy 全球监视经济 33—34

Goggin，Gerard 杰拉德·戈金 127，135

'gold' open access "黄金" 开放获取 91

good data 好数据 113

Gooding，Paul 保罗·古丁 63

Google 谷歌 21，99，116，119；autocomplete function 谷歌自动补全功能 104，139—140；customization 谷歌定制化 104；Dengue Trends 谷歌戈登热趋势 111；Earth 谷歌地球 25；Flu Trends 谷歌流感趋势 111—112；Go app Google Go 应用程序 11；Ngram Viewer 谷歌词频统计器 56—57；Now 谷歌即时资讯 109—110；Our Mobile Planet 我们的移动星球 118—119；Page Rank system 谷歌页面排名系统 102；Scholar 谷歌学术 89；Trends 谷歌趋势 56，94

Google Glass 谷歌眼镜 185

government agency surveillance 政府机构监视 4，100，109，143—144，156

government censorship 政府审查 156

Government Communications Headquarters (GCHQ) 英国政府通信总部 4，143；Joint Threat Intelligence Group 英国政府通信总部联合威胁研究情报组 143

government databases 政府数据库 114—115

governmentality 治理术 35

GPS devices 全球定位系统设备 52

Great British Class Survey 英国阶层调查 61

'green' open access "绿色" 开放获取 91

Gregg，Melissa 梅丽莎·格雷格 87

Griffith，C. C. 格里菲斯 98

h-index h 指数 81

Hacker，Kenneth 肯尼思·哈克尔 123—124

hackers 黑客 129

Hakkarainen，Päivi 派维·哈卡赖宁 125

Halford，Susan 苏珊·哈尔福德 123

Hall，Gary 加里·霍尔 77—79

Haraway，Donna 唐娜·哈拉维 40—41，127—128，165

hashtag symbol 主题标签符号 10—11

hate speech 仇恨言论 85—86，137—140

Health Map 健康地图 174

health insurance companies 健康保险公司 113—114

health self-tracking apps 健康自我跟踪应用程序 97—98

health status 健康状况 121

healthcare policy 医疗政策　99

Her《她》167

Hochman, Nadav 纳达夫·霍克曼　58—59

Holmwood, John 约翰·霍姆伍德　14

home environment 家 庭 环 境　52—53，53—55，170—171

home/work boundaries 家 庭 / 工 作 边 界　75—76

homophobia 恐同　137，139—140

Horst, Heather 希瑟·霍斯特　2

House of Commons Public Administration Select Committee 英国下议院公共管理特别委员会　95，115

human anatomy 人体解剖学　171—172

humanitarian aid 人道主义援助　99，154

Hurricane Sandy 飓风"桑迪"　162

Hurwitz, Judith 茱蒂丝·霍尔维茨　94—95

hyperlinks 超链接　9

Illegal Immigration：A Game 非法移民：游戏　138

impact factor 影响因子　81

individual responsibility 个体责任　28，183

infectious diseases 传染病　174

influenza 流感　111—112

information economy 信息经济　20—23，27，33—34

Insighlytics　59

Instagram　28，58—59，122

Intel 英特尔　52，120

interdisciplinarity 跨学科　15

International Telecommunications Union 国际电信联盟　118，130

internet 互联网：access 接入互联网 118；as archive 互联网作为档案　31；development of 互联网的发展　8—10；history of sites 互联网网站历史记录　57；use 互联网使用　120—123，130—131

internet empires 互联网巨头　5，21，155—156

Internet of Things 物联网　9，24

interviews 访谈　43

intimate computing 亲密计算　165—168

iPhone　166，168，179；Siri　167

Japan 日本　135

Jew or Not Jew 犹太人还是非犹太人　138

Joiner, Richard 理查德·乔纳　131

Jones, Alan 艾伦·琼斯　149

Journal of Medical Internet Research 医学网络研究杂志　80

journalism 新闻业　3—4，162—163

journals, academic 期刊，学术期刊　80，89

junior academics 青年学者　86—87

Kennedy, Barbara 芭芭拉·肯尼迪　13

Kinman, Gail 盖尔·金曼　82

Kitchin, Rob 罗布·基钦　169

knowing capitalism 知识资本主义　21

knowledge 知识　102；circulation of knowledges 知识传播　83—92

Korea, South 韩国　135—136

labour 劳动 22；exploitation of 劳动剥削　30—31，185—187；social 社会劳动　28

Langlois, Ganaele 甘纳尔·朗格洛瓦　50

large data sets *see* big data 大数据集，见大数据

Lash, Scott 斯科特·拉什　22—23

Latour, Bruno 布鲁诺·拉图尔　23，46

learning profiles 学习档案　100

Leder Mackley, Kerstin 克斯汀·莱德·麦克利　170—171

lesbian, gay, bisexual and transexual activists 女同性恋、男同性恋、双性恋和变性行动主义者　149

life logging 生活记录；*see* self-tracking 见自我跟踪

LifeNaut　173

LinkedIn 领英　70，80，122；Maps 领英地图　58

Liquid Books 流动之书　78

liquid surveillance 流动的监视　34—35

Liquid Theory TV project 流动理论电视项

目 78

liquidity metaphors 流动性隐喻 106—107

live sociology 有活力的社会学 46—48, 53

Live Sociology project 有活力的社会学项目 53

Living Books about Life series 活的生命之书 78

living creature metaphors 生物特征隐喻 108

locative technologies 定位技术 168—171

'Look Back' compilation videos "回顾" 总结视频 176

LSE Impact of the Social Sciences website 伦敦政治经济学院的社会科学影响网站 69

Lupton, Deborah 狄波拉·勒普顿 5—6, 126, 127

Lury, Celia 塞莉娅·卢里 106

Lyon, David 大卫·里昂 34—35

Madden, Mary 玛丽·马登 147

malware 计算机病毒 6

Manovich, Lev 列夫·曼诺维奇 25, 58—59, 177

Manyika, James 詹姆斯·曼伊卡 95

Mapping for Change initiative 为变革而测绘 153—154

Mariachi Hero Grande 街头乐队英雄 138

Marres, Noortje 努尔杰·马尔 59—60

'Martin Luther King: A True Historical Examination' 马丁·路德·金：一个真正的历史检验 138

Marxism 马克思主义 30

mashups 混搭 25

massive open online courses (MOOCs) 大规模开放线上课程（慕课） 68—69

material culture 物质文化 38

material cyborg 物质赛博格 40

materiality of digital objects 数字客体的物质性 26—27

Mayer-Schonberger, Viktor 维克多·迈尔-舍恩伯格 94

McLelland, Mark 马克·麦克利兰 135

McQuillan, Dan 丹·麦奎兰 159

measurement 测量 79—83

media activists 媒体行动主义者 124

medical technologies 医疗技术 165, 181

metadata 元数据 11, 31

metaphorical cyborg 隐喻式的赛博格 40

metaphors 隐喻 40—41；big data 大数据隐喻 105—109

methodological devices 方法论装置 48—49

metric assemblages 计量集合 26；academic 学术计量集合 79—83

Michael, Mike 迈克·迈克尔 54—55

Miller, Daniel 丹尼尔·米勒 2

Miller, Geoffrey 杰弗里·米勒 85, 161

misinformation 虚假信息 143, 161—162

misogyny 厌女 85—86, 137, 139—140

mobile devices 移动设备 94, 160, 165—168

mobile phones 手机 118, 168；smartphones see smartphones 移动智能手机，见智能手机

mobility of digital data 数字数据的移动性 107

monitoring 监视，监控 79—83

Monsanto 孟山都 98

motherhood 母亲身份 131—132

music collections 音乐收藏 180

Muslim-themed mobile phone 穆斯林主题手机 136

myths of ubiquitous computing 普适计算迷思 183—184

naming and shaming 点名羞辱 160—161

Nash, Adam 亚当·纳什 173—174

National Health Service (NHS) (UK) care.data initiative 英国国民医疗服务体系健康·数据倡议 99, 114—115

National Security Agency (NSA) (US) 美国国家安全局 4, 100, 143

native digital data objects 原生数字数据客体 44；use in research 用于研究的本地数字数据客体 55—60

nature 自然 106

neoliberalism 新自由主义 27—31

nerds 呆子 129—130

network journalism 网络新闻业　162—163

network society 网络社会　20—21

networked privacy 网络化隐私　145—146

networks, academic 网络，学术网络　74

new individualism 新个人主义　183

New York City 纽约市　162

news 新闻　3—4, 161—163；online news sites and hate speech 在线新闻网站和仇恨言论　137

Ngram Viewer 词频统计器　56—57

Nintendo Wii Fit 任天堂 Wii Fit　182

Noble, Greg 格雷格·诺布尔　6

normality 常态　103—104

numbers 数字　101

Obama, Barack 巴拉克·奥巴马　178

Occupy Wall Street 占领华尔街　157

older people 老年人　125

online communities 在线社区　63—64

online courses 在线课程　68—69, 91

online representations of bodies/selves 身体 / 自我的在线呈现　171—175

open-access initiatives 开放获取倡议　72, 83, 91—92

open-access publishing 开放获取出版　68, 77—79, 90—92

open data initiatives 开放数据倡议　150—154, 158

open data movement 开放数据运动　115, 152—153, 159

Open Government Data initiative (UK) 英国开放政府数据倡议　30, 158

open-source academics 开源学者　76

openness 开放性　83—92

opinion commentaries 意见评论　32

organic metaphors 有机体隐喻　106

organisations' archives 组织档案　32—33

Orton-Johnson, Kate 凯特·奥顿-约翰逊　14

Our Mobile Planet website "我们的移动星球"网站　118—119

Oxford Internet Institute 牛津互联网研究所　119—120, 122—123

panic computing 计算恐慌　6

panoptic surveillance 全景监视　35—36, 142

panspectric veillance 全光谱监视　36

paper replicas 纸质复制品　136

Parikka, Jussi 尤西·帕里卡　186—187

participatory sensing 参与感知　153

participatory veillance 参与式监视　37, 177

people with disabilities 残疾人　121, 126—127

personal brand 个人品牌　176

personal computers 个人电脑　2, 6

Petersen, James C. 詹姆斯·C. 彼得森　12

Pew Research Center 皮尤研究中心　120—122, 147

Philip, Kavita 卡维塔·菲利普　133

Phototrails　59

physical labour 体力劳动　186

Pink, Sarah 萨拉·平克　51, 136, 170—171

Pinterest　122

plagiarism 剽窃　89—90

'platinum' open access "白金" 开放获取　91

play 娱乐性　31

policing 警务　100

political economy 政治经济学　30—31

politics 政治　19, 76—77, 141—163；biopolitics 生物政治　35, 104—105；critical perspectives 政治批判视角　154—159；digital activism 数字行动主义政治　19, 133, 134, 148—50；of digital surveillance 数字监视的政治　142—145；open data and data protection 开放数据和数据保护政治　150—154；of privacy 隐私政治　145—148

portraits, digitised 画像，数字化画像　173—174

postcolonial computing 后殖民计算　133—134

postcolonial digital lives 后殖民数字生活　136

post-hegemonic power 后霸权　22—23

posthuman 后人类　39

Postill, John 约翰·波斯蒂尔　136, 148—149, 155

power 权力：access to digital data and 数字数据访问与权力　158—159；algorithmic authority 算法权威权力 104—105；biopower 生物权力 35，104—105；new forms of 新型权力 20—23；relations and prosumption 关系和产消合一的权力 30—31

predictive analytics 预测分析 100，104，109—110，146

predictive policing 预测警务 100

predictive privacy harms 预测性隐私损害 115—116

pregnancy 怀孕 172—173

prescription planting technologies 处方种植技术 98

Prior，Nick 尼克·普赖尔 14

privacy 隐私：big data ethics 大数据隐私伦理 113—116；politics of 隐私政治 145—148；violations on social media sites 社交媒体网站的隐私侵犯 180

private/professional boundaries 私人/职业边界 84

privatisation 私有化：of government data 政府数据私有化 115；of the public and publicization of the private 公共的私人化和私人的公共化 178—179

professional digital practice 职业数字实践 15，16；see also academics 另见学术研究

professional/private boundaries 职业/私人边界 84

profiles 个人档案 31

prosumption 产消合一 10—11，27—31，96，157，179，185—186

public engagement 公众参与 67；citizen see citizen public engagement 公民公众参与，另见公民公众参与

public sociology, digital 公共社会学，数字公共社会学 66—72

public space 公共空间 3

public transport 公共交通 170

publicization of the private 私人的公共化 178—179

'publish or perish' maxim 格言"不发表就出局" 79

publishing 出版 68，77—79，90—92

punk sociology 朋克社会学 47—48

Puwar, Nirmal 尼尔马尔·帕瓦尔 46—47

qualitative research methods 定性研究方法 43—44

Quantified Self movement 量化自我运动 151，182

quantifying the self 量化自我 180—183

quantitative research methods 定量研究方法 43

queer community 酷儿社区 149

racism 种族主义 137—139

Rainie，Lee 李·雷尼 147

raw data 原始数据 101

Reddit 160—161

reflexivity 自反性 14—15；critical 批判性的自反 64—65，72—73

reinvention 再发明 183

religious discrimination 宗教歧视 139—140

representations of bodies/selves online 身体/自我的在线呈现 171—175

representativeness of data 数据代表性 61

repressive political regimes 专制政权 133

research 研究 16，17，18，42—65；creative approaches to digital reseach 数字研究的创造性方法 50—55；critical reflexive position 批判性的自反立场 64—65；digital research methods 数字研究方法 42—46；limitations of digital data analyses 数字数据分析的局限性 60—64；live sociology 有活力的社会学 46—48，53；theorising methods 理论化方法 48—50；using native digital data objects 使用原生数字数据客体的研究 55—60

ResearchGate 70，80

resistance to dataveillance 抵抗数据监视 152

retailers 零售商 96—97，169

RFID chips 射频识别芯片 37—38

rhizome metaphor 块茎隐喻 108

'right to be forgotten' 被遗忘权　33，147

risk profiling 风险预测　144，145

Rogers, Richard 理查德·罗杰斯　44，57

Rose, Jessica 杰西卡·罗斯　132

Rosenzweig, Paul 保罗·罗森茨威格　147

rotted data 腐烂数据　110—113

routines 惯例：academics' 学术惯例　75；
in the home 居家惯例　170—171

Royal Mail data set 皇家邮政数据集　115

rumour 谣言　161—162

Sauter, Theresa 特雷莎·索特　175

Savage, Molly 莫莉·萨维奇　123

scam baiting 引诱诈骗　138

School of Data and Open Data Institute 数据与开放数据研究院　153

Schultz, Jason 贾森·舒尔茨　115—116

science and technology studies 科学与技术研究　23

scoping digital sociology 数字社会学的界定　12—18

search engines 搜索引擎　49—50，71，102，119—120，146；corrupt data 搜索引擎中的数据损坏　111—112；customisation 搜索引擎中的定制化　104；Google see Google 谷歌搜索引擎，另见谷歌；history of searches 搜索引擎的搜索记录　57

security agencies 安全机构　100，109，143

self-formation 自我塑造　28—29，175—180

self-tracking 自我跟踪　97—98，113—114，115，180—183，185

selfhood 自我　19，164—187；algorithmic identities 算法身份中的自我　103—105；data selves 数据自我　102—103；intimate computing 亲密计算中的自我　165—168；online representations 自我的在线呈现　171—175；quantifying the self 量化自我　151，180—183；sharing subject 作为分享主体的自我　28—31；social media and self-formation 社交媒体与自我塑造中的自我　175—180；territories of the self 自我领地　39

selfies 自拍　176—177

Selfiecity website Selfiecity 网站　177

sensor-based technologies 传感器技术　97—98

sentiment analysis 情感分析　55

sexual harassment 性骚扰　85—86，139—140

Seymour, Wendy 温迪·西摩　6，126，127

shaming, naming and 羞辱，点名羞辱　160—161

sharing subject 分享主体　28—31

Singapore 新加坡　135—136，156

Siri　167

small data 小数据　112

smart farming 智慧农业　98

smartphones 智能手机　8，142—143，170；iPhone　166，167，168，179；ownership 智能手机所有权　118—119

Smith, Jessica 杰西卡·史密斯　125

Snowden, Edward 爱德华·斯诺登　4，100，109，143

social field 社会场域　155

social inequalities, digital 社会不平等，数字社会不平等　123—127

social labour 社会劳动　28

social media 社交媒体　3，7，9；academics pressured to use 研究者被迫使用社交媒体　82—83；gender and use 性别与社交媒体使用　132；and internet use 社交媒体与互联网使用　122；limitations of digital data analyses 社交媒体中数字数据分析的局限性　60—62；negative side 社交媒体的负面影响　160—163；politics of privacy 社交媒体中的隐私政治　146；and self-formation 社交媒体与自我塑造　175—180；sharing subject 社交媒体中的分享主体　28—31；use by academics 学者的社交媒体使用　69—72，73—75，84—88

social minority groups 社会少数群体　137—140

social sorting 社会分类　144

social surveillance 社会监视　37

socioeconomic status 社会经济地位 124

sociological craft 社会学技艺 47

sociological habitus 社会学惯习 14

Sociological Images 社会学图像 71

sociological sensibility 社会学的敏锐性 14

sociomaterial perspective 社会物质视角 23—27

software performances 软件性能 25

software studies 软件研究 24—25

Sony SmartBand SWR 10 索尼智能手环 SWR 10, 182

sousveillance 逆向监视 36—37, 159—160

space 空间: bodies/technologies/spaces 身体/技术/空间 168—171; public 公共空间 3

spreadable media 延展型媒体 29—30

Starner, T. T. 斯塔纳 185

stereotypes, gender 刻板印象, 性别刻板印象 132

'sticky' content "黏性"内容 29

storage of digital data 数字数据存储 27

stress 压力 82

stringfigures 字符串 40—41

superficiality 肤浅性 112

supermarkets 超市 96—97, 169

surface web 表层网络 138

surveillance 监视 4, 33—38, 146—147; by governments 被政府监视 4, 100, 109, 143—144, 156; participatory veillance 参与式监视 37, 177; politics of 监视政治 142—145; resisting 抵抗监视 152

surveillant assemblages 监视集合 26, 34, 35

surveys 调查 43

synoptic veillance 景观监视 37, 159—160

Syria 叙利亚 156

tagging 贴标签 10—11, 31, 88—89, 145

Target 塔吉特 97

technical skills 技术技能 45—46, 129—130, 155

technological habitus 技术惯习 184

techno-pragmatists 技术实用派 122

Terras, Melissa 梅利莎·特拉斯 72

territories of the self 自我领地 39

text mining 文本挖掘 55

theoretical perspectives 理论视角 18, 20—41; digital veillance 数字监视理论视角 33—38; digitised embodiment 数字具身化理论视角 38—41; global information economy and new forms of power 全球信息经济与新型权力理论视角 20—23; importance of the archive 归档重要性的理论视角 31—33; prosumption, neoliberalism and the sharing subject 产消合一、新自由主义与分享主体理论视角 27—31; sociomaterial perspective 社会物质视角 23—27

thick data 厚数据 112—113

'This Sociological Life' blog 博客"社会学生活" 7

Thomas, Sue 休·托马斯 105—106

Thrift, Nigel 奈杰尔·思里夫特 21

titles 标题 71

Topsy 56

tracking devices 跟踪设备 37—38, 52—53

traditional media 传统媒体 7—8

transactional data 交易数据 32, 44

transferability 可转移性 8

transformation of knowledges 知识转化 88

transhuman 超人类 39

Tripathi, Sunil 苏尼尔·特里帕蒂 160—161

trolling 喷子 85—86, 137—140

Tufekci, Zeynep 泽伊内普·图费克奇 148

Turkey 土耳其 156

Twitter 推特 10—11, 58, 59, 72, 122, 139; firestorms 推特上的火爆讨论 161

Typhoon Haiyan 台风海燕 154

uberveillance 超级监视 37—38

Uniform Resource Locators (URLs) 统一资源定位符 9

United Kingdom (UK) 英国 12—13, 14; GCHQ 英国政府通信总部 4, 143;

internet use 英国互联网使用　122—123；NHS 英国国民医疗服务体系　99，114—115；Open Government Data initiative 英国开放政府数据倡议　30，158；sale of Royal Mail data set 英国皇家邮政数据集出售　115

United Nations（UN）联合国：Global Pulse initiative 联合国全球脉动倡议　99，151；UN Women 联合国妇女署　139

United States（US）美国　12，14；Data.gov website 美国政府开放数据平台　95；FBI 美国联邦调查局　100；internet use 美国互联网使用　120—122；NSA 美国国家安全局　4，100，143

user-generated content 用户生成内容　3

user interactions 用户交互　25

Van Dijk, Jan 简·范戴克　123—124

veillance 监视　33—38；participatory 参与式监视　37，177；synoptic 景观监视　37，159—160；see also surveillance 另见监视

verbal abuse 语言暴力　85—86，137—140

Verran, Helen 海伦·韦兰　136

video ethnographies 视频民族志　170—171

viewpoint commentaries 观点评论　32

vigilantism 私刑　160—161

virality 病毒式传播，走红　30

virtual reality 虚拟现实　39，168

viruses, computer 病毒，计算机病毒　6，108—109

Visual Human Project 视觉人类计划　172

visual sociology 视觉社会学　51

visualisation tools 可视化工具　51—52，57—59

Walmart 沃尔玛　96—97

We Are Spartacus campaign "我们是斯巴达克斯"运动　150

We the Data website "我们是数据"网站　154

wearable computers 可穿戴计算机　1，9，160，165—168，181—182，185

Web 1.0　9

Web 2.0　9，10

Web 3.0（Internet of Things）Web 3.0（物联网）　9，24

web browsers 网页浏览器　9

web scraping/harvesting 网页抓取/获取　55—60，95，146

websites, history of 网页，网页历史记录　57

Webster, Frank 弗兰克·韦伯斯特　13

Wellcome Trust 惠康基金会　147—148

Weller, Martin 马丁·韦勒　69

Weltevrede, Esther 埃斯特·韦尔特弗雷德　59—60

Werbin, Kenneth 肯尼思·维尔宾　145

WhatsApp　126

wide data 宽数据　112

WikiLeaks 维基解密　148

Wikipedia 维基百科　1，2，25，162

wireless technologies 无线技术　9

women 女性：discrimination and sexual harassment 歧视和性骚扰女性　85—86，139—140；see also gender 另见性别

Woodbridge, Pete 皮特·伍德布里奇　78

Woolworths 伍尔沃思　97

work/home boundaries 工作/家庭边界　75—76

workplace demands 工作场所需求　131—132

World Economic Forum 世界经济论坛　99

World Wide Web 万维网　2，8—9

Wray, Siobhan 西沃恩·雷　82

Wynn, Jonathan 乔纳森·温　14

Yolngu Aboriginal communities 雍古族原住民社群　136

young people 青年群体　120，125—126

译后记

如今，我们生活在数字社会之中，似乎每个人都离不开数字技术及相关应用，甚至有人醒来的第一件事就是闭眼摸寻手机。我常在学校食堂里观望四周，发现一个人吃饭的同学多有佩戴无线耳机，一手捧着手机，一手夹着饭菜。而我在食堂看不到的同学，可能正在使用某个平台点着外卖，在预计时间内等待骑手"降临"。短暂的午餐时间，足以见证数字技术对社会变迁的影响，它体现在数字具身化以及生活方式、社会互动和生产组织形式变革等方面。

社会学的优势之一是对阐释社会现象和发现社会规律始终保持敏锐力。然而一时之间，我未能精准地找到符合条件的优质作品。直到遇见《数字社会学》，它为我提供了许多理解当下的理论、观点和方法。我对它一见如故，总有想开展《数字社会学》译介工作的冲动，想让更多地人了解数字社会学，运用数字社会学的视野来探索读者自身的研究旨趣。正巧，得知上海人民出版社对这本书感兴趣，我便与《数字社会学》的作者狄波拉·勒普顿联系翻译事宜。勒普顿教授是一位雷厉风行且学术成果颇丰的学者。她竟然在 1 小时内便给我回复消息，并且非常乐意让我将《数字社会学》译介至中国。

那时的我，在惊喜之余，还留有一丝忧虑。虽然中国数字技术应用的实践成果已然居于世界前列，但是在数字社会学的研究领域还存在一片"空白地"，我能向前人参考的语言用法可能有限。再加上这是我第一次翻译作品，在我承担这项翻译工作时，内心诚惶诚恐。

在翻译过程中，为增加数字具身化体验，我在一个视频平台的陪伴学习区打造了自己的"数据分身"，开始了"景观监视"实践。在这个过程中，我在数字空间中遇见了一群可爱的、虚拟又真实的人，建立了数字社群"妮米社"，与成员互动、学习、进步。这一次"陪伴学习"的实践，加深了我对数字社会的理解。

至此，本书的联系工作和翻译进程基本上都是顺利的。然而，天有不测风云。2021年9月，我收到了母亲因脑出血入院的通知。回家照顾母亲是我的当务之急。那时的我仿佛突然间坠入黑暗，翻译工作也几经停止。在医院里哄母亲开心以减轻病痛感、与母亲及医生团队共同应对病魔的日子，还历历在目。尽管我一个人在医院照料母亲，但是在母亲休息的间隙、我在手术室外等候时，我基本都捧着初步成形的译稿，尝试从里面找寻一些问题。

关于译著的内容，我想作两点说明：

第一，虽然数字社会学是社会学的分支学科，但是它涉及的内容是一个跨学科领域，我需要同时具备社会学、STS、新闻传播学、计算机等领域的基础知识。在翻译时，我尽可能地将部分术语安置在学科背景或语境下，方便相关领域的学者或学生阅读、理解。奈何鄙人能力有限，不当之处，敬请读者原谅。

第二，尽管我倾尽所能，文中难免会存在问题或瑕疵。若有不足，那说明是我的研究水平与能力依旧有限，与他人无关。请热心的读者发现问题后能够及时与我联系，以便我有机会时修订。我的联系方式是：DS_Minny@yeah.net。

　　承蒙多人关爱，才能让《数字社会学》中文版顺利面世。我要感谢上海人民出版社，感谢吕子涵编辑、吴书勇编辑、郑竹青编辑对本书的建议和精力投入。感谢张成岗教授，支持我以数字社会学为研究方向。感谢王忠武教授，为我加油打气。感谢赵一璋老师，让我意识到文字工作者的意义。感谢自己的幸福家庭，他们是我的铠甲和前进动力。感谢妮米社。感谢这一路出手帮助、与我相伴的所有人。

王明玉

北京·清华园

2022 年 8 月 4 日

图书在版编目(CIP)数据

数字社会学/(澳)狄波拉·勒普顿
(Deborah Lupton)著;王明玉译.—上海:上海人民
出版社,2022
书名原文:Digital Sociology
ISBN 978-7-208-17728-4

Ⅰ.①数… Ⅱ.①狄… ②王… Ⅲ.①数字技术-应
用-社会学-研究 Ⅳ.①C91-39

中国版本图书馆 CIP 数据核字(2022)第 109062 号

责任编辑 吕子涵 吴书勇
封面设计 李 璐

数字社会学
[澳]狄波拉·勒普顿 著
王明玉 译

出 版 上海人民出版社
  (201101 上海市闵行区号景路 159 弄 C 座)
发 行 上海人民出版社发行中心
印 刷 上海商务联西印刷有限公司
开 本 635×965 1/16
印 张 18.25
插 页 4
字 数 215,000
版 次 2022 年 9 月第 1 版
印 次 2025 年 9 月第 4 次印刷
ISBN 978-7-208-17728-4/C·656
定 价 78.00 元